每天读点销售心理学

黄开堂◎编著

中国纺织出版社

内 容 提 要

在销售行业，流传着这样一句名言："成功的销售员一定是一个成功的心理学家。"的确，销售就是一场心理博弈，谁能够掌控顾客的心理，了解顾客的需求，谁就能成为销售界的佼佼者。

本书就是从消费者的心理角度出发，针对销售员经常遇到的一些问题，结合大量的销售实战案例，全方位地介绍了一些心理应对策略，让你能够轻松掌握并应对顾客的心理变化，赢得顾客的心理认同，进而提升销售业绩，成为销售高手！

图书在版编目（CIP）数据

每天读点销售心理学 / 黄开堂编著. -- 北京：中国纺织出版社，2017.5 （2023.1 重印）
ISBN 978-7-5180-3346-1

Ⅰ. ①每… Ⅱ. ①黄… Ⅲ. ①销售—商业心理学—通俗读物 Ⅳ. ①F713.55-49

中国版本图书馆CIP数据核字（2017）第035681号

责任编辑：闫 星　　责任印制：储志伟

中国纺织出版社出版发行
地址：北京市朝阳区百子湾东里 A407 号楼　邮政编码：100124
销售电话：010—67004422　传真：010—87155801
http：//www.c-textilep.com
E-mail：faxing@c-textilep.com
中国纺织出版社天猫旗舰店
官方微博http：//weibo.com/2119887771
佳兴达印刷（天津）有限公司印刷　各地新华书店经销
2017年5月第1版　2023 年 1 月第 6 次印刷
开本：710 × 1000　1/16　印张：18.75
字数：228千字　定价：48.00 元

前言

当今社会，随着社会经济的繁荣发展、人们生活水平的逐步提高，人们对商品的需求更大，销售也就顺势成了一个热门行业，也从而衍生出了一系列关于销售的新的认知、技巧和诀窍。

然而，在现实的销售中，经常有一些销售员会产生这样的困惑：为什么客户觉得在销售人员身上不能体会到安全感？为什么我还没开口，就被客户拒绝呢？为什么在经过一番努力后，却在价格问题上卡壳呢？客户到底在想些什么呢？到底怎样销售才能让客户接受我们的产品呢？

其实，剖析下来，这主要是因为我们没真正理解销售的含义。销售是一门口才艺术，但并不等于耍嘴皮子，销售是一门让客户从内心真正接受产品的艺术，无论是电话营销还是讨价还价，或者是处理异议，甚至是在说服购买的过程中，都需要销售员做到善于观察、懂得分析客户心理，适时地说出巧妙的话，从而达成交易。

专业的调查机构的调查显示，在销售过程中，假如销售人员能运用符合客户心理的销售方式进行推销的话，那么，销售成功的可能性为53%左右，但是假如采用一般的推销方式，成功率只有24%。可见，销售过程中，充分掌握客户的心理，能大幅度地提高销售业绩，让销售员事半功倍，能在最短的时间内将更多的产品销售出去。

可以说，一切销售行为都离不开心理学，销售员是否能灵活运用一些心理策略便成了销售成败的关键所在。实际上，那些销售精英们从某种意义上来说也是心理专家，因为他们凭客户的一言一行就能看出他们的内心，知道他们想购买什么样的产品、有什么样的需求、他们是什么性格等。你是否也希望自己能成为这样的销售精英和心理专家呢？你是否希望提高工作业绩呢？你是否希望得到指点，以最便捷的方式找到通往销售精英之路呢？

本书就是这样一本将销售实践和心理学知识相结合的参考书，翻开本书，你将找到最实用的学习指南。本书内容丰富，包括如何把握客户的心理状态、挖掘客户的心理需求、赢得客户的信任、与客户的心理博弈、如何解除客户的疑虑以及如何为客户提供更优质的服务等，它将心理学技巧全方位地融入销售过程，并结合实际案例，为刚刚进入销售行业和正在从事销售工作的朋友提供了切实可行的具体方法。阅读本书，你可以更好地进行销售工作、提高销售业绩，继而在现有岗位或未来的岗位上做出一番成就。

编著者

2017 年 1 月

目 录
CONTENTS

销售员心理素质修炼，掌握打开成为销售冠军的心灵密码

作为一名销售人员，每个人都希望我自己能成拥有良好的销售业绩，希望自己成为独当一面的销售高手。然而，在销售过程中，我们会发现，一些销售新人虽然敢于迈出推销生涯的第一步，但直接面对客户，向客户推销的过程中却出现这样那样的问题，如手足无措、语无伦次、自惭形秽等，究其原因，是因为销售人员没有调整好心态，其实，与其他职业相比，销售人员更应该修炼自己的心理素质，只有做到信心十足、大方推销、不卑不亢，客户才会接受你和你的产品，面对销售中的拒绝和挫折，也才能重拾信心，越挫越勇。

接纳并积极地定位自己

有人说，作为一名销售员，有两大敌人：看得见的敌人——竞争对手，以及看不见的敌人——自己。无法以正确的心态接纳、认可并积极地定位自己，这就是心中看不见的敌人之一。要想战胜这种看不见的敌人，就一定要有自信，要经常鼓励自己。

的确，任何一名销售员，要想赢得客户好感，要想取得好业绩，首先就要认同自己，并给自己以积极的定位，或许，这并不能为你带来直接的业绩，但从销售员内心散发出来的自信一定能感染你的客户。不难想象，一个自信十足、积极乐观、热情洋溢的销售员与一个内心自卑、消极悲观的销售人员哪一个更能吸引客户呢？当然是前者，没有人会向那些连自己都不相信的人购买产品。

自信是积极沟通的首要因素，如果销售人员在讲话之前先怯场，对自己说的都没有把握，别人怎么会相信你呢？自信的销售人员，才能克服谈判中的恐惧与焦虑。

有个年轻人，从学校毕业后就来到了某公司的营销部门，他不成熟而且缺乏信心，实习结束后，他依然信心不足。不过，他的上司总是对他说“我相信你能行”，并说了很多鼓励的话。

在熟悉了公司的业务以后，经理认为是时候让他出去历练历练了，一天，经理找到他并告诉他，在他们公司对面住着一个老大爷，希望他能去推销产品，因为从表面上看，他是一个孤寡老人，实际上，他是三个大型工厂的董事长。经理告诉他：“我的一个朋友的父亲，和这位老人是朋友，我从他那里得知，这个老人脾气很坏，而且是个厚脸皮、令人讨厌、爱吵嘴而且满口粗话的人。你如果去见他，他肯定不会对你和颜悦色地说话，但你也别害怕，只要你默不作声，然后坚持你的立场，是能成功的。

因为每次他都会最终跟我们购买产品。去吧，年轻人。”

这位年轻人是铆足了劲儿来推销的，可是当他说明来意后，老人暴跳如雷，然后绝口不提购买产品的事，只是问他一些无聊的话题，诸如他多大了，喜欢吃什么之类。年轻人也觉得无聊，但是他想起了经理的话——这老人最后肯定购买。于是，他继续耐心地等着。最后，老人终于唠叨完了，纵然他没有讲上一句话。最后，他说：“是的，先生，我明白了。那么，这是本市最好的机械制造的商谈说明，这样的商谈说明，当然是您想要得到的东西。”这样的进攻和防御大约持续了半个小时。半小时后，那个年轻的销售员终于得到了老头手下的三个大型企业的机械购买订单。

回到公司以后，总经理对他进行了一番出乎意料的嘉奖：“你是我们这里最出色的销售员，你知道吗，你攻下了我们这里十五年来最难攻的堡垒……要知道，十五年来，他从来没从我们这买过任何一件东西。”年轻人听完，诧异得很。

这位所谓的“新手”为什么能成功呢？毫无疑问，是老板的话使他充满了信心。如果销售人员对自己没有信心，那么就不会有人对你有信心。当然自信不是自傲。自信是人与人之间积极交流与沟通的重要因素，没有人愿意与一个畏首畏尾的人交谈。

销售心理支招：

那么，销售员应该怎样接纳自我并积极地定位自我以获得自信呢？

1. 找到自己不自信的原因

导致销售人员不自信的原因有很多，不少人，也包括销售员自己都对这一行业存在一定的误解，于是，销售员很在乎周围其他人的看法，也就无法调整心态面对销售工作了，而在与客户接触的过程中，一来他们放不下架子，很看重所谓的面子，而导致无法和客户深入沟通；二来，一些销售员因为自卑心作祟，在与客户交谈时卑躬屈膝，也就无法了解客户真实的需求，从而导致销售成功率低下。

要解决这一难题，销售员必须懂得，荣誉和脸面是谁给自己的，并不是给别人的，销售业绩就是你能力的最好证明。你更要记住的是，在一个陌生客户面前，你唯一需要做的就是让对方接受你，接受你的产品，如果你做不到这点，那么，是没有任何荣誉可言的。

2. 准备充分，增强自信

销售员的自信从何处来呢？自信来自充分的准备工作，只有熟识自己的行业，熟悉自己的产品、公司，才能做到有备无患。

3. 鼓足勇气，不怕失败

任何人都害怕失败，销售员最怕的是被客户拒绝，但如果你因为害怕失败而不敢走出第一步，那么，你就永远失败了。其实，即使暂时被拒绝，依然有转圜的余地。没有永远的拒绝，只是客户暂时还没有接受。

任何一个销售员都要记住，全力以赴地去做销售，就一定能达到目标，要有无论如何也要完成任务的勇气。唯有如此，才会想尽一切办法与客户接触，用口才说服客户购买自己的商品。

自信是成为优秀销售员的首要条件

我们任何一个人，也包括从事推销工作的销售员，成功来源于自信，自信心是一个人成就事业的心理基础。对销售工作来讲，自信心更加重要，没有自信的销售员不可能在与人交往中受到别人的喜欢和尊敬，也就不能取得优异的成绩。因为在与客户沟通中，口才的发挥仍然离不开自信心，如果总是在想“我这次会不会被拒绝”“客户会欣赏我吗”“我说的是否正确”等，那你还能把想要表达的意思流畅地表达出来吗？

事实上，自信是赢得别人信赖和好感的重要因素之一。作为销售员，展现信心，在对自己充满自信的同时，也应对自己的产品充满信心。所以，销售员必须征服自卑，建立自信，进行积极的自我激励，大胆地表达与展现自己，那你一定能亮出自我风采，取得成功。

美国推销大师弗兰克・贝塔哥，经过多次预约见到了推销生涯中的第

一个名人：海崖汽车公司的领导——休斯先生。

当他走进休斯装饰豪华的办公室，就紧张得不得了，全身发抖。过了一会儿，他才抑制住发抖，但仍然紧张得不能完整地说一句话。休斯先生看着他，觉得很惊讶。

他结结巴巴地说："休斯先生……啊……我早想来见您了……啊……现在终于来了……啊，可是我很紧张，说不出话来。"

休斯先生很友善地说："不要紧张，来，放松一点，我年轻也像你这样。"经过他热情的鼓励，弗兰克的心平静了，手脚不抖了，脑子也清楚了，会谈最终得以顺利进行。

从这个故事可以看出，这弗兰克·贝塔哥在客户的办公室里产生了紧张情绪，以至于表达不清楚自己的意思，可以说是紧张、胆怯的心理制约了他口才的发挥。事实上，我们不难看出，他的紧张来源于不自信，如果他能自信满满地开口，那么他心里的话就可以顺畅地表达出来。

当然，是否能克服自卑、建立自信，主要还在销售员自己，销售员要对自己充满信心，只有消除心理障碍，相信自己能做到，才能在销售中有良好的表现，而那些对自己评价过低，不相信自己的人，他们的情绪是随着客户的表现而波动的，一旦客户表现出不够乐观，他就妄自猜测，认为客户不会购买，销售员的这种消极心理，对整个销售活动是极为不利的。销售员一定要从自我鼓励开始，慢慢消除这种消极暗示，提升自我价值，保持积极乐观和足够的自信。

销售心理支招：

除了需要有自信的心理外，还需要做什么才能增加自信呢？

1. 外表上

人们常说"佛靠金装，人靠衣装"，的确，一个人有着干净、整洁、大方的外表，必定能帮助其增加信心，另外，这也能给客户留下一个好印象。

2. 语言上

销售就是靠嘴吃饭的行业，所以，一个优秀的销售人员必定有着出色的口才，而销售员要想在语言上传达自信，就需要做到以下几点。

（1）声音洪亮，掷地有声。然而，说话的声音不可过大，要大小适中。要有不卑不亢的语调，用你的自信感染别人。

（2）注意语音面貌。销售员要做到吐字清晰、层次分明、抑扬顿挫，这样，才会带动客户的情绪，否则，客户只会不得要领。

（3）要注意停顿。一句话不能说得太长，也不能说得太短。适当的停顿，不仅可以调整自己的思维，而且可以引起对方的注意。在停顿的间隙，你可以观察对方的反应。

3. 以自信的眼神与客户交流

可见，与客户交谈，不仅仅是语言的交流，而更应该用一种自信的眼神、信任的眼神、理解的眼神，正视对方的眼睛和对方做比语言上更深层的交流，这样会给客户一种信任感、安全感。

只要与人打交道，就需要你充满自信去面对他人。需要你从心理、着装、话语等方面去透露自己的自信。谈判桌上，销售人员会遇到形形色色的人，只要你满怀信心去与他们谈判，就会赢得对方的信任与欣赏。要想成功，销售人员就要相信自己的实力，相信自己的能力，相信自己能够说服对方，信心百倍地面对对手。

总之，销售员在说话的时候，要简洁、明快、顺畅自然、不温不火，处处表现自己的自信和大方，这样才能够恰到好处地把自己的观点表达给对方，才会激起对方的兴趣。

摆正心态，克服恐惧心理

美国行销大师罗杰·马尔腾说：“恐惧足以摧残人的创造、冒险、大无畏的精神，它足以磨灭人们的个性，使人的精神机能逐渐软弱，大事业不是在恐惧的心情下所能完成的。”因此，销售员如果想完成推销工作，

提高销售业绩，就必须摆正心态，克服恐惧心理，争取做到心无杂念，让自己彻底放松，时常鼓励自己，然后信心百倍地与客户沟通。因为每一个人最大的敌人，不是对手而是你自己。

笑笑是一名办公用品推销员，在给客户吴经理打电话之前，她已经做好了充分的准备：公司名称、经营范围、客户名称、公司规模，等等。

准备就绪后，笑笑心想："今天上午一定要联系到周总，否则被竞争对手抢先，就不好办了。"笑笑知道吴经理每天下午都不在公司，所以，要想找到他，通常在上午打他办公室里的电话最好。

可是就是在打电话前却退缩了，笑笑想了很多情况，一直快到11点，她想，自己无论如何是要给吴经理打电话的，否则今天上午就将一事无成了。笑笑终于拨通了吴总的电话，可是就在电话铃响的时候，笑笑还在想，如果吴总不喜欢自己该怎么办？如果吴总不愿意与自己见面又该怎么办……就在笑笑暗自揣测的时候，吴总接听了电话。

笑笑急忙向吴总介绍自己，"吴总，您好，我是……我是××公司的销售员，我叫……王笑笑，今天给您打电话主要是想介绍一下我们的产品……"介绍完产品后，笑笑出了一头汗。

听完介绍，吴经理表示"现在已经有好几个厂家与我们联系了，而且我们已经与其中的几家进行过一些合作，所以我们不打算再花费精力与其他厂家谈这件事了"。

吴经理说完之后，笑笑心里又是一阵慌乱，她此刻早已将自己准备好的应对方案忘得一干二净！结果呢，与吴总的第一次交流就在草草的几句话之后结束，毫无疑问，销售也以失败告终。

很明显，情景中的销售员笑笑，失去了这一次销售机会，就是因为她在与客户交谈中，显得紧张，语无伦次。她的这一紧张表现，是因为她没有克服自己的恐惧心理。与客户交谈时，销售员越是慌乱、恐惧，就越容易导致销售的失败。

销售心理支招：

其实，要想与客户有效沟通、顺利成交，销售员就要做好被拒绝的心理准备，同时，更要积极寻找克服恐惧的方法。比如，销售员可以做到以下几点。

1. 做足准备

做足准备是减轻恐惧感的最好方法。你可以从以下四个方面做到：见面第一句话跟客户说什么、客户会有什么疑问、你该如何回答这些疑问、如果客户拒绝你该怎么办，等等。

2. 要会正视自我暗示

有些销售员在被客户拒绝以后，总是不断地想被拒绝后对自己产生的不利影响，越是这样想，内心越是恐惧。即使遇到新的客户，销售员依然带着这种心理与之交谈，于是，恶性循环，生意始终做不好。其实，当遇到客户拒绝时，也不要把这些事放在心上，要想法将其从自己的头脑中清除，并不断提醒自己，过去的失败并没有给自己造成任何损伤，它们给予自己的是十分宝贵的经验。

3. 锻炼在众人面前说话的能力

在通常情况下，人们一般只会在面对很多人的时候，才表现得更为紧张和不安，因此，销售员不妨练习如何在众人面前自如地说话，交谈的内容多以轻松的话题为主，这样可以大大提高销售员与客户交流的勇气。

4. 给自己难度，挑战自我

推销看似不可能销售出去的产品也是能让销售员克服恐惧的一种方法，如销售员可以选择一个时间，规定自己要给男士卖女士内衣，这看似不可能成功，但一旦成功了，销售员内心就会受到极大的鼓舞：推销看似不可能销售出去的产品我都有勇气进行下去，那么在面对准客户时，还有什么不行的呢？

5. 给自己提高推销任务

在销售行业，销售员的生存状况是直接和销售业绩联系在一起的，也就是说，销售员越努力，拿的订单越多，销售员的成就感就越强。为了消除恐惧感，销售员在努力完成自己销售任务的基础上，可以为自己安排额外的任务，那就是要强制自己必须在单位时间内拜访一定的客户并取得一

定的进展。比如，每天多拜访一到两名客户，多完成两三个订单。如有必要也可以为自己设定一定的奖惩措施，这样不仅可以激励自己不断努力，对于提高自己的销售业绩也会起到很大的重要作用。

可见，任何一个伟大销售人员的显著特征是，他们无不对自己充满极大的信心，他们无不相信自己的力量，他们无不对自己的未来充满自信，但这并不代表他们内心世界没有怯弱，只是他们善于找出令自己恐惧的原因，并战胜它们。这也是成功者与失败者最大的区别。

对待销售这一工作要有正确的态度

对于一些销售新人来说，他们对销售行业可能存在一些误解，如他们认为现代的销售市场就是买房市场，就要尽可能地让客户满足，所以他们在与客户沟通和交流的时候，显得信心不足或者卑躬屈膝，其实，这样的心态不只存在销售新手身上，即使是那些经验丰富的销售前辈可能也未曾走出过这样的销售怪圈。

尤其是当下的销售工作很注重服务意识，这更让一些销售人员在客户面前低人一等，其实这是一种完全错误的心态。

不少在平时看起来活力四射的销售员，在与客户沟通时就显得局促不安甚至是语无伦次，这其实就是他们的自卑心理在作祟，在他们内心深处认为销售工作是一个卑微的行业，认为销售是一件没面子的工作，所以在客户面前，他们不自觉地就变得低人一等、过分谦卑。他们常常这样想：“如果我服务不好客户，不对客户尊敬有加，不按照客户的意思去做，那客户就不会购买我的产品了。”其实，这样想是对销售工作的误解。销售与其他行业一样，只是与其他工作的具体内容不同，销售人员并不是强制客户去购买，而是在替客户解决问题，帮助他们改善生活，所以，你是客户的朋友，客户的顾问，与客户是平等的，所以，你根本没有必要在客户面前表现得卑躬屈膝、低三下四，要知道，你只要自己看得起自己，客户才会看得起你，也才会信任你。

玫是一位生性羞怯的女孩子，毕业后她成了一名销售员，在一家打印机生产公司上班，其实，这一工作对于她来说确实是一种挑战，因为在她内心似乎总有一个想法，那就是：销售人员比客户好像低一等。这个想法在她内心始终无法排遣，为此，她丢了很多生意。

一次，她向一位公司的经理推销打印机，其间不断讨好对方，这让经理十分反感。经理看了看打印机，觉得质量不错，但最终并未购买。经理说："你用不着这样谦卑，你推销的是你的产品，而不是同情。你这样子，谁还会信任你，买你的东西呢？"

其实，玫的想法是错误的，我们与客户是平等的，在你从事推销活动之前，假如你感到害怕，那么，销售目的是不可能达到的。

作为一名销售人员，每天都要面对许多不同类型的客户，因此，你必须具备许多不同的能力和技巧。要让你想结识的人也愿意结识你，就需要表现你自己，也就是要随时随地地表现出你的能力，让别人都注意你，这就是你的生存之道。

而且，在销售行业，最大的忌讳就是在与客户交流时低三下四、卑躬屈膝。作为一名销售员，如果你连自己都不尊重的话，又怎么能指望别人尊重你呢？在客户面前唯唯诺诺，不但不会让客户信任你、欣赏你，反而会让客户对你这个人失望，进而也会对你销售的产品失去信心。

销售心理支招：

对于那些没有摆正销售心理的销售员，要记住以下三点。

1. 正确理解销售工作

任何一位销售精英的经验都给我们，销售工作并不丢人，它只不过是一种职业，只要放下自己的架子和面子，摆脱虚荣心理的束缚，销售成功的时刻就不远了。

2. 销售工作也能助你实现人生价值

俗话说"不想当将军的士兵不是好士兵"，我们进入职场工作，

不但能获得物质上的报酬，即获得物质外，还能够使人得到精神上的满足。

一些人误认为做销售就低人一等，其实不然，销售工作同样能让你实现自己的人生价值，销售工作也能助你实现人生价值。销售是一种服务性的职业，可以提供他人所需，更能为客户提升生活品质，所以这一工作能获得客户的认可和尊重。

诚然，我们必须承认一点，做销售是一项考验人的意志力的工作，毕竟销售中被客户拒绝的概率实在太大了，但是如果我们能克服这些困难，反而会获得更大的成就感。

3. 大方地与客户交流

客户是上帝，但客户与你在人格上是平等的，我们要不卑不亢地和客户交谈，你要记住，你的目的是要达成销售目的，因此，在说话时凝视对方的眼睛，大大方方，才能表现出你的内在风采，如果你在与客户交谈时不能平视对方的眼睛，视线太低，不免使人轻视，视线太高，又显得过于傲慢。

总之，在销售中，低三下四的销售姿态，不但会使产品贬值，也会使企业的声誉和自己的人格贬值。如果你是一名刚刚进入销售行业的新人，不管面对什么样的客户，都不要认为销售是一种丢面子的工作，你完全可以从销售工作中获得你想要的成就感，所以，你应该保持不卑不亢的态度，至少应该与客户平等相待，只有这样，才能从根本上赢得客户。

找到销售中建立自信心的方法

作为销售员，如果你想受人欢迎，那你必须具有绝对的信心，这一点非常重要。信心使人产生勇气。假使我们对自己都没有信心，世界上还有谁会对我们有信心呢？当然，自信不是孤芳自赏，也不是得意忘形，而是一种激励自己奋发向上的心理素质，更是一种以积极的心态面对销售难题的乐观情绪。

我们先来看看伟大的汽车推销员乔·吉拉德是怎么建立自信的。

乔·吉拉德曾经遭遇过一次经济上的巨大危机，欠债达6万美元之多，他连最起码的温饱都成了问题，他曾经这样回忆自己的那段日子："那时的我整天被恐惧笼罩着，为了逃避银行的人和债主，每次回家之前，我都把车停到几个街区以外的地方，然后步行回家，甚至要从窗户爬进去，简直像做贼一样。"

"为了躲避这些债务，我还欺骗孩子们陪我玩游戏，我实在很担忧，担忧法院的人来找我，所以我告诉小乔和格雷丝，我们和隔壁、对面的邻居正在玩比赛——一个不开门的游戏，只要是谁先开门，谁就输了，当然，这些都是无效的，我很快失去了房子、车子，并且，连最后的一点自尊都没有了。

有一天，我的妻子告诉我说，我们家连可以吃的食物也没有了。突然，我意识到，原来要填饱肚子都那么难了，那段时间，我所有的信心都没了，我跪下去祈求上帝还我信心，经常发生的事发生了——上帝和我的妻子与我同在。

每当我感到沮丧时，妻子朱丽姬就搂住我说：'吉拉德，我们刚结婚时一无所有，但是后来不是什么都有了吗？现在虽然还是一无所有，但是我相信你，我相信你一定会再取得成功的。'

多么伟大的妻子！但让我悲痛欲绝的是她却因病早逝（1979年年初就去世了），在她短暂的生命中从未抱怨过，也从未对我失去过信心。在那一刹那，我了解了一个重要的真理：'建立自己信心的最佳途径之一，就是从别人那儿接受过来。'"

这里，我们可以发现，吉拉德总结出，"建立自己信心的最佳途径之一，就是从别人那儿接受过来"。他的自信正是来自他的妻子。他告诉所有的销售员，结交乐观自信的人——这样的人能带给你积极向上的奋斗动力，无论任何时候你都不要畏惧失败。

销售心理支招：

自信对销售员的重要性不言而喻。那么，销售中，有哪些建立自信的方法呢？

1. 做足准备，减少恐惧

做足准备是减轻恐惧感的最好方法。销售员可以从以下几个方面作准备。

（1）在开发新市场之前，你需要对你所开发的市场做好调查和了解，并对你所销售的产品的价格、销售渠道等做好明确的定位，并拟好相应的开发策略。

（2）拜访客户之前，你不妨审视一下自己的穿着打扮是否得体，干净、利落的外在形象会让你信心倍增。

（3）提前预约你的客户，并准备好产品样品、说明书、报价表等。

（4）与客户交谈，要仔细观察对方，了解其关注点、需求，分析客户类型，为自己下一步推销奠定基础。

如果你什么都没准备好，面对客户怎么可能会有自信呢？难道就凭着——“谎话说过千遍就是真理”的自欺欺人的忽悠就能让客户埋单吗？

2. 喜欢自己、相信公司、相信你的产品

（1）相信你所在公司的实力，相信通过集体的努力，你所销售的产品一定能在市场上占有一席之地。

（2）客观地评价自己的能力，的确，你可能存在一些不足，包括你还很欠缺一些销售经验，但通过不断的努力和学习一定会是最棒的。

（3）站在客户的角度换位思考，了解客户的真实需求，在提供比竞争对手更能满足客户需求的产品或服务的同时，也要获取应得的利润，双方各取所需。

3. 鼓励自己，告诉自己一定能行

事实上，心理状态的良好与否，主要还是在销售员自己。在销售过程中，我们不要让自己的心情被客户的表现所左右，无论客户的情绪怎样，始终保持良好的销售礼仪和销售态度，在内心多做自我鼓励，相信自己一定能做到，那么，你表现出来的精神状态就是自信的，也会在无形中为产品加分。

总之，销售员如果想完成推销工作，提高销售业绩，就必须摆正心态，克服恐惧心理，争取做到心无杂念，让自己彻底放松，时常鼓励自己，然后信心百倍地与客户沟通。

销售中急于求成的心理要不得

我们都知道，作为销售人员，与客户沟通，最终的目的都是成功销售产品，于是，有很多销售员遇到沟通不顺的情况，就会显得急躁不安。实际上，销售员要明白，无论什么事，“心急吃不了热豆腐”，要讲究水到渠成，时机没把握好反而会让所有努力都白费。销售目的太明显、急于求成，都会让客户产生厌烦情绪，最终可能导致销售活动的失败。

小刘是一名保险推销员，他手头有个准客户杨先生，杨先生是创业成功的典型，几年前就在郊区买了一套独栋别墅。

有一天，杨先生和太太出门办事，让七岁的儿子自己在家玩，但回来的时候，他们却发现孩子不见了，这可吓坏了杨先生和他太太。于是开始分头去寻找，他们还报了警，郊区本来就很大，找个小孩更是困难，但还好，警察和周围的一些居民也开始帮忙寻找。

但是，就在杨氏夫妇快急疯了的时候，小刘来了，他认为，此时正是可以推销人生和财产保险的时候，于是他凑到杨先生跟前，开始推销他的保险，当时杨先生很生气，没好气地说：“拜托，等我把儿子找到再说好吗？”

谁知小刘看杨先生没有排斥，便开始喋喋不休，大谈保险的种种好处，还想让他停下来听他讲，这下可把杨先生气坏了，他太太更是生气，杨先生忍无可忍地对小刘大吼：“你如果肯帮忙把我儿子找回来，那么保

险业务的事情咱们日后找个时间再谈。但是，我警告你，你现在要是再跟我提什么见鬼的保险业务，就请你先滚出去！”

推销员小刘被客户杨先生说得面红耳赤，夹着公文包灰溜溜地走了。杨先生这才注意到，这个保险推销员名义上是来帮助自己找儿子，实际上却早就计划好要来乘机做推销，他越想越生气，等小刘走出去，他就狠狠地把门摔了一下。不过，最后，在大家的帮助下，杨氏夫妇还是找到了那调皮的儿子。

但从此以后，杨先生很痛恨这个叫小刘的保险推销员，当他打听到小刘的底细后，由于好歹在商界有一定的名声，他跟很多经理和老板打了招呼，绝不买小刘推销的保险，这下小刘的业绩就可想而知了。

情景中的保险推销员小刘在销售行业有如此结果，就是因为他太心急了，不知道看情况做事，杨先生当时十万火急，可是小刘却不知深浅，向客户推销保险，让杨先生很反感，可见，是小刘自己断送了自己的销售之路。相反，如果销售员小刘在客户丢失孩子的情况下，细心地帮助杨先生找到孩子，客户一定心存感激，事后再商量保险的事，说不定结果会大大不同。

急功近利，行事冲动，是很多销售活动失败的重要原因。销售员一定要把握好销售中的分寸，要给客户足够的时间作决定，而且，客户作买不买、买多少、何时买等购买决策时，都需要一定的时间，因为他们需要权衡各种因素，如产品特征、购买能力等，同时还要受到主观因素的影响，如心情好坏等。因此，作出购买决策是一个极其复杂的过程，并不是一蹴而就的。在这个时候，销售人员应该给客户合理的考虑时间，并耐心等待客户作出决定。

销售心理支招：

那么，如何克服销售过程中焦躁不安的心理，让你的言谈更加理智、平和、有效呢？

1. 心态平和、不骄不躁

俗话说得好，“欲速则不达”，销售中也是一样，有时候，你越想给客户留下一个好印象，越想客户尽快购买，内心越急躁，越是无法完美地表达自己的想法，但如果心态平和，把与自己交谈的客户当成自己的朋友，肯定会轻松得多。

2. 有恒心，能坚持

“有志者事竟成，破釜沉舟，百二秦关终属楚；苦心人天不负，卧薪尝胆，三千越甲可吞吴。”

销售工作最需要的就是恒心和坚持，没有哪一次的销售工作一次就能成功，都需要不断坚持，在遭到客户的拒绝时，不要气馁，要给客户时间和机会来决定，然后利用自己的口才去打动他们。销售员在观察客户有欲购买的意向时，应立即抓住时机，然后一步一步让客户作出成交决定。

3. 适时沉默，以静制动

俗话说：沉默是金。销售员在与客户交谈有时也需要沉默，因为当你沉默时，会让客户觉得你实在为难，无法答应他的要求，这样，以静制动，你会取得较多的利益。要知道，口若悬河并不是真正的口才。

总之，“只要功夫深，铁杵磨成针”，这个道理每个人都知道。销售员成功推销出去产品也不是一蹴而就的，凡事都会有被拒绝的时候。对于客户的拒绝、刁难，销售员应戒骄戒躁，以一种平和的心态去与客户沟通。

销售中要随时做好被拒绝的心理准备和应对措施

作为销售员，不知你是否有这样的经历：当你鼓足勇气与客户对话，但却被客户那张冷冰冰的面孔拒绝时，你如何打开僵局？当你经过无数次碰壁，情绪已经降到最低点时，你如何再次去面对下一位客户……这类问题对于每一个推销员来说，都是家常便饭。此时，你是不是已经决定放弃？你会不会因为盲目而以同样冷若冰霜的态度面对下一

位客户？面对这种冷遇和挫折，一个优秀的推销员往往会让自己先对自己微笑，然后调整心态，带着这种微笑出现在下一位客户面前，然后以热诚、积极的销售语气成功吸引客户并与之交谈，继而为成功销售奠定基础。

小王是个连接器推销员，他很爱动脑，每次推销前，他都会事先将问题考虑周全。这天，还是和往常一样，他要去一家大公司推销连接器，但小王通过资料发现，这家公司已经有合作者，但他还是自制了一套说辞。

果然，当他来到这家公司，说完自己公司的品牌以后，客户问起了产品的制造厂商，然后说：

“谢谢你，辛苦了。不过很抱歉，前几天已经买过了。很对不起，我不能跟你买，因为制造工厂有我的朋友在那里，不向我的朋友买好像说不过去，而最重要的是，人家是大公司，我还是相信大公司的产品。”

“是这样啊？您跟××公司的王先生是朋友啊！××电器公司的产品在这一行是数一数二的，信誉卓著。不过我们公司出的产品也不落人后，请您看一下吧！我们这个连接器保证绝不输于电器公司的连接器。我知道贵公司一向都是使用高级产品的，最合适不过了。为了求得进步，您采用我们公司产品试试，也不会对不起您朋友的公司呀！是吧？”

那客户说：“好吧！那就用一次试试看。”

小王从这家公司出来后，叹了一声：“幸亏早有准备啊。”

我们发现，面对销售员的推销，客户似乎总是有很多原因拒绝，针对客户的拒绝，一些经验不足或者心态不好的销售员可能会心生恐惧，最终也知难而退，放弃推销。其实，如果我们能和案例中的小王一样，做好被拒绝的心理准备和应对措施，是能帮助我们顺利渡过这些销售难关的。同时，这些正体现了一个销售人员的水平。

其实，只要从事销售这一行，销售员就要做好经常被拒绝的准备，良好的心态是每个销售员做好销售工作的前提。一位著名的行销大师曾说：“任何形式的推销，都是从被拒绝开始的，不经历过被拒绝，就不是真正意义上的推销。”

销售心理支招：

当然，要想扭转销售局面，面对客户的拒绝，销售人员还应做好应对措施，具体来说，需要做到：

1. 保持应有的礼貌

即使被客户拒绝了，销售员也不要忘记对客户尊重和用应有的礼貌和态度，不要因为客户没有购买就横加指责，相反，一如既往地对客户礼貌有加，即使客户这次不需要，下次有需要的时候，一定会购买。

2. 坚持最后三分钟

有些客户是相当反感死缠烂打的销售员，聪明的销售员能在客户的语言和动作中察觉出客户是否真的拒绝，对于那些有需求的客户，销售员不妨再坚持三分钟，告诉客户，“三分钟，只要三分钟就好！”面对这样坚定、诚恳的语气，客户一般不会拒绝。销售员可以抓住这个机会打动客户，为接下来的销售打开局面。

3. 找到客户拒绝的真正原因

一般来说，客户之所以拒绝销售人员，会有以下几种原因。

（1）客户质疑产品质量。

客户对于自己未曾接触或者不了解的产品，难免产生质疑，对于一些新产品，他们常常会有这样的反应：“产品质量过不过关”“有没有销售员说得那样好”等。面对客户的异议，销售员一定要做到耐心回答，同时也要实事求是，因为很少有产品能做到尽善尽美。销售员对产品要进行真实的介绍和分析，不要为了急于成交而夸大产品优点。

（2）价格问题。

价格问题是客户购买产品时不得不提到的，“产品不值这个价格”“价格太高”“价格怎么会比其他的同类产品便宜”是客户购买产品时一般会涉及的问题，对此，销售员一定要针对客户提出的具体异议做耐心的解答，以消除异议。

（3）售后保障问题。

因为曾经购买的产品售后服务不好，客户可能也会对所要购买产品的

售后服务提出质疑，对此，销售员要尽量作全面的解释，对于那些客户提出的合理要求也要尽量满足。但是对于那些无法做到的服务项目，销售员还是要委婉拒绝，不要一味地向客户许诺，以免失信而加剧客户心中对产品的不良印象。

总之，要弄清楚客户不愿购买的真正原因，不断地分析自己的销售技巧，确定有待改进的地方，然后付诸实践。埃里希·诺伯特是德语地区最著名的管理和销售培训专家之一，他曾说过，“不要害怕客户任何形式的拒绝，只要你抓住一个关键点：弄清客户拒绝购买的真正原因，那一切问题就会像医生找到了病因一样变得明朗起来”。

做销售工作，就要随时做好被拒绝的准备，但只要我们不放弃，只要我们肯开动大脑，就能找到客户拒绝的原因，这是第一步，第一步迈得好，那么销售工作也就能进一步展开了，如果销售员能配合使用正确的销售方法和策略，那么销售取得成功也将不再可望而不可即。

客户拜访心理学：从细节出发才能少吃“闭门羹”

从事销售行业，我们都知道，拜访客户是销售中的一个重要环节，只要让客户接纳你，才有可能接受你的产品，进而愿意购买。事实上，那些销售精英们都懂得从客户的心理角度出发拜访客户，的确，拜访时，我们除了具备智慧、经验以及足够的实践经验外，还必须掌握一套心理应对策略，掌握这些说话策略，成功拜访的可能性将大大增加。

勤快一点，客户的心门总会为你打开

我们都知道，在销售中，登门拜访是推销产品的一种方式，然而，不少销售人员却遇到了这样的困扰：当他们敲开客户的门，道出自己销售员的身份后，就被客户拒之门外了；甚至有一些销售员，他们还未开口，就被客户否决了，其实这是因为客户对陌生的销售人员怀有戒备之心，这样的情况，只要销售人员能勤快一点，与客户多加接触，让客户了解我们，是能重新找到机会推销产品的。

我们都知道乔·吉拉德是有名的汽车推销员，事实上，他还做过报社的广告业务员。

刚到报社的吉拉德非常自信，他向经理提出不要薪水，只按广告费抽取佣金。吉拉德拟出一份名单，列出他打算前去拜访的客户类别。在去之前，他取出这12位客户的名单，对自己说："在本月底之前，你们都将向我购买广告版面。"

结果到了月底，他和名单上的11位客户达成了交易，只剩下一位还不买他的广告。在第二个月里，他未卖出任何广告，因为他除了继续去拜访那位坚决不买他广告版面的客户之外，并未去拜访任何新的客户。到了第二个月的月底，那位商人终于忍不住对他说："你已经浪费了一个月的时间来请求我买你的广告，我想知道这到底是为什么？"

吉拉德回答说："我并没有浪费我的时间，我等于是在上学，而您一直就是我的老师，我一直在训练我的自信心。"

这位商人说："年轻人，我也要向你承认，我也等于是在上学。你教会了我什么叫坚持到底，这比金钱更有价值。为了表示对你的感谢，我要向你订购一个广告版面，当作我付给你的学费。"

从心理学的角度来看，任何一位顾客在被推销之初，都会对销售人员

心存芥蒂，但随着交往次数的增加和彼此关系的熟识，这种芥蒂之心都会消除，所以勤快也是打开客户心门的一把钥匙。

因此，在销售中，每个销售人员都必须勤快一点，在从事推销的工作过程中，如果你能把客户当朋友对待，经常与客户接触，让对方体会到你的关心、爱护和体贴，使其产生亲切感，那你的销售业务一定进行得比较顺利。

销售心理支招：

销售员要从以下几个方面着手。

1. 初次见面在客户心中留下个好印象

想留给客户一个好印象，首先就要在形象上特别注意，力求保持得体的着装、良好的礼仪。其次，销售员还要对客户做大致了解，这样才能投其所好，选择适当的谈话方式，才能容易给客户好感。

除此之外，销售员还必须要从以下几个方面努力：

（1）热情而谦虚。我们不能否认，开朗、活泼、热忱的人有更多朋友。

（2）自信。自信是赢得别人信赖和好感的重要因素之一。作为销售员，要对自己充满自信的同时，也应对自己的产品充满信心。

（3）真诚、坦率，敢说真话。销售员在与客户交往的时候，无论是交朋友还是推销产品，都要以诚相待，毕竟，没有产品是十全十美的，也没有人是十全十美的。

（4）做到“四勤”。在销售中应做到“四勤”即“手勤”——勤写信，“脚勤”——勤走动，“口勤”——勤打电话，“脑勤”——多思考，多给客户提供好意见。

2. 加强与个人间的密切交往

人与人之间的关系，是一个由相识到相知的过程，只要真诚相待和用心去交往，就能逐渐加深。对于销售员来说，如果你发现一个客户资源非常好，但是你们之间只是认识，还比较生疏，甚至没说过几句话，那么你就要着重发展个人关系。除了关心客户，为他提有用的建议之外，你还应该在一个合适的环境下，找个恰当的理由，给客户送去一些小礼物。例如，在特别的日子，如春节、客户的生日或者其他纪念日，寄发卡片或者送精美的纪念品，都会给客户带来惊喜。如果你知道客户喜欢某种活动，你也可以制造与他一起参加的机会。

的确，人与人之间的关系是随着交往次数的增多而逐渐加深的，推销也是如此，掌握客户的这一心理，销售人员就要勤快一点，就要经常与客户沟通，真正关心客户，为客户着想，这样，你的生意才会越做越大，客户越来越多。

拜访中尽快消除与客户的心理隔阂

心理学家指出，人与人之间，在交往之初，都有一定的戒备之心，也就是隔阂，此时，无论你是出于什么目的与他人交谈，通常都会遭到拒绝。同样，在销售过程中，出于这一心理原因，销售人员登门拜访往往会吃“闭门羹”，所以，尽快消除与客户的心理隔阂也是销售员拜访客户要做的首要工作。

小徐是一名家用吸尘器推销员，这天，他来到某小区，准备向他事先了解过的某个准客户推销他的吸尘器。于是，他敲开了客户的门，开门的是一位温婉的女士。

小徐：“太太，您好，打扰了，是这样的，我是××公司的销售代表徐××，周一的时候我和您的先生预约过了……”

客户：“我们现在不需要。”

小徐：“没事，看得出您很忙！有您这样贤惠的女士持家，您的家人一定十分幸福！”

客户：“噢，哪里，谢谢！今天我丈夫不在家。”

小徐：“我听说了，我知道您的先生是一位事业做得非常成功，而且在

业界很有影响力的企业家，不光先生是一位事业成功、在业界有影响力的优秀人士，那句话说得没错‘每一个成功的男人背后都有一个伟大的女人’。”

客户：“呵呵，哪里。我听我丈夫说过购买吸尘器的事儿，我们对你的产品还是挺感兴趣的，这样，你先等一会儿吧，他马上就要回来了。”

小徐：“好，谢谢……”

从案例中我们可以看出，销售员小徐在拜访客户时，尽管得到了客户的预约，但还是遭到了这位客户妻子的习惯性拒绝，因为他在拜访之初就直接道明自己的目的，不免显得过于唐突。但值得庆幸的是，在接下来的谈话中，他保持了良好的态度和自然的语气，并对客户说了一些“动情”的话，从而获得了客户的认可，挽救了销售局面。

在拜访客户时，我们经常会遇到这样的情况，无论销售员说什么，客户似乎总是把自己和销售员隔离开来，对销售员的热情视而不见，无论何时总是保持沉默，让销售员找不到交谈的突破口，更别说销售机会。

销售心理支招：

如何打开这些不言不语的客户的口，就成了很多销售员必须研究的问题。那么，要想消除和客户之间的心理隔阂，作为销售员都应该如何做呢？

1. 始终保持热情的态度

销售行业，热情就是销售员获取销售成功的法宝。在与这类不言不语的客户交谈时，销售员要始终保持语言、神情和目光的真诚，并始终保持微笑。当你自始至终地与其热情、真诚地交谈后，你就一定能在客户的心里留下好的印象，不论谈话是否取得实质性的改变，对你以后的销售工作都会有所帮助。

2. 要营造融洽的谈话氛围

拜访的最终目的是实现销售、满足客户的需求。但在跟客户交谈中，还要善于营造融洽的会谈气氛。沟通才能创造价值，只有让客户愿意与你沟通，你才有可能达成销售目标。

对此，销售人员要主动向客户问候，想办法拉近与客户的距离。在此，最关键的就是客户的情绪问题。我们要对客户的情绪进行引导、强化。也就是说，我们要想办法把与客户的关系转化为朋友关系，这就是对客户情绪的正确引导，同时与客户的关系得到了强化。

3. 善于观察，捕捉客户的心理

那些不言不语的客户，他们的内心世界，我们多半不能从言语上得知，因此，我们不仅嘴上要会说，还要会看、会听、会想，要有足够的耐心、信心、决心拿下这样的客户，就要善于通过客户的举止、言谈甚至是一个眼神来捕捉客户的心理，并加以分析，掌握客户的购买心理，也就掌握了成功销售的砝码。

4. 努力引导客户开口

再优秀、聪明的销售员在与客户沟通的时候，只凭举止、眼神、表情等方面获取其购买商品意向的相关信息，往往还是不够直观，而且，甚至会得出错误的分析结果，出现判断错误的尴尬。所以，作为销售员不仅要善于观察，还要善于调动客户的积极性，帮客户打开“话匣子”，让客户主动开口说话。当然，鼓励客户开口还是需要我们具备良好的沟通能力，热情、真诚地与客户沟通，并极力营造一个轻松的谈话氛围，让客户觉得是在和自己的老朋友交谈。

在拜访中，当你的顾客总一言不发、表情冷漠时，我们不仅需要观察客户，通过非语言形式了解客户的内心，更要特别注重与客户的沟通，想办法借助提问或者拉近心理距离的方式，将客户引导到沟通活动中去，做到充分了解客户，一旦客户被激发起了谈话的热情，愿意参与到谈话中来，那么销售员展开销售工作就比较容易了。

拟订一份详细的拜访计划会让你更有底气

古人也有云：凡事预则立，不预则废，翻译过来就是不打无准备之仗。拜访客户也是这个道理，销售人员不但要有良好的心理素质，还要做

些充分的“战前”准备。如果销售人员在毫无准备的情况下贸然拜访，不但无法应付拜访中的各种状况，还让销售人员因缺乏底气而导致销售活动的失败。

小唐是一名保险推销员，这天，按照事先的预约，她敲开了某准客户的门，开门的是位先生，看到小唐，这位先生很客气地说：“请进。”

进门之后，小唐本来想与客户套套近乎，于是，他说：“林先生，您家里这么多字画都是您自己的笔墨？”

本是句赞扬的话，但客户听完以后，却脸色大变，对小唐说：“对不起，我姓李，不姓林，一个销售员，连客户的姓名都记不清楚，还谈什么销售。”这句话说得小唐丈二和尚摸不着头脑，明明姓林，怎么成姓李了？难道真是记错了？

于是，小唐只好离开，回到公司后，他打开了前段时间在做客户调查时留下的资料，天哪，真是姓李？怪不得客户会生气。

自从这件事之后，小唐吸取了教训，开始养成了整理和分类客户资料的习惯，以免再发生这种记错客户名字的事情。

案例中，保险销售员小唐在拜访潜在客户之前，因为准备工作做得不充分，没有对客户进行资料的整理和分类，而造成了叫错客户姓名的失误。这对客户来说，无疑是一种不尊重，他被客户拒绝也就理所当然了。

销售心理支招：

作为一个营销人员，在拜访前的准备工作有哪些呢？

1. 将相关资料准备充分

在我们的现实销售活动中，大概有不少这样的销售人员，本来他们满怀信心地准备向客户推销，一旦客户问其相关系列产品的价格、性能，营销员竟然给忘记了，更有甚者，竟然拿出相关记录簿，着实让客户不知所云。很难想象这样的营销人员能够成功获得客户的好感，更别说把产品卖出去了。

另外，对于那些疑心很重的客户，销售员在专业语言方面的准备尤为重要。因为这些客户常常为了证明自己选择的正确性、减少购买的风险，会向销售员提出各种问题，此时，我们凝练的专业语言就能派上用场，帮助你在面对客户提出的各种问题时为客户提供满意答案，而良好的销售技巧则有助于你在销售过程中能够更加适时适度地说服客户。

因此，为了避免出这样的“洋相”，销售人员在拜访以前，一定要做足资料准备工作，这其中包括公司的发展历史、产业结构、产品价格、营销政策等，并带齐所需的资料、名片、样品等，并要熟记于心，知道什么时候该去进行哪一项工作。这样做，最重要的是，能帮助我们更好地面对开发市场时遇到的各种问题。

总结一下，你需要做的准备工作有以下几点。

①出门前不要忘记检查是否带上了样品和相关宣传资料。

②最好提前电话预约，确保准时到达。

③组织语言：确定拜访时和客户大致要交谈的内容。下面就是我初次拜访客户时所交谈的主要内容：

公司概况及在同行业中的地位，生产规模及能力，质量保证和稳定体系，这主要让客户吃两颗定心丸：一是和我们公司可以长期合作，不用担心好不容易把产品做起来，结果公司垮台了，二是我们足够的货源保证。

我们的市场拟推广方案；

我们的主要目标市场及市场前景分析；

我们的零风险的售后服务保障系统；

赢利系统；

我们公司对经销商的基本条件特别是要强调先付款再发货问题。

确定谈判底线，例如货款问题、促销支持问题、退货问题等最多能让步的底线。

2. 上门前先热身

在进行上门推销之前，你应先鼓励自己：“我能行！”这样有助于你鼓足勇气，向客户推销。

3. 始终保持一个积极向上的心态

有些销售人员尤其是刚从事销售行业的销售员，会对销售工作产生一

些恐惧，甚至发出这些疑问：客户怎么可能会购买呢？要是客户拒绝怎么办？卖不出产品就没有业绩，这可怎么办呢？越是对这些问题感到忧虑，在销售过程中就越是容易出现问题。而同时，销售员这种消极情绪也会影响到客户的情绪，客户会认为你消极心态的产生是由产品带来的。

总之，毫无准备的销售往往会使得我们显得局促、紧张乃至说话没有条理，这样，不仅不能让我们把握要点地介绍产品，还会因为耽误客户的时间而引起客户的反感。可见，在拜访客户前先做好准备工作是销售的前提条件。

客户都很忙，拜访别占用客户太多时间

现代社会，人们都处在紧张忙碌的生活中，尤其对于那些业务繁忙的客户，每天的工作更是被安排得满满当当，时间就是金钱，忙碌的人都有着很强的时间观念，他们最害怕喋喋不休的销售人员的推销，为此，我们在拜访客户的过程中，一定要有时间观念，要懂得为客户节约时间，否则，只会让客户心生不悦，从而拒绝你的拜访，进而否定你的产品。

一鸣是一位出色的办公室用品推销员，有一次，他从一位老客户那里得知，某公司要购进一批打印机。于是，在了解了这家公司的情况后，拨通了客户公司的电话。

一鸣：“周总，您好！”

（停顿）

客户：“你好！哪位？”

一鸣：“我是××公司的销售顾问一鸣，您有听过我们公司吗？”

客户：“……好像听过。”

一鸣立刻道：“嗯，我从××公司总经理王先生那里听说贵公司要购

买一批打印机，是吗？”

客户：“嗯，是的。”

一鸣：“太好了！您既然听说过我们公司，应该对我们公司的产品质量有所耳闻吧，王先生也和我们合作了很多年。您明后天哪一天比较有空，我们当面沟通一下？”

客户：“不好意思，这些天比较忙，没时间啊。”

一鸣：“是的，王先生也特别跟我提过，说你事业有成，平时都非常忙，把时间安排得紧凑。所以为了不耽误你的事情，叮嘱我在与你见面之前，一定要打电话给你。你放心，我不会占用你太多时间，只要你给我十分钟，我会给你一个有前景的事业，你看是星期三还是星期四方便呢？”

客户：“呵呵！你还真执着，那就周四上午吧。”

一鸣：“谢谢您的夸奖，请问是9点还是10点呢？”

客户：“那就9点半吧。”

一鸣：“好的，那我们就周四上午9点半见！祝您工作顺心，周总再见！”

客户：“谢谢，再见！”

很明显，案例中的这位客户就是个时间观念很强的人，销售员在与其沟通时，他们常会以“我没时间”拒绝，但案例中的销售员一鸣是聪明的，他巧妙地使用了一些小技巧，让客户明白并不会花费他太多时间，以此避免了客户的拒绝，让约访得以继续下去。

销售心理支招：

的确，现代社会，最为珍贵的莫过于时间了，谁也不希望自己的时间被过度占用，客户亦是如此，那么，面对这一情况，在拜访中销售人员该怎么办呢？

1. 事先预约，不打无准备之战

作为销售员，要尽量与客户预约，这是节省人力和劳力，也是能有效避免吃“闭门羹”的方式。为此，销售员一定要和客户约定时间，准时进行联系。

2. 遵循十分钟原则

当客户说 “对不起，我没时间。”的时候，一般我们这样回答“只需要借用您10分钟时间”，客户是不会再拒绝的。因为，这句话是有潜在含义的：一个人再忙，十分钟的时间应该都是有的。这样，就消除了客户认为我们会耽误太多时间的顾虑。

这里的“10分钟”是很多销售大师通过多年实战总结出来的，说5分钟，客户会觉得我们不够诚实；说15分钟或20分钟，客户又会觉得太长，所以10分钟就很合理。

3. 珍惜客户的时间

客户的时间是宝贵的，没有一个客户愿意与说话不着边际、没有时间观念的人交谈。而如果我们能珍惜客户时间，尽量在最短的时间内向客户传达信息，则能给客户留下好印象，愿意与我们继续交谈。

通常，在销售界，有这样一个经验：问候性电话不超过1分钟，约访电话最多不能超过 3 分钟，解说电话不要超过 8 分钟。客户要求处理问题的电话最长时间通常不要超过15分钟，超过15分钟客户就感觉你不如跟他面谈。

当然，具体多长时间才是最合适的，这并没有一定的规定，只要你能满足客户心中的理想模式，那么，这个时间就是合适的。

4. 掌握合适的说话语速

我们要为客户节约时间，但也不能说话语速太快，如果销售人员说话中语速太快，客户不容易听清楚你要表达的内容，而且太快的语速还会给客户一种紧张感和压力感。当然，语速也不宜太慢，如果语速太慢的话，会给客户以啰唆、拖沓的感觉。最重要的是，语速太快或者太慢的说话速度都不容易激发客户参与到说话当中的积极性，这样将大大不利于销售人员与客户之间的电话沟通。

在拜访客户的过程中，善解人意的销售员往往能被客户接纳，而为客户节省时间，是为客户考虑的重要方面，所以，把拜访时间控制在一定范围内，能让客户对销售员产生好印象，更易于销售目的的达成。

拜访中就要引起客户强烈的好奇心

我们都知道，销售是一门艺术，也是一种文化，不是简单的买卖，它是建立在人们消费思维上的一种心理策略。销售员要想把自己的产品卖出去，既要有高质量的产品，又要有奇妙的产品介绍方式。其中，在拜访客户的过程中，聪明的销售员就善于抓住客户的好奇心，这是优秀的销售员应该具备的能力和技巧，当然，要达到这一目的。除了要具备广阔的知识外，还要揣摩客户的好奇心理，进行仔细的编排，这其实是一门巧妙的艺术，需要花费力气，下一番苦功的。

姚建是一名家用小电器推销员，由于他出色的口才，所以他的销售业绩很好。他曾经有这样一次推销经历：

那天，他准备向某准客户推销一款1280元的吸尘器。

他按响了门铃，等他道明了来意后，客户当场就拒绝了他：“我是不会购买这种又贵又没用的东西的，请你走吧。”客户态度如此坚决，让姚建碰了一鼻子灰，但姚建想，绝不能放弃，一定有方法可以让客户接受自己的产品。

第二天一大早，姚建又来了。这次，客户的态度还是和昨天一样，一看到来推销的姚建，他还是坚决地说：“我昨天不是说过了吗？我是不会买你的东西的。”这次，姚建并没有急着介绍自己的产品，而是从口袋中掏出一张一美元的钞票，当着客户的面把它撕碎，对客户说：“你心疼吗？”客户吃惊地看着他，心想，这人真是疯子，姚建没等客户回答就离开了。

第三天早上，姚建又在同一时间来到客户家，客户开门后，姚建又掏出一张一美元的钞票，当着他的面把它撕碎。然后问：“你心疼吗？”

客户说：“我不心疼。这又不是我的钱，你要是愿意的话，可以继续

撕。”

姚建说：“我撕的不是我的钱，而是你的钱。”

客户很奇怪：“怎么会是我的钱呢？”

姚建并没有马上回答客户，而是停顿了会儿，这时，客户急了：“你倒是说啊。”

此时，姚建才缓缓地说：“您自打结婚起，住在这房子里，是不是已经有20年了，如果这20年，你使用的是我的吸尘器，每天就可以节省1美元，一年360美元，20年就7200美元，不等于就撕掉了7200美元吗？你今天还是没有用它，所以又撕掉了1美元。”

客户被他的话说服了，立刻购买了姚建的产品。

案例中，家用小电器推销员姚建之所以能转败为胜，就在于他设置了一个悬念，唤起了客户的兴趣和好奇心。如果销售员可以利用悬念来唤起客户的好奇心，从而引发客户的注意和兴趣，然后从中推销产品或观念的利益，就可以迅速转入面谈阶段。

有人做过一项调查，结果显示：视觉和听觉都共同作用于客户会比仅仅付诸听觉要有效8倍。优秀的销售员都明白，在5分钟内所表演的内容，会比10分钟内所说明的内容还要多。

销售心理支招：

那么，具体来说，销售员该怎样激发客户的好奇心，又该注意些什么问题呢？

1. 设置悬念

销售员可以运用各种类型的悬念方法，但这种方法必须是有道理可循或有事实依据的，不能凭空捏造一些奇谈怪论来吸引客户。悬念的针对目标是客户，销售员的方法不能只是自己觉得好奇，而忽略了客户的心理感受。

另外，为客户制造悬念，也要见好就收，不要无节制地让客户猜疑。一旦客户失去了兴趣，那么，我们精心设置的悬念也就不起作用了，甚至让客户觉得你故弄玄虚，觉得自己受到了欺骗。

2. 方法要新奇

一句古老的生意格言是："先尝后买，方知好歹。"这句生意经的精髓是：要让客户认识产品，就必须把产品的优点展示在客户面前，让客户亲自体会到产品是如何好。销售员通过新奇的手段，激发客户的好奇心，无疑是加深客户对产品特性了解的一个好方法。

3. 要注意与客户的交流

如果销售员只顾自己操作，而不去注意客户的反应是销售的大忌。如果在演示过程中客户提出疑问，这说明他能够跟上你的思维，这时销售员要针对客户提出的问题重点演示或重复展示，不能在演示中留下疑问不去解决。如果客户对你的演示表现漠然，你就不要急于表演下去，而是应该巧妙地利用一些反问与设问，想办法让客户参与进来。或者在示范时请客户帮点小忙，或借用客户方便而不贵重的用具，等等。总之在演示的过程中千万不能忘记与客户的交流。

拜访中，销售员要想方设法引起客户的好奇心，提高他们的注意力，并让客户有探究问题答案的强烈愿望，当销售员再从客户的好奇心转向产品的性能时，就达到了宣传和推销的目的。

拜访前掌握一套拜访客户的说话策略

很多销售人员认为，拜访客户，只要能说会道，对产品足够了解就可以打动客户，实际上，你会发现，无论你怎么能言善辩，你的拜访结果一直维持在一个都不太满意的水平上。这是为什么呢？其实，拜访的技术掌握程度是决定销售成败的最关键因素，我们除了具备智慧、经验以及足够实践经验外，还必须掌握一套必备的说话策略，而且，有些话必不可少。如果我们能将这些话都说到位，那么，成功拜访的可能性将大大增加。

销售心理支招：

在拜访客户的过程中，任何一个过程都不可遗漏，否则，就显得有失礼仪。一套完备的说话策略包括三个方面。

1. 巧妙开场，打消客户的顾虑

刘华是某公司销售部的经理，一次，在给新人培训的过程中，他亲自带着一位刚来的业务代表去拜访一家大公司的采购主任方先生。

双方见面后，业务代表与采购主任方先生之间的交易似乎显得并不顺利，谈话也不是很畅快。经验丰富的刘华经理看出“问题”出在了双方交谈缺少某些“润滑剂”。于是，他灵机一动，突然想起在来的路上，业务代表曾经对他说方先生有一对双胞胎女儿，今年刚刚上小学，方先生特别疼爱她们。于是，刘华就趁机与他聊起了女儿。

“听说方先生有两个非常可爱的女儿，是吗？”

“是的。”方先生脸上顿时流露出一丝微笑。

“听说还是双胞胎？今年几岁了？”

“7岁了，这不已经上学了。我下班还要去接她们呢。”

“听说她们的舞蹈跳得特别棒。”

“是呀，前几天还代表学校参加全市的演出了呢。”

提起了女儿，方先生的话就多了，聊了一会儿女儿，方先生主动把话题引到了这次见面的业务上。

“其实，你们公司的产品……”

我们发现，案例中的销售经理刘华是个很善于与客户沟通的人。当他发现客户与业务代表之间的交谈不顺利时，他便立即找出了能引导客户多说话的话题——客户的双胞胎女儿，进而慢慢消除了客户的心理障碍，如果开始在业务代表与方先生交谈的不顺利的情况下，业务代表或者刘华依然坚持谈业务本身，那么，过不了几分钟方先生肯定就会下“逐客令”的。但是，刘华抓住时机，巧妙地引入方先生感兴趣的话题与其聊天，这样便很容易地打破了谈话的僵局。

可见，开场白的设计是否得当，关系到你后面的销售能否顺利进行，必须要慎重对待。这里包括以下几个步骤。

步骤一：称呼对方的姓名。

叫出对方的姓名及职称——每个人都愿意自己的名字从别人的嘴里说出来。

步骤二：自我介绍。

清晰地说出自己的名字和企业名称以及经营产品。

步骤三：感谢对方的接见。

如："非常感谢陈总经理在百忙之中抽出时间与我见面，我一定要把握住这么好的机会。"

步骤四：寒暄。

寒暄在销售工作中是必不可少的一部分，根据事前对客户的资料准备，表达对客户的赞美或者能配合客户的状况，选择一些能引起对方兴趣的话题。

2. 抓住时机、陈述拜访理由

那么，如何陈述拜访理由呢？对于有预约的情况，我们可以这样表达："××先生，您好，我是某某公司小陈，就是上周去拜访您的那位。"而对于没有预约的情况，我们则可以这样表达："××先生，是这样的，今天我来拜访呢，是因为我从您的好朋友××那里得知，您最近需要购买一批××，他和我们合作很多年了，很相信我们的产品，所以让我上门来和您谈谈……"在有了开场白的情况下，客户对这些信息接受起来会更容易得多，也不会有多少逆反情绪。

3. 告辞时不忘礼节用语

俗话说：去时要比来时美。只有这样，你才能给客户留下深刻而又美好的印象。拜访结束后，无论是否取得积极的拜访结果，我们都要彬彬有礼。

拜访客户，在告辞时与进门时的寒暄同样重要，我们不能忽视告辞时的一些礼貌用语，尤其是当你已经被客户拒绝了，你的表现更能体现你的个人素养，此时，你更应该礼貌与客户告辞，如一边收拾资料，一边向

客户道歉：“对不起，打扰您了！”或“在您方便的时候，我再来拜访您！”等，然后，鞠躬告退。你越是表现得落落大方、彬彬有礼，越是能让客户感受到你的良好修养，甚至让客户产生内疚的感觉。

我们不可能与拜访的每一位客户达成交易，但应当努力去拜访更多的客户来提高成交的百分比。而要达到这一目的，以上任何一个细节性的话语都必不可少，将这些话说得得体、到位，才会给客户留下良好的印象，从而有助于我们的推销工作！

对爱面子的客户灌点“蜜语甜汤”

在拜访客户过程中，我们可能经常会遇到这样一类客户：无论销售员说什么，他们都显出一副不可一世的神态，并表现得比销售员更专业，希望销售员能聆听自己的教导，这类客户就是爱面子的人，面对这种客户，底气不足的销售员常不知所措，不敢继续推销，也有一些销售员，为了证明自己，与客户进行一番理论，而到最后，不仅让生意白白溜走，还让自己乃至公司的形象受损。其实，对于这类客户，我们如果能放低姿态，给其灌下“蜜语甜汤”，满足其虚荣心，销售也会顺利进行。

小李是某商场保健品专区的销售员，一天，一位顾客来购买蛋白粉。小李对顾客推荐了货架上的某种蛋白粉。谁知，这位顾客撇撇嘴，冷笑一声：“你就别提这蛋白粉了，上周我才听了报道，这种蛋白粉被查出有××成分，这个生产厂家因产品出现质量问题，差点被告上法庭。你说，这种蛋白粉，我敢要吗？”

小李一听，知道遇到内行了，她立刻改变策略，恭维道：“是吗？我真是孤陋寡闻，没听说这事儿，您真行！这么内幕的事都能知道，跟您相比，我们真是井底之蛙了。”

顾客：“那是！我以前也代理过很多婴幼儿用品，蛋白粉行业的这点破事，哪能逃过我的耳朵。”顾客得意扬扬。顾客这样回答，小李立马知道了，原来这是个爱听软话的顾客。于是，她接着说：“原来是老前辈！刚才我还跟你推荐产品，真是班门弄斧了。那您觉得买什么样的蛋白粉才放心？”

顾客：“告诉你，××品牌的蛋白粉就不错，我亲戚家的几个孩子都是喝这蛋白粉长大的，我们家宝宝出生后，我一直买的也都是这种蛋白粉，价格也合理。”

小李趁机说道：“跟您聊一会儿，真长见识！你要几罐？我给您拿去。”听罢，顾客痛快地要了两盒。

顾客离开前，小李还不忘恭维道：“以后，您可要常来我们商场啊，您的指导对我很有用！”

我们发现，案例中的蛋白粉销售员小李是精明的，在她向顾客推荐蛋白粉遭拒后，她便立即改变策略，改用恭维的方式，事实证明，这位顾客确实是爱慕虚荣型顾客，小李的恭维也起到了作用，最后，顾客心甘情愿地购买了产品。

西方有句格言：“请用花一样的语言说话。”对于爱面子的客户来说，恭维的话往往对他们很受用。

销售心理支招：

具体来说，我们该如何应付这类爱面子的顾客呢？

1. 准确、快速判断出顾客的特性

一般来说，如果你拜访的是这类爱面子的客户，那么，在你开始推销时，他就会表现出主动的姿态，会对你销售的产品质量、功能、缺点以及你的销售态度、专业水平或者对生产厂家等各个方面提出诸多要求、观点甚至是批评意见等，对此，在进行正式的销售前，我们就一定要善于察言观色，基本摸清顾客的特性，进而揣摩他们的心理、特点和利益需求，才能在说话时能很好地对症下药，准确地找到应对策略。

2. 放低姿态，多讨教

这类顾客在与销售人员交谈时，要么对销售员的推荐默许地点头，偶

尔针对不足之处作善意的更正；要么是急于表现自己，不等销售员开口，就喋喋不休地向销售员传授着专业知识，对于销售员推荐的不足之处，会无情地指出，使销售员下不了台。因此，销售员可以降低姿态，以讨教的语气进行交流，利用他们好胜的心理来促成销售。

3. 多说恭维话

比如，对他们渊博的学识表现出敬佩的样子，这不仅让他们狂妄的心理得到满足，也会为了表现自己而向销售员传授更多知识。

总之，面对这类爱面子的顾客，如果我们以说教的方式劝其购买，恐怕是起不到什么作用的，如果你想获得成功，就不妨多说些甜言蜜语，使你的语言像花一样绽放，让顾客心情愉悦起来，与你进行一个很好的交流，为销售成功奠定一个好的基础。

循序渐进，拜访目的不能太明显

与客户做生意，我们最终要与客户接触，因此，拜访客户的过程就不可避免。但出于要将产品推销出去的根本目的，一些销售员在拜访客户的时候，显得很盲目，见了面不知道该说什么，该怎么说，只是很简单地介绍下自己，然后就极力向客户推销产品，结果还没开口介绍就被客户拒绝，只得灰溜溜地逃走，销售业绩也不尽如人意。到最后还弄不明白，为什么现在的客户这么难开发？客户关系这么难维护？其实不然，不是客户难搞定，是我们销售员自己的问题，有许多东西你是否注意了？有许多方面你是否做到了？如果能够多去思考，善于复制别人成功的方法，善于行动，善于总结，那么搞定客户也很轻松。

要知道，客户在接受销售员拜访时，他们的压力也是非常大的，他会担心受销售/直销员欺骗，担心买的产品不适合等。这时，最忌讳的方式是硬推产品，因为这样往往使客户压力过大而最后放弃采购。也就是说，我们在拜访客户时，关于销售的话术不可太露骨。

原一平是日本著名的保险推销员。

有一次，他前去拜访一位客户，想要向其推销保险，在拜访之前，他是做了一些准备工作的，他了解到，此人性格内向，脾气古怪。在见面后，他发现果真如此。

“你好，我是原一平。”

“我知道你是卖保险的，不好意思，我不需要投保。我向来讨厌保险。”

“您能告诉我为什么吗？”原一平微笑着问对方。

“讨厌是不需要理由的！”他显得有些不耐烦。

“我听我的一些朋友说您是这个行业里的佼佼者，如果我也能这样成功就好了，那肯定是一件很骄傲的事。”原一平在说这些话的时候，语气温和，而且还是一脸的微笑。

听原一平这么一说，对方的态度马上变得好多了：“我一向是讨厌保险推销员的，但今天不知道为什么觉得你说话听着舒服。好吧，你就说说你的保险吧……”

显而易见，在接下来的交谈中，他们谈到他们感兴趣的话题，彼此都兴奋地大笑起来。最后，这位客户愉快地在保险单上签上了他的大名并与他握手道别。

原一平成功的推销经验告诉我们，我们在开发客户过程中，不管对方是什么态度，要以良好的销售语气与之交谈，让对方看到我们良好的职业形象和职业素养。

销售心理支招：

那么，我们该如何做到循序渐进，不着痕迹地达到我们的拜访目的呢？

1. 语言亲切、自然，在客户心中建立好感

作为销售员，怎样将产品销售出去是首要问题，但销售产品的前提是，我们要成功取得准客户对我们的信任，这里，销售员是否具有良好的

服务意识和习惯，决定了客户的信赖程度和认可度。要知道，信任是成交的根本，所有的技巧都是对信任的诠释，技巧可以缩短客户对你信任的过程，但是只有用“心”才能让客户最终信任你。而这种信任的产生，正是在我们与客户交谈的点点滴滴中，包括我们经常忽略的销售语气。

2. 关心客户及其周围的人和事

在日本，上午，家庭主妇多忙于打扫与洗衣服，这时候，她们多半不欢迎推销员，而有空闲应付推销员的时间大约是下午四点钟，因为这时正是婴儿午睡的时间。

大吉保险公司的川木先生只要看到某户人家晒着尿布，就不会轻易按门铃，只是轻轻敲门，以示访问之意。当主妇前来开门时，他会用最小的声音向一脸狐疑的母亲说：“宝宝正在睡午觉吧？我是大吉保险公司的川木先生，请多指教。四点多的时候，我会再来拜访一次。”

有人曾说，多研究儿童的心理，对你的推销大有帮助。任何母亲对这种细心的考虑都充满感激，不是立即邀请他进来坐，便是在他重新来访时面带笑容地迎接他。反之，如果大摇大摆地冲进去，结果只会被对方撵出去。

对于销售员来说，具有良好的亲和力是能够与客户融洽交谈的必然要素。想要在客户心中建立起亲切感，不仅要我们做到语言亲切、自然，还要我们做到关心客户的生活。这样才能使客户感到愉快，从而对销售人员产生信任。热情的语言也决定了态度的热忱。

3. 把控进程，别占用客户太多时间

客户最讨厌夸夸其谈却又不知所云的销售人员。因此，要问自己每一次的客户拜访是接近了客户一步还是远离了客户一步，如果你自己都没有准备好，客户也感受不到你的用心，不了解你此次拜访的主题，客户为什么要花时间与你会话呢？所以，检查一下自己在我们每天的工作内容中有多少是属于这些无意义的拜访。

拜访时，说占用对方几分钟的时间就占用几分钟，尽量不要延长，否则，客户不但认为你不守信用，还会觉得你喋喋不休，那么下次你再想约见他恐怕就很难了。当然，如果客户自己愿意延长时间与你交谈那就另当别论了。

总之，一个好的销售员往往善于总结各种讲话艺术的优缺点，取其所长在销售过程中综合利用。总之，在与潜在客户沟通的过程中，要做到准备充分、有勇有谋、多留后路，才能把握整个拜访的进程，并运筹帷幄，进而减少急躁、急功近利的情况。

别在拜访时就让客户有机会拒绝你

我们都知道，在很多情况下，销售的第一步就是拜访客户，任何销售员，只有在拜访客户时就留下良好的第一印象，才有可能为下一步成功推销奠定基础，而如果客户在接受你的拜访时就拒绝你，那么无疑为销售增加了难度。对此，我们先来看看下面的故事：

爱迪生是家喻户晓的名字，他被誉为“发明大王”，在他身上，曾经发生过一件不可思议的事。

在发明了自动发报机之后，爱迪生想重新建立一个实验室，但是资金从哪里来呢？他想到一个方法——卖掉自动发报机的发明。但是他并不是生意人，对这些买卖的事也不了解，于是，他想问问妻子的意见，妻子给他的建议是两万美元。听完之后，爱迪生很诧异：“两万美元，太多了吧？”妻子看到爱迪生一副犹豫不决的样子，说：“我看能行，要建一个实验室，可不是一笔小钱，这是最小的预算了。要不，你先套套商人的口气，让他先开价，然后再看看具体情况。”爱迪生想了想，觉得妻子的话有道理，就决定试一试。

事实上，爱迪生在当时的美国，在发明界已经声名鹊起了。不少商人也了解他，在朋友的介绍下，爱迪生决定与一名商人谈判。很自然，双方谈到价格问题。对方让爱迪生出价，但爱迪生觉得自己的要求可能高了，

始终不好意思说话。

商人无奈之下，就说：“那我先开个价吧，10万美元，你看怎么样？”

这个价格简直是爱迪生没有想到的，太过高兴的他，一时竟然不知道如何继续谈判。当然在表面上他并没有表现出来，反而面带难色，说要等自己的妻子回来再商量一下。商人一看这种情况，也担心夜长梦多，于是对他软磨硬泡，爱迪生一看时机差不多了，便顺势与对方签了交易合同。

后来，爱迪生对他妻子米娜开玩笑说：“没想到晚说了一会儿就赚了 8 万美元。”

在通常情况下，人们会认为能说话，会说话是口才。殊不知，有时候不说话，保持沉默也是一种口才，甚至这时的不说话比说话的效果还要好。

确实是这样，我们总是不愿意在接受别人批评的时候保持沉默，譬如面对一个难以说服的客户。其实，有时候，“此时无声胜有声”，沉默才能堵住客户的嘴，沉默可以给对方和自己都留余地，沉默甚至可以使局面发生翻天覆地的变化。

销售心理支招：

那么，究竟有哪些技巧可以不让客户找借口呢？

1. 会要求，别让客户牵着鼻子走

有时候，对客户百依百顺并不是什么好事，因为这会让客户感觉你的产品存在缺陷或者你的销售能力和专业水平不强，而如果你态度强硬一点，学会向客户提要求的话，反而会赢得客户的感激，如你可以十分自信地对你的客户说：“××总，在这个行业，你可以拒绝任何一个销售员，但你不可以拒绝我，因为我是一个很专业的销售员，我的经验告诉我，如果你拒绝了我，你就拒绝了财富。”

在销售行业，那些销售冠军从来不会让自己被客户牵着鼻子走；相反，他们是销售的主人。可现实的销售活动中，很多销售员却总是害怕自己被拒绝，于是，对客户小心翼翼，生怕得罪客户毁了生意。但实际上，这样做的效果并不是很好。而如果，销售员愿冒被拒绝的风险而直接提出要求，可能就是另外一种销售景象。

那么，如何要求就成了销售员应该思考的问题。总的来说，销售员要明白你要求的内容不能超过你的职责所在，那就是卖出产品。然而，在提出这一要求之前，你需要要求和客户见面、要求了解客户为什么拒绝购买、要求了解客户有什么需求等。同时，你在要求的时候，要秉着积极、友好、礼貌的态度，让客户看到你的素质。另外，你还需要向客户表明你的信心、对产品的信心，一旦你决定自己要的是什么，就表现出一副不可能失败的架势，而你就绝对会实现！ 你要在所有的解说完毕，进入销售活动，进入尾声之际，请求客户作出购买决定。

2. 在客户说“不”以前，先说“是”

销售过程中，最具说服力的劝服技巧无非是让客户自己承认产品的优良、服务的到位等，让客户在拒绝之前先说“是”，就能有效将客户的拒绝遏制住。比如，你可以对客户说：“××先生，您应该知道向来我们的产品都比A公司的产品价位低一些吧？”当然，销售员在让客户肯定某些销售情况时，必须要对该情况有十足的把握，不能让客户抓住把柄。销售员懂得这一销售技巧后，可以顺利拿下很多订单。

销售行业，本来就是一个没有空间限定的行业，拿“心有多大，舞台就有多大”这句话来形容再恰当不过。只要你掌握销售的技巧，大胆地表现你的口才，你会获得销售行业的佳绩。人们常说的销售口才，其含义并不是单指能言善辩，真正的销售口才是一种艺术，体现的是销售员的智慧和对语言的认知和把握能力。

总之，任何一名销售员，在拜访客户的过程中，都要善于把握整个谈话局势，要引导客户逐步接受你和你的产品，绝不能让客户说“不”，只有这样，才能为成功推销奠定基础。

电话销售心理学：掌控话题轻松赢得订单

电话交流是现代方便、快捷的通信方式之一，电话销售使得销售员免除了奔波之苦，也为客户节约了时间。电话营销，虽然与客户未曾谋面，但要想让客户对我们的产品产生兴趣，我们也同样需要掌握一些心理对策，只有在轻松的话题沟通中，才能让客户逐渐接受我们。

让客户在你的声音中“看”到微笑

现代社会，随着通信技术的发展，为了提高工作效率，电话也被运用到推销中。推销大师乔·吉拉德曾就是电话推销的高手，他曾说：“最初我只靠着一通电话、一支笔，和顺手撕下来的四页电话簿作为客户名单拓展客源，只要有人接电话，我就记录下对方的职业、嗜好、买车需求等生活细节，虽吃了不少闭门羹，但多少有些收获。”

对于这种销售方式，一些销售人员认为，打个电话给客户没有什么大不了的，无非就是打电话给客户说明一下自己的身份及销售目的，或者再通过询问等方式了解一下客户的需求等。但实际情况并非如此，我们不谙合理的电话销售语言流程，就会出现：当我们还没完全地亮明身份的时候，就会遭到客户毫不客气的拒绝，甚至干脆挂断电话不再给销售人员以任何展开推销的机会。因此，推销员必须好好用好电话这根销售黄金线，否则，不但浪费了自己及客户的宝贵时间，而且还引起了客户的不满。其中，高明的销售员往往在电话中就能让客户“看”到他挂在脸上的笑容，从而让客户产生好感。

推销员杨小文和往常一样，在给准客户打电话前，先对着镜子整理了一下衣服，然后深吸了一口气，露出一个非常热情的微笑。她告诉自己：这可能又是一个非常难说服的客户，但无论怎样，都要热情地微笑。准备就绪后，她拿起了电话。

“喂！你好，是××公司吗？我想找一下×××经理。”杨小文面带微笑地询问。

“请问您是哪里？找我们经理有什么事？”很明显，接电话的不是经理秘书就是助理。

“我是×××公司的杨小文，昨天我给你们公司发了一封快件……”还

没等杨小文说完，对方打断道："又是想搞推销的吧？对不起，×××经理出差去了，不知道什么时候回来，而且即使他在，我也不会给你转过去的，至于手机号码你更是不要想了，因为我们公司不接受一切电话推销业务！"

这一切都在杨小文的意料之中，所以，她也有应对措施。她的脸上依然洋溢着她的招牌式笑容，接着，她又说道："您先别挂电话，我知道您每天很忙，而且每天也会接到几十个类似的推销电话，您已经接到烦了。不过，请您相信，我并不想浪费您的时间，而且我的时间同样十分宝贵，而我只是想和×××经理谈一下，因为我知道贵公司正在扩大生产规模，而我们公司生产的设备是目前国内生产效率最高，性价比最高的，另外，最近，我们公司正在进行回馈客户的活动。所以，请您帮忙转一下×××经理，非常感谢您的帮忙！"

听到杨小文这样说，对方也不好再生硬地拒绝她了，而且也不想让一家很可能十分优秀的原材料供应商与公司失之交臂，于是告诉了杨小文那位经理的分机号码。因此，杨小文也成功地跨出了此次电销售的第一步。

案例中，销售员杨小文之所以能够转变接线人员对自己的态度，就是因为她从拿起电话之初就始终保持热情的态度，并且一直都努力保持着亲切的微笑，从而打动了对方。所以，带着微笑的声音是更具感染力的。

作为销售员，无论在生活或是工作中遇到什么难以解决的问题或者烦恼，都不要把情绪带到电话营销的工作中。当你情绪不佳时，不妨和案例中的销售员杨小文一样，先对着镜子调整一下自己的情绪，在脸上绽放一个热情的微笑，这个微笑既是给客户的也是给自己的。这样，在拨通电话后，你的微笑会感染电话那头的客户，而这必将会增加你与客户相互了解的机会，增加彼此之间进一步交流的机会。

销售心理支招：

在此，我们销售人员在进行电话营销的过程中需注意以下几点。

1. 用微笑面对对方的冷淡

一般来说，人们在接到陌生电话，尤其是推销电话时，态度都是冷淡甚至是反感的，对此，我们不要受客户这种负面情绪的影响，反而更应该以积极的态度面对，甚至要尽可能地通过自己充满真诚微笑的话语使对方受到积极的感染。无论对方的态度多么不好，你都要相信，电话另一端的人都可以感受到你的微笑，所以千万不要吝惜自己的微笑。

2. 真心微笑，提升声音的感染力

发自内心地微笑，能使微笑者的声音听起来更加自然、轻快和悦耳，相反，若打电话时阴沉着脸、一副不情愿的样子，那么声音就会显得沉闷凝重。因此，销售人员在进行电话营销的过程当中一定要学会用微笑来提升自己声音的感染力，使对方在愿意聆听自己说话的前提下与自己展开进一步的交流。

3. 让微笑鼓舞自己

有时候，我们发现，在电话中与客户沟通了很久，可是依旧没有取得希望的结果，此时，我们也不要气馁，要打起精神、鼓起勇气，同时以热情的微笑去面对。因为你的微笑不仅可以给客户以积极的感染力，同时还能给自己以巨大的鼓舞，一个坚定而热情的微笑能够帮你消除心中的胆怯和疑虑，也能使你更加轻松地面对接下来的工作。

所以，在打电话之前，问问自己吧：我微笑了吗？电话营销，你今天微笑了吗？

几句套近乎的真心话帮你赢得客户

在电话营销中，销售员最害怕的就是客户的拒绝，因为客户对于这样进行电话推销的陌生销售员不信任，他们的警惕心、对产品和服务等的顾虑和担心都出自一种十分正常的自我保护与防卫心理。对此，我们不妨说几句让客户认可的实话，以表露出我们的真诚，打消客户的戒备心，我们与客户的谈话才有进展。

琳达是一名通信设备销售员，最近正在与一位客户接洽关于购买一批

设备的事，虽然她已经多次与客户进行电话沟通了，但对方迟迟不成交，这天，琳达又拨通了电话："郑经理，关于设备购买的事情，您考虑得怎么样了？"

"我暂时还没打算购买……不好意思。"对方冷冷地说道。

"我能理解您的想法，虽然我向您保证我们公司的产品性能属于业界一流，估计您也向同行打听过，不过在您没有亲眼见到我们公司的规模和生产状况前，存在这种担心和顾虑是人之常情，为公司采购需要认真、负责，不能出半点纰漏。不然会影响到公司的运营等。"琳达语重心长地说。

"是啊，真难得你能理解我的想法……"

"对于我们公司的设备，您大可放心。您也派技术人员来试用过，我想知道您还担心哪些方面的问题呢？"

客户说道："其实我们急需一批这样的产品，对于你们公司本身的生产能力及产品质量我已经没有什么可顾虑的了，不过我担心的是你们能否在合同签订的15天之内就将产品全部发到指定地点。"

听到客户这样说，琳达马上说："原来您担心的是这个啊，您稍等，我马上为您传真一份资料。"

一分钟后，琳达对客户说："我给你传真的是我们公司专门针对紧急要货的客户制定的'快速订货通道'，通过'快速订货通道'，我们公司可以按照您的要求送货到指定地点，只要您能按照要求及时支付货款到时候就可以凭单取货了……"

听到琳达这样说，电话那头的客户松了一口气，认真思考了一会儿之后，他对琳达说："明天我会到贵公司签合同。"

案例中，琳达深知客户是因为有戒心，对产品存在某方面的顾虑，才迟迟不肯签订合同。于是，首先她站在客户的角度，以几句真诚的话表达了对客户心情的理解，迅速拉近了与客户的心理距离，得到客户的信任之后，她再询问客户顾虑的原因就容易得多。面对真诚的销售员，这位客户也没有拐弯抹角，而是直接道出了自己所担心的问题，此时，精明的琳达拿出了最有力的保证，从而彻底打消了客户的戒心，让其决定购买。

销售心理支招：

具体来说，销售员需要这样在电话中向客户表达真诚：

1. 理解客户的担忧，表达同理心

同理心就是要站在客户的立场，从客户的角度出发来考虑问题。表达同理心是非常重要的，表达同理心能让客户意识到你跟他是始终站在一起的，无形之中就有效地拉近了双方的距离。表达同理心的方法有以下几种。

同意客户的需求是正确的；

陈述该需求对其他人一样重要；

表明该需求未能满足所带来的后果；

表明你能体会到客户目前的感受。

在上面的案例当中，琳达就是站在客户的立场说话，对客户的顾虑表示理解，进而消除客户内心顾虑的，这一点，值得所有销售人员学习。但在表达同理心时，销售员要注意：不要太急于表达，更重要的是一定要站在客户的立场上去表达同理心，以免让对方以为你是在故意讨好他。

2. 主动向客户提供自己的、积极正面的信息

销售人员要想在电话中迅速消除客户的戒备心，最有效的方法是说一些关于产品的“实话”，但我们一定要用恰当的方式、把有利于自己的信息传递给客户，让客户感到购买你的产品是一个正确的决定，提高客户的满意度。这样，可谓一举两得。

另外，在电话沟通中，当客户存有戒备心时，销售人员一定要有耐心，要用真心话拉近与客户之间的距离，客户才会逐步信任你。

巧妙引导，了解客户的真实想法

任何推销员都知道，有推销就有拒绝，电话销售同样如此。但面对形形色色的客户拒绝，那些聪明的销售员总是能找出客户拒绝背后的真实想

法，这不仅在于他们能根据自己的经验、所掌握的信息等作出正确的判断和分析，还在于他们善于套话，三言两语就套出客户拒绝的真相，然后根据自己的分析和判断针对当时的情况采取恰当的方法予以应对。

罗伯特·舒克是著名的推销高手、畅销书作家，在1975年，他拨通了“肯德基家乡鸡”的创始人——哈南·桑德斯上校的电话，与其商量《完全承诺》一书的撰写事宜，并且，他们约定了一个访问时间，当时桑德斯已经85岁高龄了，他答应去路易维尔机场接舒克，然后两人一起到上校家畅谈。

飞机准时到达路易维尔机场，舒克缓缓地走向机场正门，一眼就认出了桑德斯上校，因为桑德斯上校太出名了，只要有肯德基餐厅，就有桑德斯上校的塑像，他伸出了手，热情地向桑德斯上校打招呼，然而，上校却悲叹着说：“真是不好意思，我想今天的访问是没办法进行了，因为我在冰上跌倒，脑袋撞个正着。”

“桑德斯先生，我真的很高兴看到你，”舒克完全无视桑德斯要取消访问的话，“我实在很抱歉，听到你受伤了。”

“今天早上，我一不小心摔倒了，脑袋上撞了很大一块淤青，”上校继续说，“我不知道怎么联系你，告诉你取消这次访问，我也不想让你一直在机场等我，所以，我在去看医生之前先来机场见你，告诉你这件事。”

“没有关系，上校，”舒克仍然忽略了上校要取消访问的事，因为他深知自己大老远坐飞机前来这里是要做什么。

“天哪，好大的一块淤青！”舒克看到上校的后脑勺上一块明显的肿块，“我们赶紧走，要先去医生那，找医生替你包扎。”

他完全不给上校任何说话的机会，马上转向上校的司机：“车子停在哪里？”

“就在那里。”

“我们走吧，”舒克边说边向车走去，“我们必须先送上校去看医生。”

上校和司机竟然主动地跟随舒克的脚步，三个人一起驱车前往诊所。在医生为上校的头部稍作处理后，舒克和上校就开始了他们的访问工作。当然，他们的交谈很愉快，舒克也达到了他此行的目的。

原本由桑德斯先生掌控的整个谈话大局一下子转变为由罗伯特·舒克掌控，从而达成了谈话的目的。的确，在销售和推销过程中，意外事件简直是防不胜防。但是千万不要泄气，不要灰心，牢记你的推销目的，一定要带动整个谈话的方向，一切言行从对方利益出发，提出方案后，立即行动，主动、积极地去扭转、控制整个谈话局面。

销售心理支招：

那么，销售人员在电话销售的过程中，该怎样套出客户的内心想法，并予以解决，从而把握整个谈话方向呢？

1. 让客户跟着你的思维走

销售员在对客户的购买能力等情况进行一番了解后，不妨对客户进行心理暗示："夫人，你想想看，如果你能买下这所房子，那么，您的孩子每次回家的时间就能减少半个小时，每次当他吃晚饭时，还能听到对面音乐厅里最悠扬的钢琴声。不失为一种美啊！"

另外，销售员在对客户进行一番暗示后，不能急于让客户对购买产品表态，因为客户需要一些时间思考，让这一暗示真正地进入客户的头脑，渗透到思想深处，进入客户的潜意识。利用这些方法给客户一些暗示，客户的态度就会变得积极起来，等到进入推销过程中，客户虽对你的暗示仍有印象，但已不认真留意了。当你稍后再试探客户的购买意愿时，他可能会再度想起那个暗示，而且还会认为这是自己思考得来的呢！

2. 尽量让客户说"是"

尽量避免涉及让对方说"不"的问题，而在谈话之初，就要让他说出"是"。推销时，刚开始说的那几句话是很重要的。比"如何使对方的拒绝变为接受"更为重要的是，如何不让对方拒绝。

3. 设法引导

很多销售员，自己在电话这头热情洋溢地陈述自己的产品，可是客户

却以“考虑看看”为由挂断电话，虽然客户这样说，但销售员要明白，客户并不是真正要考虑，而是已经拒绝了你的推销，在这种情况下，推销员倘若认为客户目前还需要时间来考虑购买这一问题，日后再来听取佳音，就未免太过“死板”了！要处理这种状况是有点棘手，因为客户会说出这句话，多半是在推销员已经做了相当程度的说明后，就算勉强再运用其他拒绝语言处理，效果也不会很好。

即使客户先前一直表示赞同，但是面临重要关头却又退缩时，重提此事只会增加客户的厌恶。所以，必须改变一下方式，从另一个角度去引出客户真正的想法，比如说“您是很想买，但是缴费负担太重”，若能让客户说出真心话，就有希望进一步促成交易。

所以，推销员要懂得调适自己的心态，要有“被拒绝是当然的事”的心理准备，被拒绝对于销售员来说，是再正常不过的事，不能恐惧被拒绝，要坚强地面对客户的拒绝，引导客户说出真心话。

在电话销售的过程中，掌握一定的语言技巧，在与客户交谈时能够控制整体局面，带动整个谈话的方向，这是优秀推销员必备的素质。

电话营销中的幽默能化解尴尬

在电话营销的过程中，作为推销员，我们都希望能为交谈营造出一个良好的氛围，但事实上，这只是我们的美好愿望，很多时候，由于客户对销售人员的本能性拒绝，交谈很可能便陷入尴尬境地，此时，如果我们能灵巧应对，实时地幽默一番，那么，不仅能化解尴尬，还能让客户对我们留下良好印象。

在使用幽默法化解尴尬、顺利成交这一方面，推销大师乔·吉拉德便是很好的榜样。

一天，乔迎接了一位准客户，很显然，他是冲着乔才来的，但问题是，在所有问题都确定以后，他却不肯签字成交，一直犹豫不决。此时，乔突然开了个玩笑："你怎么了？不会得关节炎了吧？"乔一句话刚说完，刚才还一脸愁容的客户，马上就笑了起来。就这样，销售氛围已经变得好转起来了。

随后，乔拿出了自己的钢笔，对对方说："我们签约吧，就请您在这儿签下您的大名。"吉拉德说这话的时候，脸上带着自然大方的微笑，当然，也是认真的，他的客户也知道他不是在开玩笑。

但令乔不解的是，为什么这位客户还是拿不定主意，乔显得很无奈，对客户说："您到底要我怎么样做，才肯签字呢？您不至于要让我跪下来求您吧？"说完，乔居然真的跪下来，然后，他抬头望着这位客户说："好了，我现在已经求您了，谁会忍心拒绝一个肯下跪的成年男子呢？来吧，在这儿签下您的名字。"

但这招对这位先生却一点也不管用。可吉拉德却没有放弃，他继续使用着他的幽默法。他继续说道："您究竟要我怎么做才肯签呢？难道您希望我躺在地上？那好吧，我就躺下了，您要是不签，我就不起来了。"

此时，这位客户终于忍不住捧腹大笑起来，并说道："乔，你就别躺了，你得起来告诉我，我到底该在哪儿签。"

当然，最后，这笔生意在一片轻松欢快的笑声中达成了。

从乔的推销故事中，我们发现了幽默的力量，日本推销大师齐藤住之内也说过："什么都可以少，唯独幽默不能。"幽默就是销售的助推器，幽默的销售员，总能让销售在愉快的氛围中进行。

当然，在电话推销的过程中，我们同样可以使用幽默缓解尴尬，拉近与客户间的距离，我们再来看下面一个电话推销的案例。

销售员："您好，上帝！我今天给您打电话呢，就是想知道您是怎么看待保险的，您可以简单地说说您的想法吗？"

客户："你叫我什么，上帝？"

销售员："客户都是我们的上帝，您是我们的客户，自然也就是上帝了。我可是特意来拜访上帝的，您总不能让我失望而归吧？"

说罢，销售人员笑了，客户也笑了。由于销售人员的友好和独特的方法，谈话得以顺利进行。

销售人员出其不意又不失礼节地称呼“上帝”，会让客户非常惊讶。在交谈中多些幽默和随和，通常不易遭到客户拒绝；另外，这种富有创造性又不乏幽默感的开场白还能让客户对销售人员产生好感，更有利于销售的进行。

对不甚理想的沟通环境，销售人员可以通过自己的语言或行为引导客户把注意力从对沟通环境的不满转移到销售活动当中，即用自己营造的良好氛围来减少客户对环境当中不利因素的关注。

销售心理支招：

在电话销售过程中，我们该如何通过轻松幽默的方式来调节谈话氛围呢?

1. 语言轻松，充满热忱

要想营造良好的通话氛围，销售人员必须要在整个沟通过程中充满热忱，如果销售人员连最基本的沟通热忱都没有，那么客户也不会对这样的通话产生任何兴趣的。充满热忱的态度与话语还可以让对方充分感受到你的自信以及你对他的重视和关注。客户在作出购买决定之前是需要从销售人员那里获取足够多的自信与关爱的，而热忱的态度与话语恰恰能帮助销售人员将这些有效地传递给客户。

2. 削弱你的推销目的

对陌生的推销员，客户一般都是心存芥蒂甚至是排斥的，因为大多数对自己的利益都有本能的保护意识，或者不愿意被打扰，因此，推销伊始，你绝不可表现出太强的“推销味道”。销售沟通的最高境界，就是在客户不知不觉的情况下成功地推销自己的产品，也就是说，要使客户意识不到你们之间的买卖关系。

总之，电话销售过程中，轻松幽默的语言能使局促、尴尬的推销场面逐渐变得轻松和谐，使客户立即结束拘谨不安，降低心理的戒备程度，从而拉近与我们的关系，这样就容易在交谈中打开突破口。

把挂电话的主动权交给客户

现代社会，作为一名推销人员，就必须学会利用电话营销。对此，可能一些销售人员认为，电话营销与面对面推销不同，可以相对松懈很多。其实不然，电话营销，无论在任何时候都要讲究必要的礼仪。这是因为，你的专业能力和素质乃至产品给客户的印象如何，都是通过电话传达的，你在电话中的声音、措辞等不仅仅代表的是你自己的形象和身份，而且还代表了整个公司的形象。如果你不够礼貌、不够专业，那么，无论是公司还是销售员自己，在客户心中的印象都会大打折扣；相反，如果在客户打电话给销售人员的时候，当销售人员能够礼貌、专业地为客户解答疑难问题，并主动热情而适度合理地与客户建立友好的合作关系时，客户定然会对你及你的公司产生良好印象，并愿意继续与你展开进一步的沟通。

通常来说，与客户进行电话沟通中，挂电话往往是成功之前的“临门一脚”，我们要把挂电话的主动权交给客户，进而让客户产生良好印象。

销售员小丁和很多上班族一样，每天上下班得挤公交车，挤地铁。今天早上，他起床晚了，他紧赶慢赶上了公交车，之后，好不容易下了公交车，还没站稳，他口袋里的手机就响了，一脸不高兴的小丁过了好长一段时间才接电话，他听到电话那头传来：“您好，请问是××公司的丁××吗？我是××的经理××，是这样的，上次在展销会上你给我留了一份资料和你的名片，最近我需要购进一批新的生产设备，我今天打电话的目的就是想问问你们公司都有哪些机型？另外，我还想顺便问一下……”

听到是客户的电话，小丁赶紧说：“哦，是这样的啊，我有您的邮箱，我现在还没到公司，一会我给您发过去吧，怎么样？”

虽然小丁已经表明自己正在忙碌，但客户听完以后觉得十分不舒服，就简单回了句："好吧。"听到客户这样一说，小丁赶紧说："好的，再见。"然后就挂了电话。

到了公司之后的小丁赶紧把资料发过去，但是过了好几天对方都没回应，他随后便再次拨通了对方的电话，没想到客户这样回答："哦，我上午想问你的事已经有另外一个厂家的销售人员帮我解释清楚了，我已经打算从他们那里购买设备了，我现在也很忙，再见！"紧接着，小丁就听到了对方挂机的声音。

……

我们从上面的案例中可以发现，刚开始，这位客户是对小丁的产品有很大的需求的，从客户主动打电话问询就知道，但小丁却自己亲手断送了这笔生意，因为他在一个细节的地方没做到位——他主动挂断了客户的电话，虽然他确实很忙，对于销售人员来说，任何事情都没有与客户进行交易更重要，而挂断客户的电话会让客户感觉不被重视，也就不愿意再与你做生意。

事实上，作为一名电话营销人员，无论在任何时候都要讲究必要的礼仪，其中就包括把挂电话的主动权交给客户，这会让客户对你留下好印象。

销售心理支招：

当然，除了这一点外，还有一些需要电话销售人员注意的挂电话时的事项，我们可以概括为：

1. 多用感谢与赞美的语言

多用感谢与赞美的语言，客户会感到非常开心，愿意与你继续展开进一步的交流。比如，销售人员可以在结束电话时这样说："和您说话我感觉非常有趣，您真是一位幽默开朗的人，希望您每天都能保持好心情！"

"真的很感谢您打电话问我这些，您给了我一次认识您的好机会，再次感谢您打电话给我……"

"和您说话我感觉非常有趣，您真是一位幽默开朗的人，希望您每天都能保持好心情！”

2. 不要急于结束谈话

有一些销售员在与客户进行电话沟通时，总是显得急不可耐，这是销售中的一个大忌。当客户还没说完话时，他们就急于挂断电话，殊不知，这样往往会打断客户的思路，或者没有给客户表达自己想法的机会。这样一方面可能会让客户的感情受到伤害；另一方面销售员因为没有给客户表态的机会，往往得不到客户想要讲的重要信息，这会给自己造成更大的不利。

例如，一名销售员在向客户介绍产品时，客户说：“我有一个问题，我听朋友说……”这位销售员立刻打断客户的话说：“我知道了，你的意思是说我们产品的价格比市面上同类产品的价格高的问题吧，我告诉你……”客户很奇怪：“不是的，我的意思是想问下怎么付款的问题。怎么了？你们的产品价格比较高吗？”

因此，销售员在与客户通话过程中，不要打断客户，更不要假设自己很了解客户。

3. 轻放电话

交谈完毕以后，你在电话没挂断前最好不要随意同旁边的人谈话。要轻轻地放下电话后，再另行谈论其他事情。这是礼节，也是对客户起码的尊重。

另外，在结束电话的时候，销售人员还要特别注意一点，那就是，一定要询问客户是否还有其他问题，或者主动询问客户还有哪些需要与要求等，比如：

“很高兴咱们今天能聊这么多，不知道还有哪些事情我可以帮得上忙？”

“我刚才说的不知道清不清楚，您看还有什么问题需要问的吗？”

如果销售员在接挂电话间能注意以上几点，就一定能展示出自己的专业风范，并获得客户的认可。

电话销售中的言语禁忌

销售行业，就是靠嘴吃饭。电话销售亦是如此，连接客户与销售员的只是一根电话线，如何让客户喜笑颜开，更考验了销售员的口才。但销售员在表现自己口才时，千万要记住，不能口无遮拦，不该说的别说，因为一旦触及客户的禁区，就意味着你的预约乃至整个销售任务的失败。

小王是一名刚毕业的大学生，因为公司正缺人手，于是赶鸭子上架，他就被公司安排到汽车销售的一线，成为了一名汽车销售员。有一次，前辈介绍给他一个潜在客户，让他打电话预约一下，公司正有一批库存的车急需处理。

当他还没开口问客户要不要买车，客户倒给他出了一个难题："我这手上还有一辆旧车呢，真不知道怎么处理，要不，你帮我卖了吧。"

小王一下子不知该怎么接下面的话了。他想："一辆破车还能值几个钱？搞不好那辆车轮胎已经磨损得不像样了，发动机工作时的杂音也很大，车里的气味也许很难闻。哪儿能卖得出去啊？要不问一下这车是什么时候买的，多少年了吧。"小王就是这么想的。可是他又一想，因为这是客户的车，客户可能很喜爱这辆汽车，毕竟开了这么多年，多少会有点感情。即便不喜欢这辆车，但也只有客户自己有资格来批评这辆车。如果我先开口说这辆汽车如何如何糟糕，这无疑是在侮辱汽车的主人，不知不觉中已经伤害了客户的自尊心。这样一来，还能向客户销售吗？

想到这些，小王对那位客户说："不管怎么样，这车都陪您那么多年了，您何必把自己的一个老朋友卖了呢，如果它的性能已经有些问题了，你可以再买一辆车，权当是它的接班人吧。"

客户一听，这小伙子说话太中听了，是个会从别人角度想的人，就主动要了小王的手机号。

很多时候，电话沟通是销售人员经常使用的一种方法，此时，在这个时期，只有与客户相处愉快，才能让客户满意，才有可能完成销售任务，销售员小王的聪明之处，就是从客户的角度去想问题，然后把不该说的话咽了回去。实话不实说并不是要销售人员不讲实话，并不是要销售人员以次充好去欺骗客户，它只限于销售商品以外的东西，对于产品的优缺点销售人员必须实话实说。

销售心理支招：

销售员要记住，预约客户的时候，有以下几种话是不能说的。

1. 有攻击意味的激烈言辞

电话销售是否成功，全看销售员在电话中与客户沟通的效果。有些销售员因为工作、生活中的一些问题，在拨通电话的时候，带有情绪，或者生活中本身就语言犀利，于是，客户就被销售员当成了语言攻击的对象，其实，当销售员一旦说出此类语言时，整个预约乃至整个销售任务就宣告失败，因为客户是上帝，无论何时客户总是对的，尊重客户更是一切销售工作的前提。

2. 个人隐私性问题

某些销售员认为，要想和客户搞好关系，不妨深入客户的生活，于是，一开口就大谈一些隐私问题，其实，每个人都有自己不愿被揭晓和触及的地方，当销售员追着客户一些私密问题不放的时候，自然会引起客户的反感，而且，电话销售中，销售员要做的更多是把握客户的一些需求，这才是销售员的本职工作。

3. 粗鄙的语言

精练、专业是每个销售员最基本的语言要求，同时，还要求销售员说话时要注意场合，生活中，可以随意一些，但在与客户沟通的时候，一定要表现自己的良好素质，切不可出口成脏、污言秽语，毕竟，语言代表的是一个人的素养和形象问题，尤其是销售员，你的形象是和产品挂钩的。

在电话预约客户中有很多禁忌问题，一旦触犯这些禁忌，你失败的可能性将大大增加。要知道，人人都喜欢听好话，人人都希望得到别人的肯定，有一句话是这样的："赞美与鼓励让白痴变天才，批评与抱怨让天才变白痴。"销售人员每天都要与人打交道，更应注意这方面的问题。

第04章

促销心理学：让生意红红火火的心理小考验

生活中，我们经常发现，客户往往为了抢购那些特价商品而早早地聚集在超市门口，这是因为人们都有贪小便宜的心理，正是抓住了人们的这一购买心理，不少商家都会寻找一些机会做促销活动，然而，要真正留住客户的脚步、实现成交，销售员们还要掌握一些心理对策，如如何制定促销折扣的幅度、如何让客户打消对促销产品的顾虑等。

促销活动为什么如此受欢迎

生活中，每个人都有贪小便宜的心理，很少有人会拒绝免费的东西。在很多情形下，客户想得到一点优惠，占点小便宜，更多的不是功利上的考虑，而是占到“小便宜”后喜悦轻快的好心情。而我们要做的就是，给客户占便宜找一个很好的理由，那就是促销，客户有了占便宜的感觉，就容易接受你推销的产品。

“国庆”这天，在某科技产品卖场内，有一家小店的生意格外红火，不断吸引前来购买电脑的顾客。进店的顾客，一看到杂乱的店面，就准备扭头就走。可是，当他们看到货架上陈列的一些小家居用品之后，就停下了脚步。的确，那些从这家小店购买电脑的顾客都满脸喜气，并拿着店主赠送的小礼物。这家店主并不会主动送东西给顾客，而是标明：节假日，凡在本店购买产品，均有礼品相送。

实际上，这家小店平时的生意并不好，因为这家店从来不打折，从来没有促销活动，自从销售员小王来了后，说服老板“放长线钓大鱼”，而事实上，他的办法奏效了。这些买电脑的客户都觉得是自己占到了便宜，还不断地对身边的朋友说：“这一个家居用品，至少得几百块，买他们家的电脑，划算！”

人们都有爱占便宜的心理，尤其是购买产品的时候，在产品价值不变的情况下，他们都希望价格越低廉越好，或者得到的额外利益越多越好。从另外一个方面说，有时候，面对那些打折、促销的产品，即使他们并不是很需要，但依然会选择购买，因为他们害怕失去这样一个大好的购买机会。因此，在开发客户的过程中，如果我们也能抓住客户的这一共有心理，以促销为诱惑条件，那么，很有可能打动客户的心。这也是一种最常见最有效的开发客户的方法。

销售心理支招：

具体来说，我们该如何利用促销活动来吸引顾客呢?

1. 包装客户参与活动的好处

在确定了唯一的活动主题之后，受众群体也能够接受我们所要传达的信息，但是仍然有很多人虽然记住了广告，但是却没有参与活动或者形成购买冲动，为什么呢？那是因为他们没有看到对他们有直接关系的利益点，因此，在活动策划中很重要的一点是直接地说明利益点，如果是参与有奖、优惠促销，就应该直接告诉顾客优惠额数量，而如果是公众活动，就应该告知最能吸引眼球的吸引点，只有这样，才能使目标群体在接触了直接的利益信息之后引起顾客参与，从而达到目的。

2. 包装客户购买产品的好处

这其中包括：

①价格优惠。

我们会发现一个奇怪的现象，真正销路好的产品，往往不是那些价格昂贵的名牌，也不是那些价格低廉的产品，而是那些大搞优惠、特价的商品。其实，这就是商家利用了顾客爱占便宜的心理。因为价格促销、优惠的产品都有一个原价，顾客自然会把原价和现价进行对比，这样，他自己也会得出一个结果：优惠并不是天天有，我很走运。即使那些客户根本没有需要的产品，他也会冲着产品价格上的优惠，选择购买。并且，他们会在心里告诉自己：总有一天，我会用得着它。

销售员在与潜在客户沟通的过程中，要尽量将客户的利益点用具体数据说明，而不要用“节省”“便宜”“赚钱”来介绍产品，这样会给顾客一种模棱两可的感觉，要用具体的数字。比如说，告诉产品便宜，究竟便宜多少钱，也只需要算笔账。

②提供赠品能吸引消费者。

③找出借口，让客户独享便宜。

事实上，消费者不仅想占便宜，还希望“独占”这个便宜，所以，销售员可以适当地找个借口，让顾客独享便宜，而不是一定要把产品卖出低价。比如说："趁着节日，我们刚开张，图个吉利，按进货价卖给你了！"这样一来，便宜都让一人独占了，这样的便宜，有谁不会心动呢？

总之，客户最关心的永远是利益问题，给足客户诱惑的条件，能让客户产生及时购买的欲望，但销售人员要注意：

（1）注意自己的说话态度和表达方式，不要因为客户的预算不够而中伤客户，更不能伤害客户的自尊。

（2）要耐得住性子。很多客户一旦产生购买欲望，就会有很多问题，当我们为客户逐一解决这些问题后，生意也就做成了，千万不能心急。

掌握各种年龄段顾客的消费特征

作为销售员，我们都知道，我们劝客户购买的一个前提是，客户有购买意向，对产品有需求。如果没有购买意向，无论销售者如何费尽心机地劝说，也不可能达到让其购买的目的。当然，客户的购买意向与需求，是可以从无到有的，只要销售员能做好说服工作，激发客户的购买欲望，那么，也能让客户完成购买。但我们每天的客户群体并不是单一的，其中，不同年龄段的顾客，消费心理与特点都是不同的，在促销过程中，我们只有看菜下碟，才能对症下药，激发他们的购买欲。

一天，一位女士带着自己三四岁大的女儿来到商场，准备为孩子买一双小皮鞋。

进店不久，女士就看中了一双红色的小皮鞋，准备给孩子试穿，但小家伙儿不知道为什么一直吵着要离开，根本不愿意试穿。

销售员："太太，这双红色小皮鞋非常适合这小姑娘，是今年童鞋中的主打产品呢，很多家长都带孩子来买。"

顾客："你看我们家这孩子，真是不听话，一直非要拽着我走。估计她不喜欢吧。"

这时，销售员走过来对小女孩说：“宝贝乖，长得真漂亮，阿姨给你一颗糖吃，看镜子里是谁在调皮啊？”听销售员这么说，小女孩一下子安静下来了，然后她接过销售员的糖吃了起来。

接着，销售员又说：“乖宝贝，你穿上这鞋一定很漂亮，我们来试试好不好？”销售员的话奏效了，小女孩一边吃着糖，一边试鞋子，很开心地笑着。

最后，这位女士便买下了那双鞋。

案例中的这位女士是位中年人，从她身上，我们看到了很多中年人的生活场景，他们上有老下有小，有时候即便购买产品，也是为家人，他们最关心的也是家人。案例中，面对顾客的孩子不愿试穿商品，销售员并没有应承顾客的话：“是啊，您家孩子太不听话了。”因为任何父母都有同一个心理：希望孩子得到他人的肯定，孩子固然不听话，但只能自己教训，而不能被他人评价。因此，这位销售员是这样称呼小女孩的：“乖宝贝……”这样赞扬顾客的孩子，无论是顾客还是孩子，都会获得身心的愉悦，而且，孩子高兴了，顾客也就毫不犹豫地选择购买了。

销售心理支招：

的确，促销中，参与的客户都由不同年龄阶段的人组成，自然有不同的消费特点。总体来说，我们可以根据年龄特点对客户做出以下归纳，并拟定出一些销售策略。

1. 青年的消费特征及销售策略

青年阶段是人生最富有创造性和追求独立性的阶段。在中国，目前有三亿多青年消费者，占全国总人口的四分之一多。青年消费者，通常具有这样几点消费特征：

市场潜力大，消费能力很强；

自我意识强烈，消费时很具有时代感，不愿意落伍；

消费行为易于冲动，富有情感性。

比如，我们发现，一些青年人在购物的时候，会很关注产品的款式、颜色、包装等，甚至这些要素在某种程度上决定了他们是否购买该产品的第一要素。

另外，青年消费者的消费兴趣具有很大的随机性和波动性，一会儿喜欢这种商品，一会儿又喜欢另外一种。

因此，在劝说青年人购买的时候，我们可以多强调商品的个性化特点，如我们可以这样说："看得出来，小姐是个注重时尚和品位的人，如果您穿上这双高跟鞋，一定有很多人成为你的粉丝，掀起一阵时尚流。"

2. 中年人的消费特征及销售策略

一般来说，中年人在消费时比青年人要理智、稳重、有所节制。因为他们知道金钱来之不易；另外，他们一般都是家庭的经济支柱，身上肩负家庭的重任，他们更懂得储蓄。他们的消费特点如下：

（1）消费时多是理性的、计划性的，而不是情绪性的、冲动性的。

（2）消费时会综合考虑各方面的因素，更注重商品的实用性和性价比，而不是像青年人那样注重产品的包装、颜色、款式等。

（3）注重商品使用的便利性，倾向于购买能减轻家务劳动时间或提高工作效率的产品。

（4）不盲目追赶潮流，对新产品缺乏足够的热情。

（5）消费需求稳定而集中，自我消费呈压抑状态。

因此，在劝说中年人购买的时候，我们尽量要从产品自身出发，多介绍产品能给他们带来的益处，必要之时可以为他们介绍购买的成本，让其觉得产品质优价格廉。

3. 老年人的消费行为特征及销售策略

一般来说，老年人的消费内容主要集中在饮食、医疗保健和文化娱乐方面；消费习惯比较确定，对产品的品牌忠实程度很高。

因此，在劝老年顾客购买时，我们最好可以将产品的性能与其健康、饮食、医疗、娱乐等方面联系起来，另外，还要强调产品的安全性和实用性，尽量让他们放心购买。

以上关于不同年龄段人群的消费特点和习惯的总结，相信能帮助我们在激发客户购买欲望的过程中起到作用。

男女消费心理的差异

在现实的销售活动中，那些经验丰富的销售人员，都会发现一点，在一些促销场合，似乎很少有男性的身影，参与抢购的多半为女性，这是由于男女消费心理的差异导致的，而这些销售人员往往也会根据这一点制订出相应的促销计划。

丹丹毕业来到一家大卖场工作，经理将她安排到了卖场营业部主任的手下做事，丹丹知道这是锻炼自己的一个绝好机会。

“五一”那天，卖场很多人，因为卖场正趁此机会做活动，服装、食品、家居用品都在打折、促销。上午的时候，主管跟丹丹一起来到卖场看销售情况。

“真不错，每年的节假日就是女性朋友们消费的旺季。”主管随口一提。

“为什么这么说呢？”丹丹好奇地问。

“你可以看看，在抢购的那些人群中，有多少是男性？微乎其微吧。”主管说。丹丹一看，还真是如此。她诧异地问：“那为什么会这样呢？”

“因为男性和女性的消费心理不同，消费习惯和行为也就不同了……”

的确，作为销售员，我们也会发现，很多时候，参与到我们的促销活动中来的，大多时候是女性，即便有男性，他们也不会过多地挑选和比较，这都是因为男女消费心理不同导致的。

销售心理支招：

具体来说，男女的消费心理有什么区别呢？

1. 女性消费心理

在现代社会，谁抓住了女性，谁就抓住了赚钱的机会。要想快速赚钱，就应该将目光瞄准女性的口袋。店铺在市场销售中，应当充分重视女性消费者的重要性，挖掘女性消费市场。女性消费者一般具有以下消费心理。

（1）爱美、追求时尚。

俗话说“爱美之心，人皆有之”，这一点在女性顾客身上尤为明显。无论女性的年纪多大，他们都希望自己能更美丽一些，充分展现自己的女性魅力。尽管不同年龄层次的女性具有不同的消费心理，但是她们在购买某种商品时，通常首先想到的是产品能不能让自己的形象更美，如她们往往喜欢造型别致新颖、包装华丽、气味芬芳的商品。

（2）追求美观。

女性消费者还非常注重商品的外观，将外观与商品的质量、价格当成同样重要的因素来看待，因此在挑选商品时，她们会非常注重商品的色彩、式样。

（3）感情强烈，喜欢从众。

女性一般具有比较强烈的情感特征，这种心理特征表现在商品消费中，主要是用情感支配购买动机和购买行为。同时，她们经常受到同伴的影响，喜欢购买与他人一样的东西。

（4）有炫耀心理。

消费心理学指出：对于许多女性消费者来说，她们之所以购买商品，除了满足基本需要之外，还有可能是为了显示自己的社会地位，向别人炫耀自己的与众不同。在这种心理的驱使下，她们会追求高档产品，而不注重商品的实用性，只要能显示自己的身份和地位，她们就会乐意购买。

2. 男性的消费心理

（1）动机形成迅速、果断。

男性的个性特点与女性的主要区别之一就是具有较强理智性、自信性。

男性在购物时，动机形成果断迅速，并经常会立即决定购买，即便是遇到购买动机矛盾的情况下也能果断处理。在具体的购买活动中，他们也

不会像一些女性一样“斤斤计较”，购买商品也只是询问大概情况，对某些细节不予追究，也不喜欢花较多的时间去比较、挑选，即使买到稍有毛病的商品，只要无关大局，也不去计较。

（2）购买动机具有被动性。

从普遍意义讲，男性的购买活动远远不如女性频繁，购买动机也不如女性强烈，是比较被动的。在许多情况下，购买动机的形成往往是由于外界因素的作用，如家里人的嘱咐、同事朋友的委托、工作的需要等，动机的主动性、灵活性都比较差。我们常常看到这种情况，许多男性顾客在购买商品时，事先记好所要购买的商品品名、式样、规格等，如果商品符合他们的要求，则采取购买行动，否则，就放弃购买动机。

（3）购买动机感情色彩比较淡薄。

男性消费者在购买活动中心境的变化不如女性强烈，不喜欢联想、幻想，他们往往把幻想看作未来的现实。相应地，感情色彩也比较淡薄。所以，当动机形成后，稳定性较好，其购买行为也比较有规律。即使出现冲动性购买，也往往自信决策准确，很少反悔退货。需要指出的是，男性消费者的审美观同女性有明显的差别，这对他们动机的形成也有很大影响。比如，有的男同志认为，男性的特征是粗犷有力，因此，他们在购买商品时，往往对具有明显男性特征的商品感兴趣，如烟、酒、服装等。

了解了男女性的不同的消费需求，能让我们在促销活动中针对不同的产品制定出不同的促销策略，以争取获得最多的客户群体。

促销开场有新意才能吸引顾客

在促销活动中，一些销售人员总是感到纳闷，产品价格已经到了底线、宣传活动也已经到位了，为什么客户就是不购买呢？也许你该反思一下，面对过往的潜在客户，你是不是等着顾客上门，或者是开场白毫无新意呢：“您好，请问您需要……”这样推销只有一个结果，那就是拒绝。我们可以发现，那些优秀的推销员，总是能出其不意，用与众不同的点子吸引客户的目光，从而有利于进一步推销。

有一位推销空调的高手，他从来不滔滔不绝地向顾客介绍空调机的优点如何如何，因为他明白，人并非完全因为东西好才想得到它，而是由于先有相应的需求，才会感到东西好。如果没有需求，东西再好，他也不会买。

所以，每次在专柜做促销的时候，他并不是说“这样闷热的天气，如果没有冷气，实在令人难受”之类的刻板的套话，而是把那些有希望购买的潜在顾客，想象成刚从炎热的阳光下回到一间没有空调的屋子里，然后再诚恳地对他说：“您在炎热的阳光下挥汗如雨地工作后回家来了。当您一打开房门，迎接您的是一间更加闷热的‘蒸笼’。您刚刚抹掉脸上的汗水，可是额头上立即又渗出了新的汗珠。您打开窗子，但一点儿风也没有；您打开电扇，吹来的却是热风，使您本来就疲劳的身体更加劳累。可是，您想过没有，假如您一进家门，迎面吹来的是阵阵凉风，那将会是一种多么惬意的享受啊！”

案例中的空调推销员这套促销方法值得我们学习：在对产品进行说明的时候，不要简单地介绍产品的一些功效，而是要懂得创新，如可以和这位销售员一样，为客户营造一种在购买某种产品后的美好氛围，让客户自己想象，从而提升产品的魅力。

销售心理支招：

具体来说，促销中的“创意”一般有以下几点。

1. 虚张声势，制造假象

日本有一家专门生产尿布的公司，开业之初，尽管做了宣传也无人问津。公司经理多川博灵机一动，想出个鬼点子，让自己公司的工人排队去买尿布，长长的队伍吸引了众多的行人，造成了一种抢购气氛，引来了好多“从众型”买主。随着产品的不断销售，人们逐步认识到这种尿布的优越性，销路迅速打开，多川博也成了世界“尿布大王”。

你可以告诉客户："最近我们公司的销售额已经达到多少，这一事实证明了我们产品的可信赖度，在这一领域，我可以说，应该是我们的产品做得比较好了，为此，和我们合作的公司数量最近已经明显上升。"当客户听到这样的表述后，自然会认为，如果和其他厂家合作的话，会不会不划算？同样，聪明的客户也会在有效的时间内达成交易。

2. 让客户参与，体验互动

销售员不能一味地介绍产品而忽视客户的感受，因为当你介绍的时候，客户很可能产生一些疑问，如果不给客户说和问的机会，没有互动这个环节，那么客户会把这些疑问搁置，最终结果只会是：客户即使在你介绍的过程中对产品产生兴趣也会丧失这种兴趣。因此，销售员只有不断和客户互动，及时发问，才会了解客户的想法并很好地引导客户的思维。发问会让客户参与其中，对产品的感受更加深刻。

香港一家专营胶粘剂的商店，为了让一种新型"强力万能胶水"广为人知，店主用胶水把一枚面额千元的金币粘在墙壁上，并宣称："谁能把金币掰下来，金币就归谁所有。"一时，该店门庭若市，登场一试者不乏其人。然而，许多人费了九牛二虎之力，仍然徒劳而归。有一位自诩"力技千钧"的气功师专程赶来，结果也空手而归。于是，"强力万能胶水"的良好性能声名远播。

当然，这家粘胶剂商店终于如愿以偿了。

在向客户介绍产品时，充分调动客户的尝试的积极性是非常重要的。因为这样做，产品给他们的印象更深，理解也更透彻。

总的来说，促销与其他销售方式不同，销售员一定要将现场气氛炒起来，才能吸引顾客，才能制造出一种声势，此时，我们的销售目的也就近乎完成了。

折扣不能过低，促销也要有价格底线

作为销售员，我们都知道，我们的业绩如何，直接和产品的销售价格挂钩。因为产品一旦被生产出来，其成本价就已敲定，此时，销售价越高，我们的利润也就越高。每一个销售员都希望自己销售的产品销路好，受到客户的欢迎，同时也希望产品能够卖个好价格，多获得一点利润。而在现实的促销中，一些商家或销售人员为了提高销售量，就大打价格牌，到最后，虽然产品销量提高了，但却并没有获得多少利润。因此，销售人员需要明白一个道理，即便是促销活动，也要坚持价格底线，折扣绝不可过低。

莉莉是个聪明伶俐的女孩，毕业后，她自己经营了一家小店，店面虽小，但生意却一直很红火，这是因为她不仅眼光独特，而且，她还很会讲价，来她店内的顾客，一般乐意接受他提出的价格。最近，正值“国庆”假期，莉莉决定通过促销的方式来增加销售量。

这天，一个女孩来买衣服，在经过一番挑选之后，女孩把目光锁定在一件款式时尚的连衣裙上。

莉莉：“小姐，您眼光真好，这件裙子是我们的镇店之宝，也是今年最流行的款式，不论是花色还是款式，都是非常时尚的。如果您喜欢可以试一下。”

客户试过衣服之后。

莉莉：“这件连衣裙非常能衬托你的气质，特别是您今天穿的这高跟鞋，看，搭配起来多漂亮。而且现在就能穿。”

客户：“嗯，是不错。不知道价格怎么样。”

莉莉：“因为国庆假期，我们在搞促销，原价399，打完八折后的价格是320。”

客户："那么贵，只不过是一件夏天的裙子嘛。不能便宜几十块钱吗？"

莉莉："不知道您发现没，这件衣服虽然是流行时装，但却有个特点，简单大方，也属于经典款式，所以，如果保养得好，穿个两三年是没问题的。实话说，这已经是我制定的最低的销售折扣了，但是刚好您是我今天上门的第一位顾客，也难得你这么喜欢这件衣服，穿起来又这么漂亮，就300吧，凑个整。"

客户："好吧，那就拿这件吧。"

案例中，店主莉莉之所以会成功卖出产品，是因为她在销售中活用了价格：在探明了客户的价格底线的时候，巧妙地把话锋一转，以打折让顾客感觉获得了利益，这样商品不仅能够以较合理的价格成交，也不会造成顾客的反感。相反，还会让顾客欢喜而归。这给销售人员一个启示，一定要摸清顾客的底线。

销售心理支招：

对于销售人员来说，应该怎么摸清客户的底线呢？

1. 先进行市场调查，了解该产品在市场上的最低价格

在制定促销折扣前，你不妨先打探或是分析一下该产品在其他竞争者中的价格以及潜在客户心中合理的价格，然后，你再为产品制定一个最低价格，保证自己的利润，在商讨价格时尽量远离这个标准。并且，在具体的促销中，一旦顾客提出的价格低于这个标准，就要想办法提高产品在顾客心中的位置和价值，或者在顾客面前表现出为难，让顾客知道提出的价格过低了。总之，销售员在让步时切记要给自己制定一个价格底线，这样才能获得顾客的认同，实现双赢。

2. 促销过程中坚持价格底线

销售人员即使为了提高成交量，在价位上也不能让步过多，要坚持一定的价格底线。

3. 根据客户愿意给出的价格范围推荐相应的产品

如果客户想购买牛仔裤，但觉得现在你所报出的价格过高，你可以

这样试探他："我们这里还有做工更精细的牛仔裤，而且是今天刚到的新款，但是每件170元。"如果客户对你说的质量更好的牛仔裤感兴趣，你就知道他愿意花更多的钱。

4. 通过提供一种质量较差的产品来判断他们的质量标准

"如果您只付100元，我给你看质量稍微差一点点的牛仔裤行吗？"用这种方法，你或许能让他们承认价格不是他们唯一的考虑，他们确实关心质量。

其实，销售从很大程度上打的就是一场价格战。在促销中，商家和销售员自身一定要做好预算，并在做好折扣后坚持价格底线，不要轻易让步，因为一旦你让步，将会让客户觉得你报价过高而一再压价，这样，你在谈判中就失去了主动的位置，使自己和企业蒙受损失。

促销中如何留住顾客

作为销售员自身都知道，促销的目的是增加销售量，为了吸引顾客，其价格已经是最底线，此时，客户就会产生疑虑：做促销是不是产品质量存在问题？是不是卖不出去的残次品呢？他们也希望可以有更多的选择余地，因为通过对比，他们认为可以挑选出更适合自己的产品。为此，很多销售员就遇到了这样的难题：无论怎么给顾客介绍产品，顾客总是一副可买不可买的态度，然后对导购员说："我想再去别家看看，斟酌一下。"顾客这样说，一方面可能是以为你推荐的产品确实不能够满足顾客的挑选需求，但更多的可能是因为顾客这种货比三家不吃亏的心理。对此，销售员想要留住顾客，就需要掌握一定的沟通方法，以独特的卖点吸引顾客。

小刘经营了一家工艺品店，为了吸引顾客，他时常会做一些促销活动，这天，一位顾客走过来，称自己要为岳父买一套工艺品。

小刘：“先生您好，我们是专营工艺品的店，请问您想选择哪种系列的工艺品？”

顾客：“你们这里就这些产品了吗？那种类也太少了，怪不得在做促销呢，是不是卖剩下的，我还是去别家看看吧。”

小刘：“您说得也有道理，不过我们老板非常喜欢有特色的产品，而且进的都是一些比较经典的款式，不落伍又不落俗套。我们做促销，是因为我们马上要店庆了，不是因为卖不掉。”

顾客：“你这么一说，我还真发现，你们店的东西不一样。”

小刘：“是啊，产品贵在精而不在多嘛。不知道您是买回家自己观赏还是送人呢？”

顾客：“我准备送给岳父，他对这个比较在行。”

小刘：“对，来我们店购买工艺品的，基本上都是一些退休老人，他们平时也没什么事，喜欢钻研这些。”

顾客：“是啊，我送他这个就是为了让他打发时间的，免得老人孤独。”

小刘：“老人有您这样的女婿，真是好福气。其实这款工艺品就很不错……”

顾客：“嗯，是挺不错的，我也相信你的推荐，你帮忙包起来吧。”

在这则销售故事中，顾客在以“产品种类少”、怀疑促销原因是“卖剩下的”为理由准备去“别家看看”时，导购员并没有以“新货过两天就到了”“已经卖得差不多了”“怎么会少呢，够多的了”“这么多东西你买得完吗？”等诸如此类的话语应对，而是承认了顾客的观点，然后再向顾客表明虽然种类少，但款式经典、有特色等，进而让顾客有这样的感叹：“你这么一说，我还真发现，你们店的东西不一样。”然后，在了解清楚顾客的购买情况之后，再次对顾客夸赞一番，更是让顾客对自己产生了信任感，最终促成了购买。

销售心理支招：

针对这种情况，具体来说，我们该怎么应对呢？

1. 稳住顾客，不要让顾客流失

顾客说：“我想再去别家看看，斟酌一下。”聪明的导购员都知道这句话是托词，只要顾客一踏出店门，是不会再因为斟酌清楚而再次光临你的，因此，你要做的就是先稳住顾客，不要让顾客流失。

而要想留住顾客，就要和案例中的导购员一样，讲明店里的产品在进货时都是经过精心挑选的，让顾客感觉到店里的都是款式经典又十分畅销的产品。但需要注意的是，导购员所说的话一定要与事实相符，如果店里的产品并非如此，导购员却硬是这样说，那么丢掉的可能就不仅是顾客，还有店铺的信誉。

2. 让顾客感受到舒心的服务

现代社会，随着技术的发达、竞争的激烈，在产品质量和价格等同的情况下，人们便开始在服务上下功夫。而实际上，顾客购买产品，也并非完全是考虑产品，也带有很大的情感因素，谁的服务好，顾客就购买谁的产品。可见，虽然是促销，但也要做好服务，如果照顾得不周到很有可能让顾客感觉受到冷落，从而影响到成交量。

3. 把产品的特色介绍给顾客

生活中，我们在逛街的时候，都会发现，越是小店，越容易在整体上突出自己的风格和特色。例如，专门经营民族服饰的店铺、专门经营水晶饰品的店铺等，这些店铺虽然看起来不大，却往往内有乾坤。而如果这些店铺的导购不善言辞，顾客还是会觉得产品种类不足，故而“去别家看看”。

所以，促销中，销售员要想留住客户，就要让顾客感受到你的产品的特别，或者具有某种特殊的含义，让顾客改变原有观点，以特色勾起顾客的兴趣和购买欲望，实现销售目的。

网络销售心理学：愉悦体验留住顾客

现代社会，信息技术迅猛发展，网络已经成为最快捷、最直接、最有效的通信工具之一。始终走在市场前沿的推销人员，同样也要对网络引起重视，并要懂得运用网络来营销，然而，网络销售与实体店销售自然有所区别，客户群体的不稳定、产品的无法亲身体验等，都让网络销售有了难度，这就需要销售人员掌握更多的关于客户的购买需求和购买心理，找到更多的心理应对策略，才能留住客户，实现销售目的。

利用网络搜索潜在客户

对于现代社会忙碌的人们来说，网络购物也是为越来越多的人们所接受的一项购物方式，网络能满足人们各种各样的需求，网络购物也解决了购物时间、地点上的一些限制，因此，可以说网络是最便捷的宣传渠道。销售员不仅可以通过网络把客户搜索出来，还可以通过网络了解更多的客户信息，如客户的产品、经营状况、财务状况。另外，网络上很多资源都是无偿的，而且一年365天都可以提供服务，网络的成本比较低，但是效果却是不容忽视的。网络从其诞生起，就成为许多网络精英获取财富的一个极其实用的手段。因此，作为一名销售员，要想自己的业绩有所提高，一定要利用好网络这个庞大的资源。

晶晶经营着自己的服装店，生意不错是真，但晶晶一直为一个问题苦恼：开拓市场，一些朋友建议她把生意做到国外去，这可难倒晶晶了，她从小生活在国内，哪儿知道海外市场的客户信息呢？正头疼之际，一个偶然的机会，让她找到了解决问题的途径。

这天，她抽出一天时间来找好姐妹小溪，小溪开了家网店，雇了个员工，所以，她也有时间陪自己的老朋友了。

“最近生意怎么样？”晶晶问。

“挺好的，有点忙，不然也不会雇人。告诉你，我的生意居然走出大陆了，很多港澳台的朋友也很看好我店里的衣服，今天就拍了好几件呢！”

“是吗？真不错，我最近就头疼了呀！”

“怎么了？”

“还不是扩大销售范围的事，有几个朋友告诉我可以开拓海外市场，我哪有这能耐。”

“嗨，原来是这事啊，很简单嘛，现在网络这么发达，你为什么不通过网络搜索呢？”

“对呀，我怎么忘了这一点啊，可是，我也不知道怎么搜索啊，你经常泡在网上，估计有点经验吧？”

“那当然……”

于是，小溪便有模有样地教起了晶晶。

案例中的服装店主晶晶的苦恼之所以得到顺利解决，得益于她的朋友小溪的帮助。的确，现在寻找潜在客户的方法中，网络搜索是最常用的，而且也是最简单、最方便的一种方法，更是获取信息量最大的一种方法。

销售心理支招：

销售员可以通过以下方式充分利用网络资源。

（1）在网站上注册并发布自己公司、产品的信息，并定时更新。

（2）运用有名的搜索引擎进行搜索，这时候要注意选择适合的搜索关键词。

先在网上通过一些商业网站去搜索你客户的一些资料。或通过大型的搜索引擎，如百度、谷歌、雅虎等，用关键词搜索；不要固定用一个搜索引擎，同样的关键词，在不同的搜索引擎搜就有不同的结果。这里，我们可以这样采用这些搜索方法：

①关键词搜索法。找这个行业的行业网，每个行业几乎都有行业网站，你就用关键词搜索。诸如，某某专业网，某某行业协会、展会商的网站等。找到了，一般就会在这些网上看到会员列表。还有在这些专业网和行业协会网站上有很多相关链接，也很有用。

②产品名称搜索法。你可以输入关键字：产品名称+关联产品名称。

这样的搜索结果往往是一些目标客户网站和行业网站。

③买家搜索法。产品名称+你的行业里面著名买家的公司简称或者全称。

这种方法可以帮助你找到行业市场的情况，并能在相关的网站中找到其他买家的名字。

④寻找有链接到大客户网站的网页。即用Google查找大客户网站的链入网页。无论是什么情况，链入网页很可能是个比较专业的网页，考虑到该网页可能同时包含其他潜在客户，所以非常值得关注。

⑤寻找有引用有客户网址的网页。方法同上，只是查找的是引用客户网址的页面，而不是链入页面。

（3）搜索竞争对手。竞争对手的网页上往往会展示他们的成绩，这无疑为你提供了一个认识更多的客户的机会。

当然，在利用网上搜索到的客户，往往因为在寻找的过程中很难对客户作出有效的评估，很难判断这个客户是否属于潜在客户群，很难判断该客户是否就是决策人，因此，我们在网上寻找后，还要进行很大一番的确认工作，这也正体现了寻找客户源这一工作的艰辛！

借助网络市场，让客户不请自来

现代社会，随着信息技术的发达和网络的盛行，网络营销逐渐走入销售活动中，这种营销方式的重要性日益凸显，它不仅能为企业节省调查成本，还能为销售人员节省很多精力投入。然而，如何通过网络市场来让客户不请自来呢？对此，我们先来看看下面的案例。

马上月底了，销售员晴晴为此开始犯愁了，因为马上就要交销售业绩表了。这天中午，她正为这件事烦恼时，同事小郑走了过来，看到一声不吭的玲玲，就问：“你在做什么？”

“没做什么，烦着呢！在网上看看大家都是怎么卖出去产品的。”

“你可不要告诉我，你一直以来都是拿这种调查报告去应付上面呀？”

“当然，难道你的不是吗？”晴晴一脸疑问。

“当然不是，我的意思是，如果你没有自己的一些网络销售技巧的话，你怎么将产品卖出去？”小郑反问晴晴。

“你说的可不是吗？我也不知道为什么那些网络客户怎么不买我的账。”

“要做销售就要知己知彼，你对网络客户的需求知道多少呢？你做过网络调查报告没？现代社会，上网已经成为人们的一种主要娱乐方式之一。那既然这样，我们为何不采取一些办法来吸引客户呢？而且，因为网络上有各种计算、生成数据的工具，所以我们在整理和形成结果上也相对容易得多。”

“我怎么没想到呢？那具体来说，我们该怎样做呢？”晴晴很欣喜的样子。

“其实，这不难……”

这个案例中，销售员晴晴在小郑的提点下，找到了自己的网络销售成绩不理想的原因——对客户缺乏调查和了解。

销售心理支招：

很多销售人员会产生和玲玲一样的疑问，网络销售中，潜在客户群体太空泛，怎样才能做好网络销售工作，才能让客户不请自来呢？

1. 实施一些诱导措施

网络营销中用户数据搜集与挖掘具有重要的商业价值。但要成功实施在线的用户数据搜集，需要多种诱导措施，如许可邮件营销、有奖调查、价格优惠调查等，并且需要对这种调查采用报道、发帖、邮件、明确通告等多种形式予以推广，方能聚合一定的接受调查的用户，以获取第一手的有效数据。

2. 对潜在客户进行互动与自动化为核心的关系管理

在网络市场调查中，通过管理潜在客户，能了解客户的购买状况、需求等，以此提升客户资源的整体价值，并帮助企业有序地监控订单的执行过程，同时有助于避免销售隔阂，帮助企业调整营销策略。收集、整理、分析客户反馈信息，支持企业管理层的决策行为，帮助提升企业的核心竞争能力。

3. 建立企业的网络品牌，区别于或不落后于竞争者

目前各行业、各领域的竞争越来越激烈，我们除了要在现实销售中与竞争对手“真刀真枪”地进行“对决”，还要在网络宣传上做到位。要知道，掌握更多有效的、新的市场占领工具，对于中小企业突围无益于增添一“翼”。

4. 让网络中的潜在客户了解到你的产品

由于网络调查是依赖于互联网展开的，这一点对拉近与客户之间的距离很有利，让使用互联网的潜在用户方便地找到自己，也能让用户清晰地看到你的产品、性能、技术支持等方面。

总之，销售员在进行网络销售中，一定要先进行网络市场调查、了解客户群体。网络市场调查已经成为现代企业和销售人员在开发市场的过程中所使用的主要调查方式之一。这是对市场和商情的准确把握，是现代商战中对市场态势和竞争对手情况的一种电子侦察。通过在线调查或者电子调查表等工具，不仅可以节省线下调研所需的大量人力、物力与实施时间，而且可以在线生成网上市场调研的分析报告，趋势分析图表等。其效率之高、成本之低、节奏之快、范围之大，是传统调查方式所不及的。

借助微博来宣传和销售你的产品

现代社会，随着网络技术的发展，信息的流通速度越来越快，在这样的信息大环境下，微博应运而生，的确，微博相当于一个小小的自有媒体，销售员可以拥有自己的听众和话语权。有人对这种售后服务方式这样评论过：“粉丝超过100，就好像是本内刊；超过10万，就是一份都市报；超过100万，就是一份全国性报纸；超过1000万，就是电视台，超过1亿就是CCTV！”这一评论贴切又诙谐地表述了微博的作用。

在售后服务中，我们也能利用网络发挥宣传产品和服务方面的信息，这一方式，比传统售后服务来得更快捷、传播的范围更广。

小杨是一位很潮的销售员，他的客户也是那些时尚男女。每天来他的公司购买时尚礼品的人很多，而找小杨买产品的人更是络绎不绝。

为什么小杨的生意那么好？不仅能与客户交朋友，还能有良好的销售业绩？这让小杨的很多同事很是诧异。对此，小杨的回答是："看来，你们真是OUT了！"听到这一回答，众同事更是不知所云，这时，小杨打开自己的笔记本，登录自己的腾讯微博。

"哇，你有这么多的粉丝啊！"同事们看着15699这个数字，都惊呼起来。

"是啊！我每天都会及时更新我的微博，尤其是把公司最新产品和服务情况都分享给我的这些客户，那些第二天来公司购买新礼品的客户，基本上头一天都看过我的微博。通过微博与客户互通信息，既时尚又贴心，你们也可以试试看啊……"

"嗯，我也要向你学习啊，不然我们真的是落后了……"同事们都应承道。

案例中的礼品销售员小杨运用的就是微博营销来做生意的，那些老客户总是能从他的微博中了解到最新的产品状况和服务。事实上，网络销售最重要的就是人气和信誉，人气和信誉好，就能让客户信任，就能拥有好的销售业绩。

销售心理支招：

那么，作为销售员，我们该如何通过微博让客户随时了解到产品和服务信息呢？

这包括以下几个步骤。

1. 账号认证

针对企业微博账号、企业领袖、高管的账号、行业内有影响力人物的账号，要先获得网页认证；获得认证的好处是，形成较权威的良好形象，微博信息可被外部搜索引擎收录，更易于传播，不过也有一点不好的地方，就是信息的审核可能会更严格。

2. 内容发布

微博的内容信息尽量多样化，最好每篇文字都带有图片、视频等多媒体信息，这样具有较好的浏览体验；微博内容尽量包含合适的话题或标签，以利于微博搜索。发布的内容要有价值，如提供特价或打折信息、限时内的商品打折活动，可以带来不错的传播效果。

3. 内容更新

微博信息每日都进行更新，要有规律地进行更新，每天五条至十条信息，一小时内不要连发几条信息，抓住高峰发帖时间更新信息。

4. 积极互动

多参与转发和评论，主动搜索行业相关话题，主动去与用户互动。定期举办有奖活动，提供免费奖品鼓励，能够带来快速的粉丝增长，并增加其忠诚度。

5. 标签设置

合理设置标签，新浪微博会推荐有共同标签或共同兴趣的人加关注。

6. 获取高质量的粉丝

不在于你认识什么人，而在于什么人认识你，不在于什么人影响了你，而在于你影响了什么人。关注行业名人或知名机构；善用找朋友功能；提高粉丝的转发率和评论率。发布的内容主题要专一，内容要附带关键字，以利于高质量用户搜索到。

把握以上几个步骤，销售员一定可以与客户做好良好的沟通！

让客户优良的感受记录成为你的销售广告

我们都知道，网络已经成为现今社会信息传达和扩散的重要媒介，作为销售人员，也可以利用这一点来宣传自己的产品，然而，“王婆卖瓜，

自卖自夸”的宣传方式是起不到良好的效果的，最好的方式是通过老客户传达，也就是商界常说的“口碑营销”。所谓“口碑营销”，指的是企业在调查市场需求的情况下，为消费者提供需要的产品和服务，同时制订一定的口碑推广计划，让消费者自动传播公司产品和服务的良好评价，从而让人们通过口碑了解产品、树立品牌、加强市场认知度，最终达到企业销售产品和提供服务的目的。所以，我们发现，只有使顾客感到满意的企业才是不可战胜的。满意的顾客是最好的广告，满意的顾客是最好的推销员。顾客满意就是企业利润的最好指示器和增长点。同样，网络销售中，销售员也一定要努力获得客户对产品的良好感受，使其成为我们独特的销售广告。

兰兰在网上开了一家鞋店，生意一直不错。

一次，有位男士在通过旺信与兰兰沟通，他想给自己的妻子买一双鞋作为生日礼物，并称自己并不知道妻子喜欢什么样的款式，兰兰一听就知道这是一个内向的男士。

“您的爱人平时都喜欢穿什么类型和款式的衣服？”

“时尚的，我爱人很爱打扮的。”对方回答。

“那她喜欢什么颜色呢？”

“蓝色、黄色、红色都有吧！”

听到这里，兰兰大致掌握了客户喜欢的鞋子类型，于是，她为这位男士推荐了几款。

“可是我不知道妻子的鞋码，大概是37号的吧，我也记得不大清楚。”

“那您看这样行吗，您就先拿37号的，如果大了或小了，您可以退回来，我们给您调换，放心，运费我们承担。”男士一听，十分高兴，还有这样贴心的卖家，既懂得照顾客户需求，又有重义轻利的境界。这位男士当即非常感动，在收到产品十分满意之后，就给兰兰一个大大的好评，并且还把这件事传给了邻居、朋友和同事，大家都纷纷来照顾兰兰的生意。

这则案例中，我们发现，兰兰是个很聪明的网络销售人员，她甚至网络销售最重要的是靠客户的信任和店家的信誉，卖产品就是要卖出知名度、信任度和满意度。很明显，这与实体店销售相似，要想获得更多的客户，就是要培养出顾客的“忠诚度”，才能有更多的“回头客”。

销售心理支招：

了解到客户的满意对我们的网络销售中产品营销的重要性后，此时，我们该做的就是如何记录和传播客户的这种优良感受。对此，我们可以从以下几个方面着手。

1. 敢于请求客户帮自己填写购买记录

可能有些网络销售员会以为，老顾客就会很自觉，会很专业，会主动为我们填写关于产品购买的一些信息表格，其实不然！老顾客只是和我们有成交过的经验，但如果我们不主动要求客户填写的话，他们是不会意识到这一点的。因此，当每次成交后，我们可以在网上和客户沟通：“我还麻烦您一件事情，行吗？你能否帮我填写一下产品购买的感受，这是我们销售员的工作之一，完成这一项内容，才算把产品卖出去了。”一般来说，客户应该不会拒绝如此诚恳的销售员。

2. 用利益回馈来“引诱”客户给出好评

比如，我们可以使用返还现金或者赠送小礼品的方式来获得客户的好感，让客户给出好评，当然，前提条件还是我们的产品质量要过硬、服务态度良好，否则，即便是有某些客户的好评，我们还是会砸了自己的招牌，失去新客户的信任。

3. 将客户的良好感受通过网络传播开来

除了购物页面上的“客户评论”外，传播客户好口碑的方法还有很多，如在线搜索。

“Google的成功在于，它使人们不断地谈论它。”纽约品牌战略公司的阿兰·西格尔这样评价该公司。该公司市场部副总裁辛迪·麦卡菲也说：“我们没有做过一次电视广告，没有贴过一张海报，没有做过任何网络广告链接。”虽然没有做广告，但是Google注重树立在网民中的良好口碑，并借此提升品牌的知名度和美誉度，这种品牌营销战略产生了极佳的效果，

在线搜索领域市场份额的急速攀升就证明了这一点。

当然，要想让客户对我们的产品有良好的感受，是需要销售员自身和企业能够为客户提供优质的产品或服务，并且给消费者体验的机会。

促成成交需要对客户多提示

前面，我们已经分析过网络销售的便捷性，然而，网络销售与实体店销售毕竟不同，网络销售的客户群比较复杂，不少客户的购买心态是“无所谓”，即便是十分中意的产品，因为无法真实地感受到产品的性能、特点，所以在没有很强的购买欲望的情况下，他们都不一定会决定购买，此时，需要销售人员进行温馨提示。

这天，小靳是一名网络销售人员，他所销售的是护理产品。这天，一位客户跟他沟通起来。

小靳：“能说一说您对我们公司以及这一产品存有哪些疑虑吗？如果你愿意说出来，相信我一定会尽全力给您满意答复的。”

客户：“事实上，我对你们公司并没有完全深入的了解，但关于你们这次的产品，我还是有一些了解的，因为也有其他商家也对我做过推销……”

小靳：“那么，您对我们公司的产品和其他公司的产品一定进行过一系列比较，您的比较结果能说出来听听吗？”

客户：“根据我的了解，我认为你们公司的产品在价格方面……”

小靳：“其他方面呢？”

客户：“除了价格因素，我还担心你们公司产品的质量和售后服务是否能到位，你知道这些情况对我们十分重要……”

小靳：“我理解您的忧虑，如果这些问题我们能够做到完全让您满意的话，那么您对交货日期和快递还有哪些要求吗？或者您还有其他需要补充的问题吗？”

客户：“按照我们一贯的做法，交货日期最好是在……至于其他问题，我还有一些担心，如……”

小靳：“好的。”

……

可是过了半天，这位客户也没有提出成交。

小靳心想，网购的人们都喜欢左看看、又看看，喜欢货比三家，一些客户在购物时因为被其他事情耽搁，甚至忘记购物一事也有可能，于是，他提醒：“亲，如果您现在购买的话，今天下午四点前还是能发货的，这批产品很快就能入手了。”

过了会儿，客户回了一句话：“好的，稍等，有点事，过会儿付款。”

可是半小时过去了，客户还是没动静，小靳又提示客户：“我看到您拍下的地址了，请您核对一下 × ×”

“对的，付过款了，请早点发货。”

“嗯，感谢您的惠顾，我们会尽快把宝贝送到您的手中。”

很明显，案例中的网络销售人员小靳在提示客户这一点上很有心得，直接了当地提醒客户付款，很可能会让客户产生反感厌烦情绪，“如果您现在购买的话，今天下午四点前还是能发货的，这批产品很快就能入手了。”“我看到您拍下的地址了，请您核对一下 × ×”这都是变相的、不着痕迹地、温馨地提示，都让客户感受到了销售人员的贴心，自然会乐意购买。

销售心理支招：

当然，提示客户，销售人员也要注意一些问题。比如：

1. 提示不要有太强的销售目的

案例中的销售人员小靳提示方式值得我们学习，我们不仅要达到让客户立即购买的目的，还不能让客户感觉到我们急于成交。对此，我们就需要从客户的角度说话，让客户明白立即成交的好处。比如，客户能尽快收

到产品等。

2. 提示不是威胁

一些销售人员认为，网络销售不是实体店营销，客户并不会看到我们的表情和听到我们的语言，因此，他们会经常这样提示顾客："请立即付款，不然我无法保证什么时候发货。"其实，客户是能从你的文字感受到你的态度的，这样的提示就成了威胁，客户自然会调头去光顾其他商家的生意。

3. 给予客户关于产品质量和服务的允诺

有些情况下，客户之所以迟迟不肯成交，其实无非是为了达到心理上的一种安稳，在得到销售员的这些承诺后，他们就等于吃了一颗"定心丸"；在售后，一旦产品出现问题，他们也可以及时联系到负责的部门，从而解决这一问题。

的确，客户花钱购买产品和服务，自然希望自己能花最少的钱，得到最多的好处，这种心理是正常的，因此，通常情况下，他们都会"货问三家不吃亏"，在获得更多信息的情况下，他们会进行比较，以选择出最适合和性价比最好的产品。因此，销售员要掌握好客户的这种心理，及时提示客户，并给他们关于产品和服务的保证，消除他们对整个交易的不安全感，以便增强他们对整个交易的信心。

解除心理防线：拉近距离，初次沟通就要赢得客户的信任

我们都知道，销售是靠嘴吃饭的行业，能不能成功说服客户显得尤为重要。然而，有些销售员说，“我不会说话”。这种观点是错误的，除了有语言障碍的哑巴都会说话。然而，我们发现，客户似乎总是有先入为主的心理取向，会对产品和服务产生一些敌意或者对抗的情绪。这时候，如果我们能了解客户的心理，并懂得如何拉近与客户的心理距离的话，就能化解客户的敌意。

首因效应：一定要给客户留下良好的第一印象

心理学家研究表明：在人际交往过程中，第一时间留下的印象非常重要，与一个人初次会面，45秒钟内就能产生第一印象。这一最先的印象对他人的社会知觉产生较强的影响，并且在对方的头脑中形成并占据着主导地位。的确，在生活中，我们每个人不知不觉都会对“第一”有特殊的感情，并会对“第一”情有独钟，如你会记住第一任老师，第一天上班、第一个恋人等，但对第二就没什么深刻的印象。而这，就是心理学上常说的“首因效应”的表现。同样，“首因效应”同样适用于销售中，给客户留下良好的第一印象，俘虏客户的心，才能让客户接受我们和我们的产品。

从学生时代起，小王就是个不修边幅的人。现在，他已经是一家清洁用具公司的推销员，但他还是那么不注意自己的穿着，别的销售员都是一身西装革履，而他却经常一件体恤衫就去上班，甚至总喜欢一件衣服穿到底。他到朋友家玩，朋友给他提出了十分中肯的意见，“你长得挺帅的，为什么不找件干净衣服穿上呢？别人看着也舒服。”

这个年轻人不以为然，开玩笑地说：“我才不在乎谁说我呢？我的朋友不会在乎，在乎这些的不是我的朋友！你可别指望我打扮给你看！”

而当朋友问：“那如果你去推销产品，面对陌生的客户，你也这么穿？”

“当然，客户如果需要产品，自然会买；如果不需要，我打扮得再好，也不会买呀，他看上的又不是我！”小王很坚决地回答。但有一次，发生了这样一件事，对小王的打击很大。

这天，小王还是很往常一样，来到某小区，敲开了一扇门，开门的是个阿姨，当小王道明自己的来意之后，对方就表明自己不需要。这个结果

是小王料到的，倒也无所谓，但此时的他已经走累了，就准备在门口休息下，这时，主人已经关上门了。

这时，小王听到屋内传来拖鞋下楼的声音，然后有个女孩问："妈，刚那个来我们家的邋遢鬼是谁啊？"

"搞推销的，估计是骗子。"

听到这段对话，小王感到脸上火辣辣的，自尊心受到了严重伤害。回到家后，他第一次有意识地照了镜子，第一次认真地看到了镜子中那个邋遢的自己。

于是，他开始改变自己，开始和同事们一样穿西装、打领带，每天出门前照一下镜子，看看自己的形象是否干净、利落、专业，从那以后，小王好像变得精神多了，生意也好多了。

可能现实生活中，有很多和小王一样的年轻销售员，在个人装束上，喜欢我行我素。然而，从事销售这一行业，要想给客户留下良好的第一印象，一定要注意自己的形象，因为客户对你的印象好坏，直接决定了你们之间是否有可能做成生意，只有被人认可的形象才能令人产生较多的好感和信任感。

根据"首因效应"，销售员需要做到以下几点。

1. 形象得体

人们往往通过着装等外在形象来判断一个人是否成熟可靠。在开发客户的过程中，如果你的形象不能给人信赖感和责任感，即使你的产品再好，对方也会犹豫不决。而服饰反映了一个人文化素质的高低，审美情趣的雅俗。穿着得体，修饰自然，就会令人舒适，赏心悦目。外表的端庄，是对别人尊重的态度，也是爱护自己，增强自信的表现。没有谁愿意看你蓬头垢面、衣冠不整的样子，你也没有必要让别人因此而误会你的专业能力。

想留给客户一个好印象，就要在形象上特别注意，力求保持得体的着装、良好的礼仪。清洁卫生是仪容美的关键，是着装的基本要求。不管你长相多好，服饰多华贵，如果满脸污垢，浑身异味，周围的人必定会对你退避三舍。

另外，你最好还懂得一些服饰的搭配。比如，男性应该穿西服打领带。要注意外衣、衬衫和领带颜色的调和。手表、手绢、钱包、公文包、领带别针乃至所用的笔和打火机及眼镜都起着重要的装饰作用。

对于女性，化妆是必要的，但要注意涂口红、描眉、扑粉不可过于浓艳，香水的喷洒要适度。

当然具体怎么做，你还要事先对客户做足了解，初步认识到他的大致性格、爱好等，如此你才能投其所好，选择更为适合的着装和谈话方式。

2.展现你的热情

客户总是喜欢和热情、开朗的销售员谈生意，因为客户总是会把热情和人的其他一些品质联系在一起。比如，真诚、善良等，而重要的是，他们认为拥有热忱态度的销售员总是能带给他们快乐的感受和周到的服务。而同时，热忱的态度是一个优秀的销售员不可或缺的素质，可以这么说，如果没有热忱的态度，销售成功的几率也就十分渺茫了。热忱，是指一种精神状态，一种对工作、对事业、对顾客的炽热感情。美国著名女企业家玫琳·凯说，对每个推销人员来说，热情是无往不利的，当你用心灵、灵魂信赖你所推销的东西时，其他人必定也能感受得到。

可见，在与客户交流时，如果你语言死板，不苟言笑，客户是不会买你账的。也就是说，你没有热情，他们也会失去热情。因此，你要调节好自己的情绪。你要尽可能地增加你的面部表情的丰富性，如果你希望靠热情来影响对方，你的面部表情就一定要丰富起来，要微笑。

销售心理支招：

与客户交朋友，留给客户良好的第一印象很重要，第一印象往往就是你的最终形象。当你第一次与客户见面时，客户的第一感觉就会告诉他：你是否值得他相信，是否喜欢你，会不会与你进一步合作。

投石问路，先谈一些客户感兴趣的话题

销售工作中，我们发现，那些能成功推销的销售人员，都有个共同的杀手锏，那就是他们善于沟通，懂得通过找到客户感兴趣的话题来破冰。任何一位销售员，都免不了要与客户沟通，只有先找到令双方感兴趣的话题，才能打消客户的戒备心，然后慢慢地寻找购买点、切入主题，这是与客户交往的一个正常的程度。如果在与客户接触时，一言不发，或者直奔主题，则是极其无礼而冒失的。如果在拜访客户的过程中安排聊天的部分，可能会促使宾主两相欢，进而减少双方的心理障碍。

蔡铭是某公司销售部门的主管，是个已经有十几年营销经验的销售精英，在整个部门的人看来，无论什么客户，只要是蔡铭出手，都能搞定，所以，很多销售新手们一旦遇到了什么难题，都来寻求主管的帮助。

那么，在现实生活中的哪些话题可能会让客户感兴趣呢？

1. 天气

天气是最好的聊天话题，中国人见面时也通常喜欢谈论天气。另外，以天气为话题与客户寒暄，因为不涉及利益关系，对方一般都愿意接茬。当然，除了把天气当话题之外，还可以当作关心对方的题材。

但是，对于与天气有密切关系的行业的客户，谈论天气时一定要有所注意。比如，如果你与一位雨衣或者雨伞销售商寒暄时这样说：“最近一点雨都没下，秋高气爽，天气简直太好了。”对方一定不会给你好脸色看。

2. 新闻

最近的新闻也是你与客户聊天的好话题。新闻可以引起客户的好奇或共鸣，作为一名销售员，一定要多看报，因为报纸上有许多丰富的话题。

推销员永远是和人打交道，而不是与电脑或其他什么机器打交道。聪明的推销员会审时度势，从对方意想不到的角度谈话，从而引起客户对产品的兴趣。

3. 兴趣

人们通常都愿意聊及自己的兴趣，因此，兴趣也是你与客户聊天的一个好话题，与客户聊起兴趣时，必须与客户同一步调，也就是说不要批评客户的嗜好。例如，不能说："哎呀，我觉得钓鱼不好，只有那些糟老头子才喜欢钓鱼。"而应该说："钓鱼不错，可以修身养性、陶冶情操，还能在大自然中呼吸新鲜空气，对身心都很好啊！"

当然，能带动谈话气氛的话题还有很多，需要我们事先了解客户，并在交谈中细心观察，学会与客户谈话，在客户意犹未尽的情况下，往往会顺利进入推销阶段。

销售心理支招：

很多情况下，商业上的成功之道不是刻意推销，而是打动人心。学会与客户聊聊他感兴趣的话题，赢得客户的好感，就为推销产品铺平了道路。

自己人效应：多谈与客户的共同点

心理学上有个自己人效应，说的是，如果是自己喜欢的人说的，接受起来就比较快和容易。如果是自己讨厌的人说的，就可能本能地加以抵制。有道是："是自己人，什么都好说；不是自己人，一切按规矩来。"同样，对于客户来说，面对陌生的销售员，他们也有戒备心理，此时，我们不妨做个"热身运动"，向对方表达与之共同的爱好、兴趣或者价值观等，那么，便能更容易获得他的好感，接下来的交流也就容易得多。我们先来看下面的销售故事。

琪琪是一名华裔美国人，供职于纽约的一家大银行，有一次，经理告

诉她，让她准备一份有关某金融机构的秘密文件。琪琪了解到，只有一个人掌握着她所急需的情报，这个人就是某大公司的总经理。于是，琪琪前去拜访他。

当琪琪好不容易说服了秘书，答应为其引见时，秘书却很为难地说："说他正在收集邮票。可是今天他没收集到，他很沮丧。"

琪琪说明了来意，开始提问。但那位总经理总显得心不在焉，根本无心对琪琪透露半点情报。琪琪愁眉苦脸地离开后，绞尽脑汁想如何能够得到那些情报，突然，她想起一件事，自己的儿子不是也在收集吗？要是拿新推出的某个玩具和他换，应该不是问题。

果然，她的儿子答应了和母亲的这笔"交易"。

第二天下午，琪琪带着邮票去拜访那位总经理。总经理满脸喜悦地接待了琪琪，接下来的一小时，他们都在谈论邮票。之后，总经理主动把他所知道的都告诉了琪琪并把自己拥有的文件资料都给了琪琪。

这则案例中，琪琪是怎么给这位总经理留下好印象的？很简单，因为邮票，琪琪带着收集的邮票与其交谈表明：他们有共同的爱好——收集邮票，而且，对方必然也很感激琪琪能忍痛割爱，自然也愿意帮助琪琪。

那么，根据"自己人效应"，我们该如何制造与客户的共同点呢？

1. 察颜观色，寻找共同点

人们的内心世界，包括其精神追求、爱好、生活品质等，都或多或少地要在他们谈吐、举止、服饰或者表情等方面表现出来，只要你留心，就能察觉到一点。

当然，这察颜观色发现的东西，也要与自己的爱好兴趣结合起来，只有自己感兴趣的内容，才能娓娓道来、打破沉寂，否则，即使发现了共同点，也还会无话可讲，或讲一两句就"卡壳"，或"对牛弹琴"，打动交谈对方更是无从谈起。

2. 揣摩谈话，探索共同点

为了发现陌生客户同自己的共同点，可以在同客户谈话时留心分析，揣摩。比如，假如你发现客户和你讲共同的家乡话，你可以以此为突破口，以乡音带动对方的谈话兴趣。

其次，寻找时机，恰到好处地向对方出示自己根据“名片”打造出的形象，这样，你就可以达到目标。

3. 多关心对方，从细节入手

要知道，认同感的产生，表明你已经赢得了客户的好感。通常情况下，如果你将这种好感搁浅，你们会返回到陌生人的状态，因此，你不妨多关心对方，这种关系自然会深化。

表示对别人关心的方法很多，其中记住对方曾经说过的话，然后向对方表示“您曾说过……”，是相当好的一种方法。可能有些人会问，这是为什么呢？其实，很简单，重复对方的话，表明你很在意对方的感受，听进去了他的想法。而不断地称呼对方的名字，往往会使刚刚才认识的人产生彼此已经认识了很久的错觉。另外，记住他的爱好，并时常表示一下，也会让他欣喜万分。

4. 多强调你们之间的共同爱好和兴趣

若与客户有共同点，就算再细微的也要强调，人与人之间一旦有了共同点，就可以很快地消除彼此间的陌生感，产生亲近的感觉。这样不但可以使对方感到轻松，同时也具有使对方说出真心话的作用。

如果客户喜欢集邮，那么你可以对客户说：“我对邮票也非常感兴趣，可是一直不知道如何收集和分类，您能给我一些好的建议吗？”如果你客户的兴趣是打高尔夫球，你就要设法去了解高尔夫球的打法，以及对方喜欢跟什么样的人打球等。如此一来，当你在跟客户沟通时就不怕没有话题，也比较容易和客户拉近关系。

销售心理支招：

生活中，人们都愿意接受自己的意见和想法，我们的客户也是，面对陌生的销售人员，客户难免会心存芥蒂，而假如我们先不谈销售，而与客户多谈谈共同的爱好兴趣，往往能拉近与客户的距离。

开场白效应：设计一段精彩的开场白

我们都知道，无论是具体的销售活动，还是拜访客户，我们都免不了要与客户接触，那就少不了开场。如果你一开始说得不好，可能就会给对方留下一个坏印象，从而打消与你继续交谈的兴致。这其实就是心理学所说的开场白效应。

俗话说，好的开始是成功的一半。开场白是销售人员与客户见面时，前两分钟要说的话。一段精彩的开场白，不但可以引起客户对你的重视，而且还能引起客户对你接下来的言谈举止产生兴趣。“先生，您需要……吗？”这种千篇一律、平淡无奇的开场白十有八九会遭到拒绝。因此，我们若想成功推销，一定要明白，创意开场是行销的第一法宝。

日本有一位寿险推销员，他有一套自己别出心裁的推销方法。

有一天，他拜访一位客户，他把印着“76600”的数字的名片递到客户手里。

顾客看到名片，很诧异，就问：“这个数字什么意思？”

推销员反问道：“您一生中吃多少顿饭？”客户听完后，还是不明白，推销员接着说：“76600顿吗？假定退休年龄是55岁，按照日本人的平均寿命计算，您还剩下19年的饭，即20805顿……”

案例中，这位推销员的开场的特别之处在于：用一张印有76600的数字的名片吸引住了客户的注意。然后反问客户，等吊足了客户的胃口后，再告知客户这个数字的意思，让客户认识到生命的短暂，进而逐渐把问题引向人寿保险。

一个顶尖的业务员都有自己的独特开场白。那么，我们该怎样开场，才能让客户立即动心呢？

1. 寒暄式开场

寒暄是开场白中最常见的一种。这种方法通常适用于我们与客户第一次打交道，因为问候对方是一种礼节，让客户感受到我们的善意，然后才能进行下面的交易。寒暄作为交谈的“导语”，具有抛砖引玉的作用，得体的寒暄可以赢得客户的好感，让沟通顺利进行下去。

例如：

“王经理，见到您很高兴！”

“您是孙经理吧？您好，您好！”

“听口音，孙经理是山西人吧？”

“今天天气真不错呀！”

与陌生客户见面，我们可能会对对方一无所知，此时，寒暄还可以帮助我们了解客户的身份、性格、籍贯、爱好等基本信息，这对销售员接下来的销售工作大有帮助。但是，销售员要注意在问候客户时，话语要委婉，恰到好处，用语不宜过多，能用一言以蔽之的绝不啰唆。

2. 利益引诱法

几乎没有人会拒绝那些能为自己节约消耗、提升效益，也就是通俗意义上的赚钱和省钱的方法，那么，他们自然也就不会拒绝为他们“出谋划策”的销售员，如：

“陈厂长，其实，您的工厂每月的生产额还可以再增加十万元。”

“张经理，您不觉得贵公司每月的电费太多了吗？”

“王厂长，可能您还不知道吧，您隔壁工厂因为生产量大，现在的产品都已经开始出口了。”

3. 提问法

有问就有答，销售员向客户提出问题，有利于引起客户的注意和兴趣，如：

“张总，您觉得影响你们产品生产量的原因是什么？”产量自然是身为厂长的客户最关心的问题之一。这一问题，也就自然引导客户逐步进入面谈。

当然，我们在提出问题的时候，一定要注意所提出的问题要明确、具体，语言清晰，而且，必须是客户最关心的问题，否则，很难引起客户的注意。

4. 利用好奇心

好奇心是人类行为的基本动机之一，客户对不知道、不了解、不熟悉的东西有强大的好奇心，销售员可以利用好奇心来引起客户的注意。

某地毯推销员对顾客说："你知道吗？您每天只花一角六分钱就可以使您的卧室铺上地毯。"顾客对此感到惊奇："什么意思？"

推销员慢慢讲道："您的卧室是12平方米，而我们公司的地毯每平方米为24.8元，这样需297．6元。我厂地毯可铺用5年，每年365天，这样平均每天的花费只有一角六分钱。"

案例中的推销员都很善于制造神秘气氛，以引起对方的好奇。在挑起了客户想知道的欲望后，他们再将产品推荐给客户，这比开门见山地介绍效果要好得多。这一点表明，好奇是人类行为的基本动机之一。人们对于那些自己不知道、不了解或者觉得特别的东西，都会充满好奇心，并有继续了解的欲望。

5. 向顾客求教法

生活中，总是有一些人，他们好为人师，喜欢以师长的姿态教育、指导别人。对于这些客户，可以利用向其请教问题的方法来引起客户的注意。比如，可以有意找一些不懂的问题，或懂装不懂地向客户请教。一般客户是不会拒绝虚心讨教的推销员的。如：

"王总，我听说您以前是学机械的，是机械制造方面的专家。这是我公司研制的新型机械图纸，请您指导，在设计方面还存在什么问题？"受到这番抬举，对方自然乐意接受我们的请教。

销售心理支招：

一场销售活动的成败，很多时候取决于销售员开场白的成功与否，从现在起，销售员们，不妨思索一下你的开场白，是不是有创意，是不是有自己的特色，如果没有，那就从现在开始改变，小小的改变，大大的不同！

谈吐专业，让客户深信于你

人们常说："做销售，要想把产品推销出去，首先就要把自己推销出去"，此话不假，表面上看，客户购买的是我们的产品，但这是建立在客户对我们的信任的基础上。同样，我们在与潜在客户接触、进行客户开发的时候，也只有获得他们的信任，才能真正将销售进程推进一步。要做到这一点，凸显自己的专业素质必不可少，因为没有一个客户愿意与一个对产品不熟悉、说话模棱两可的人合作。

而现实销售中，一些销售员在与潜在客户沟通的过程中，他们为了能让客户接收到关于产品的更多的信息，常常不顾客户感受，一味地表达自己的观点，但却常常事与愿违，让客户生厌。通用电气公司的一位副总经理曾说："在代理商会议上，大家投票选出导致销售员交易失败的原因，结果有314个人——也就是一多半的人认为，最大的原因在于销售员喋喋不休，这是一个值得注意的结果。"

可见，谈吐不专业、喋喋不休等是销售员在接近客户的过程中最容易犯的一个错误，同时也是销售的大忌。所以，销售人员在了解和掌握足够的产品信息的同时，也十分有必要培养和锻炼自身的语言组织和表达能力，尽可能地用最清晰、简明的语言使客户获得其想要知道的相关信息。

化妆品销售员小王没有完成上个季度的销售任务，如果这个季度还不能完成销售任务，她就会被公司降级。于是，在这次登门拜访的推销中，她显得有些着急。

小王："今天我向您推荐的这套化妆品最近刚刚投入市场，也是我们公司花了几年的时间研制而成的。不仅具有很好的美白功效，而且还能抗衰老。……这套产品是我们这段时期销售最好的，客户口碑很不错……我看小姐的皮肤应该属于中性的，这套产品非常适合您……"

客户："你刚说这套化妆品有什么作用？"

小王："我刚不是说清楚了吗？因为这款产品中含有从天然植物中提取的美白成分，可以从基因源头帮助您抑制黑色素。"

客户："我觉得我的皮肤不怎么适合……"

小王："您到底要买什么样的产品呢？"

客户："对不起，我现在很忙，以后再说吧。"

这则销售案例中，我们可以看出，到最后，这位客户已经拒绝了小王的推销，这是为什么呢？仔细看来，其实问题出现在小王的产品介绍过程中：刚开始，她满腔热情地为客户讲解，但这位客户似乎并没有听懂，此时，小王已经显出有点不耐烦："我刚不是说清楚了吗？"但她还是继续说出了产品的功效，尽管这样，这位客户还是提出了异议，而在这种情况下，小王似乎已经完全忘记了对方是被称为上帝的客户了："您到底要买什么样的产品呢？"这一句话彻底让客户对小王失望了，于是，小王被拒绝了。

可见，谈吐不专业、喋喋不休等是销售员在接近客户的过程中最容易犯的一个错误，同时也是销售的大忌。所以，销售人员在了解和掌握足够的产品信息的同时，也十分有必要培养和锻炼自身的语言组织和表达能力，尽可能地用最清晰、简明的语言使客户获得其想要知道的相关信息。

对此，我们需要做到以下几点。

1. 事先对客户进行了解，让沟通具有针对性

销售员在与潜在客户沟通前，应该对客户的自身情况尽量作更多的了解，从而了解客户的思想、需求、愿望、不满和抱怨，甚至客户的气质等重要信息，从而做到有的放矢地对客户进行沟通和鼓动，从而利于商品销售。

2. 语言精练，体现专业素质

这要求销售员做到以下几点。

①表达不冗余，词句简练，信息有其一定的必要性。讲话絮絮叨叨的、繁杂的销售员应当加以改正；

②信息不重复，即说话不可罗嗦、重复，表达言简意赅、精练，措辞有表现力，也不要总是把“口头禅”挂在嘴上；

③表达明确，不可模棱两可，也不要使用那些令人费解的词语。防止误解，避免歧义。说话不要吞吞吐吐，说一些似是而非的话，要一是一、二是二，把要表达的意思说清楚。

3. 关键时刻强势一点

如果一味认同这类客户，难免有奉承之嫌，更会显得销售员的不专业，这会让客户觉得你不可信任。而在一些问题上，如果我们能强势一点，则会让客户看到我们对产品的信心。但即便强势，也要保持良好的态度，最好先肯定对方的意见。比如，如果客户对我们的产品存在一些误解，我们可以这样说：

“说句真话，我从事电脑销售好几年，像你这样如此关心本公司产品性能的客户，我见得不多，像你这样了解本公司产品的客户，更是少之又少，而且，您的建议对我们很有用，所以我衷心地谢谢你。正如你所说，我们的产品现在还存在一定的问题，不过现在它的市场销量很好，说明还是有不少益处的。您看，这是我们去年的销售情况一览表……承蒙您这样的客户关照，我们会更注意改进产品的性能。您买了我们的产品，如果在使用的过程中，有什么问题，欢迎您继续给我们提出来。”这样说，客户一定能接受。

销售心理支招：

简洁明晰地表达出自己的观点是一个优秀的销售人员必须具备的素质，也是一个销售人员职业形象的重要部分。销售人员应尽可能地用最清晰、简明的语言使客户获得想要知道的相关信息，因此锻炼和培养良好的语言组织和表达能力对一个销售人员来说至关重要。

表露真诚，展现你的责任心

在销售的过程中，了解客户的购买心理，从而站在客户的角度介绍产品，这是成功销售的重要一关。有人说，销售是一场斗智斗勇的活动，自始至终，销售员都在与客户打心理战，但他们都希望为自己推荐产品的销售人员是个有责任心的人，作为销售人员，如果能抓住客户的这一心理，把话说到客户心坎里，就能让客户燃起想购买的欲望。

小张是一家大型商场的空调销售人员，因为懂得客户的购买心理，他的销售成绩一直很不错。

一天，一对老年夫妇来到专柜，他们在一台挂式的空调面前停了下来，这时，小张走过来，对他们说："叔叔阿姨，你们家人多不？"

老两口数了一下，家里人还真不少。

小张说："我看人多的话倒是可以买个立式的，我们现在正在做活动，现在买一台立式的，价格在6000以上的话，就免费送两台挂式的，就当给孩子们买台空调！"老两口一算，挺划算的，没多说什么就买了。

案例中，小张之所以能成功卖出空调，就是因为他把握好客户的购买心理，从客户的角度来介绍自己的产品，让客户能亲身感受到他是个负责任的销售人员。

那么，我们该怎样向客户表露真诚，让客户看到我们的责任心呢？对此，我们可以掌握以下几点心理策略：

1. 心理置换，多从客户的角度说话

人与人之间的情感要达到一种共鸣，就必须要做到倾听，然后认同，唯有认同，才能拉近人与人之间的距离，在处理客户异议时也是一样。

在处理客户异议时，销售人员若表现出从对方的立场出发，认同客户的感受，就会站在双方共同的利益上客观地审视双方面临的问题，然后和客户协商，达成交易。认同客户的异议，这是成功解决异议的开始。

2. 多提产品优点，让客户看到利益和实惠

这种方法的好处就是通过强调推销品带给客户的利益和实惠，来化解对方在价格上提出的不同意见。

比如，在推销生产用品时，销售人员应重点说明自己的产品在节约原材料、降低能耗、提高劳动生产率、使用寿命长、维修费用低等方面的优势，以求消除其在价格上的顾虑。因为上述这些方面是工业企业谋求生存与发展的重要因素，所以工业客户购买产品时最关心这些方面。而商业客户采购货物时，注重的是产品是否畅销、销售利润高低。因此对产品的要求是“优、多、新”，即质量优、功能多、品种新。只有这样的产品才能畅销，从而才能获得更多的销售利润。

3. 分析产品的优势所在

“我们一直都在报纸上刊登广告，我们还是比较满意目前的这家报纸，不瞒你说，你们这个版面收费太高。”

“张经理，您是知道的，我们这个版面费是标准版费，同行业都是这个标准，而且我们报纸的发行量也是非常大的。您在其他小报上做几个广告，这些小报合起来的发行量还不如我们一家报社，费用却高多了，您说是吧？”

4. 真正关心客户的利益，让客户体谅你的用心

我们想让新、老客户满意，进而让其购买，就不要为了推销而推销，而要真正关心客户的利益，并从这一点出发，充分挖掘客户的购买需求甚至是隐藏的需求，并努力降低客户需求中的成本耗费，从而最终使产品符合并超越客户期望。

为此，我们就必须从客户的角度来推销，并要注意一些细节，要尽量在每一个细节上做到让客户满意，如果营销人员的服务超出了客户的预期，就会打动客户的心，使客户的满意度提升为对产品和服务的忠诚度。比如，我们可以这样告诉客户：“我觉得这款贵的××反倒不适合您，您没必要花那么多钱买它。”而当客户体谅到你的用心后，也会更加信任你，并把周围的朋友介绍给你。

销售心理支招：

客户都希望购买放心的产品，都希望购买的产品售后有保障，更欣赏那些有责任心的销售人员，只要我们站在客户的角度、为客户的利益考虑，客户是会信任我们的。

通过肢体语言展示你的诚意

可能很多销售人员都明白这样一个道理，销售过程中，客户都希望销售员能真诚推销产品，但似乎销售员再诚恳地介绍产品、表达观点，客户依旧将信将疑，或者心存疑虑，迟迟不肯购买，这一点让销售人员很苦恼，其实，这样的情况下，销售人员不妨借助肢体语言来展现诚意，这样更能让客户产生信任感。

青青是某服装公司的市场营销员，她曾经有这样一次与客户洽谈的经历，她回忆：

“有一次，我在接待一位客户时，就面临一个很尴尬的局面。当我们一坐下来，他就用很自信的眼神看着我，而我却没有正视他，只是低着头拿着笔在记录他的讲话内容，他笑着拿出几块针织面料，叫我判断能否生产，我说有的可以，有的不行。他即拿出货样说每款3000~5000件，要我确认能否大货30天装船。老实说我心里没底不敢轻易承诺，然而他却告诉我织布的生产周期、染色的生产周期、缝制的生产周期，应该可行。当我抬起头与他对视的时候，我发现他的眼神里充满了遗憾和对我的不信任，我再想据理说明，然而他已没兴趣再听了，于是他很有礼貌地收起了所有的资料走了。”

这件事以后，青青反省：这哪是一场业务洽谈简直是一场现场考试。本可以马上签下的定单，却因自己没很好地了解客户的真实意图而最终没有结果。

这里，我们回想一下，青青的这次洽谈一开始她就犯了一个严重的错误，那就是没有与对方眼神交流无法捕捉对方语言以外的信息而造成了许多误会。对方能向她提出一些问题，本意就是很希望与她合作，否则就不会有离开时的那种遗憾的眼神了。的确，我们可以试想一下：当你低着头或眼神漂移与客户洽谈时，他会对你有好感吗？他会相信你有能力担当业务吗？他不相信你，你又没法了解客户真正的意图，更无法有针对性地加以说明，那么你又怎么可能获得业务洽谈成功呢？

可见，与客户交谈，不仅仅是语言的交流，更要用肢体语言展示你的自信、诚意等，这样会给客户一种信任感、安全感。

1. 自信地与客户握手

有实验研究表明，握手能产生奇妙的效果，握手是身体的接触，能增强人与人之间的亲近感，即便是那些初次见面的人，也能产生同样的效果。因此，生活中，那些喜欢主动与人握手的人，大多数都非常热情。

为了强化这种效果，有人会伸出双手与人握手，这样的人大多非常热情。

英国著名动物学和人类行为学家德斯蒙德·莫里斯说："握手是表现热情的一个动作。"用一只手与他人握手，已经能表达热情了，如果再加上另外一只手的话，甚至握住对方的手腕，然后再拍拍他的肩膀，则表现出十分的热情，同时还能展示自己的诚意。不过，与他人握手且十分用力的人，一方面虽然表现得真诚，另外一方面也给对方造成心理压力。

握手是社交活动和商务礼仪中不可或缺的一部分内容，销售人员也必须掌握这一礼仪，作为销售人员，你对你现在所从事的工作是否有足够热情，会在你的行为、动作、语言上尽显出来。比如，当你与客户见面、握手时，同时说："很高兴见到你。"但如果你说话有气无力、握手畏畏缩缩，那么，只会让人觉得你是个死气沉沉的人，从而失去好感。

2. 交谈时眼神诚恳

与客户说话时，目光要集中注视对方；听客户说话时，要看着对方眼

睛，这是一种既讲礼貌又不易疲劳的方法，更是对客户的一种尊重。为了让客户对我们的谈话感兴趣，需要用柔和友善的目光正视对方的眼睛。与客户谈兴正浓时，切勿东张西望或看表，否则对方会以为你听得不耐烦，这是一种失礼的表现。

3. 微笑让客户亲近你

人们常说“伸手不打笑脸人”，微笑是一种智慧，是一个人的名片。作为一个推销员，你能否成功开发客户，把自己的产品推销出去，往往取决于你留给客户的第一印象。在客户的第一印象中，你的衣着打扮固然很重要，但最重要的是你的精神状态。所以，当你踏入客户的办公室时，如果你让客户首先看到的是一张阳光灿烂的笑脸，那么，你留给客户的第一印象就非常好，因为亲切而又自然的笑容永远是受欢迎的。

销售心理支招：

我们在销售过程中，主动、热情、耐心、周到的服务态度，不仅要由口头语言来表达，还要通过肢体语言、表情来传达，只有这样，才能达到最佳的交流效果。

用心倾听：会“说”还要会“听”，听出客户的需求

我们都知道，一名优秀的销售人员必须要做到能说会道，但似乎那些总是滔滔不绝的销售人员业绩并不是太好，这是因为他们忽视了一点，客户也有诉说的愿望，事实上，“喜欢说，不喜欢听”是人的弱点之一，喜欢被认同是人的弱点之二，如果你在与客户沟通时，能够掌握这两个人性的弱点，记住“倾听先行”的原则，让客户畅所欲言的同时获得一种认同感，你一定会事半功倍。

善于倾听，了解客户的真实心理

现实销售中，我们在与客户沟通的过程中，只有先弄清客户一些情况，如是否真的要购买、购买什么价位的产品等，然后再有针对性地进行销售，这样才能事半功倍。而事实上，很多时候，出于防备心理，客户并不会真实地道出自己的真实想法。这就要求在能说会道的同时，还要会“听”，以便于在销售中及时判断出客户的需求，从而更准确的找出应对策略，尽快完成销售任务。

刘可在一家大型图书卖场工作，两年来，他为很多图书爱好者推荐出了心仪的书籍，可以说是一位非常合格的销售员。

有一天，卖场来了一位30岁左右的男人，他的脚步停留在一堆心理学书籍旁。这时候刘可走了过去，打招呼说：“你好，先生，您是要购买关于心理学的书吗？”

客户回答说：“我随便看看。”刘可知道客户不愿意跟自己说话，于是，他站在一旁，并没有多说什么。这位先生又在心理学书籍书架旁翻阅了很久，不知道究竟买哪一本好，显得左右为难。此时，刘可觉得时机已经成熟，于是，他再次走过去，对那位先生说：“先生，请问你想购买什么样的书呢？”

客户：“我想买一些心理学的书看看，但是我不知道该买哪一本好。”

刘可：“是啊，现在的心理学书太多了，不知道您购买心理学书籍是出于爱好，还是其他原因呢？”

客户：“其实，我购买心理学书籍有很多因素，我本来就比较喜欢这类的书，以前读书的时候错过了很多好书，现在想再买点这方面的书看，另外，我现在的工作也需要掌握一些心理学基础知识。但我对心理学知识

是一窍不通。”

刘可：“要是这样的话，我建议你买一些心理学基础知识，先了解一下，这本《心理学基础》就很不错。等你了解了基础再买别的吧，因为心理学非常地难，买的太难了，根本看不懂，还会给自己造成心理阴影。”

最终，客户选了一本《心理学基础》，高兴地离开了。

我们发现，案例中的图书销售员刘可是个善于把握客户心理，找出客户真实需求的人。刚开始，在客户刚刚光临的时候，他热情的帮助被客户拒绝后，他并没有继续“纠缠”客户，而是等客户真正需要帮助的时候再“出现”，在得到客户肯定的回答后，他开始一边倾听，一边引导客户继续说，进而逐渐让客户主动说出自己想购买的书籍类型，从而很好地帮助顾客作了决定，完成了销售目的。

在一个好的销售员的品质中，有一种品质是最重要的，那就是“聆听”，会聆听的销售员，往往在营销的路上能够走得更远。“聆听”的意思就是“倾听”，也就是要“耳听八方”。的确，倾听的最终目的是为了服务于销售。而我们若想成功推销产品，就必须要了解客户的需求，而事实上，出于防备心理，客户是不会主动告诉其内心真实想法的，而这，就需要我们在倾听客户说话的过程中多留心，不要为了倾听而倾听，而要及时把话题转到销售工作上。

销售心理支招：

那么，具体来说，我们怎样才能倾听出客户的需求呢？

1. 从关心客户需求入手

现实销售中，一些销售人员完全站在自己的立场上考虑问题，希望一股脑儿地把有关自己所推销产品的信息迅速灌输到客户的头脑当中，却根本不考虑客户是否对这些信息感兴趣。这些销售员，几乎从刚一张嘴就为自己的失败埋下了种子。要知道，实现与客户互动的关键是要找到彼此间的共同话题，这就要求销售人员首先要从关心客户的需求入手。

对于客户的实际需求，销售人员需要在沟通之前就加以认真分析，以便准确把握客户最强烈的需要，然后从客户需求出发寻找共同话题。

2. 多倾听有利于销售的内容谈话

对此，销售员需要倾听出以下几点。

核心点。这里的核心点，指的是客户最感兴趣的关于产品的某个“点”，也就是能满足客户需求的某个“点”。

情绪点。人都是有情绪的，或欣喜、或气愤、或关注、或冷漠等，客户在与销售员沟通的过程中，也会产生诸多情绪，而当销售员听到客户在话语中流露出有利于购买成交的信号时，就要立刻抓住机会，促成交易。

敏感点。世界上也没有无瑕疵的产品，因此，我们的产品或多或少会存在某些让客户不满意的地方，这个让客户不满意的地方，无外乎是价格、折扣、性能、保障、售后服务，购买承诺等。

另外，我们在将话题转换到销售上时，要多使用积极的语言，这样在转化话题的时候，会更自然、巧妙，能更好地引导顾客从有利的一面看待产品，促进产品销售。

可见，如果我们不懂得倾听，只是一味地说服客户购买，那么，很可能与客户的本意南辕北辙；而如果我们善于倾听，善于把握客户的真实心理，才能了解客户真正想要什么，才知道如何和顾客达成合作和交易。

倾听也要回应，别让客户唱“独角戏”

曾经有人说，倾听是一种能力、一种素质、一种思维习惯，更是尊重他人、关爱他人的行为，与此同时，它还是我们与顾客交往的一种有效手段。在一个好的销售员品质中，都有一种品质是最重要的，那就是“倾听”，会倾听的销售员，往往在营销的路上能够走得更远。因此，倾听不但使我们销售员掌握客户各种信息资料的重要途径，更是我们表达尊重的方式，但事实上，倾听并不只是带着一双耳朵听，真正有效的倾听是需要回应的，因此，并不是所有的推销员都谙于倾听之道。

现在的陈忠已经是某公司的销售经理了，他从事销售工作已经有五年经验了。在这五年时间里，他逐渐懂得了如何与客户沟通。

刚从事销售时，有一次，他与同事参加一次会谈，结果客户的回答却是：“你们的提案充满了激情，我们完全被你们眼花缭乱的ＰＰＴ震住了，所以相信你们的团队在执行上同样充满激情。年轻人，好好干，你们很有前途；但是，我们需要根据你们的提案再商量一下，看看是否符合我们今年的市场策略，我们会尽快联络你们的……”原来，会谈时间只有一个小时。而他从打完招呼的那一刻算起，他长达102页的ＰＰＴ伴随着口若悬河的讲述，占用了至少50分钟。其间客户几度试图说点儿什么，都被他无情地打断了。

再后来，他懂得了要倾听，毕竟谈生意不是说单口相声。他收起了爱表现的欲望，但问题又出现了，他把说话的机会给了客户，可客户为什么还不满意？一个朋友开玩笑说：“你那‘死鱼’般的眼睛能打动客户？”

他终于找到了问题的症结所在，原来，客户需要的是回应。他得出了沟通的一大经验：既要让别人说，还要专注于别人所说，并用眼神加以回应。也正是这一经验，让陈忠在短短的五年时间，成为一名销售经理。

的确，正如陈忠所理解，倾听并不是面对客户时，不加以引导的任凭客户不停地叙说，没有范围和重点，而是要积极地去倾听，将全部的身心都投入进去，要能够站在客户的角度上理解，并给予及时的回应。当然，回应客户的方式远不止眼神回应，我们同样可以通过动作、语言等。

销售心理支招：

具体来说，我们在倾听客户说话时有以下几条要点。

1. 保证你倾听的专注度

我们在听取客户说话时，对客户所反映的内容精力要非常集中，要不停地加以分析、概括和汇总所听到的信息，要关注每一个细节，要重视和发现一些不起眼的小信息所起到的作用。

并且，你要做到身体往前倾，直接面向客户，注意力集中在他的脸、嘴和眼睛，这不仅是一种尊重，更是表明你在认真倾听，就好像你要记住客户所说的每一个字那样。

你在别人说话的时候保持专注不分心，就是最基本的倾听技巧。这是所有技巧中最难养成的，但它的回报是相当可观的。

2. 用你的肢体语言给予肯定回答

以下是表达认同的肢体语言：不时点头；不时与对方保持目光接触；有兴趣的眼神；面带微笑、专注。当一面镜子。别人微笑的时候，你也微笑；别人皱眉时，你也皱眉；别人点头时，你也点头……

3. 不要急于打断，不要急于下结论，等你的客户说完

如果客户说出的是我们不同意的观点、意见，我们会在心里阐述自己的看法并反驳对方，但我们不要急于反驳或者作出判断，对不同想法和不正确的观点，要待对方说完以后再作进一步的交流。

4. 与客户进行眼神交流

“眼睛是心灵的窗户”，那么为什么要闭着窗户，让客户来猜心思呢？不要再抱怨客户为什么不理解你、不相信你。用眼神与客户交流，如果我们两眼空洞无神的话，那么就会给客户留下心不在焉的印象，客户就会认为你不值得信赖。

与顾客谈兴正浓时，切勿东张西望或看表，否则对方会以为你听得不耐烦，这是一种失礼的表现。如果目光游移不定就会使客户们联想到轻浮或不诚实，就会对我们格外警惕和防范。这显然会拉大彼此间的心理距离，为良好的沟通设置难以跨越的障碍。

5. 复述

我们在与客户开始沟通前最好要复述一下对方的观点，这不仅是一种认同，更能检查你是否认真倾听。

6. 适当使用讨教的语气求教

我们可以降低姿态，以讨教的语气进行交流。比如，你可以问对方：“请问，您刚才说的电脑的配置，指的是哪些方面呢？”倾听时如此反馈，一来会体现出你在认真倾听，二来可以满足对方好为人师的心理，以此来促成销售。

7. 表达认同，但要先停顿一下

当客户讲完以后，你一定要表达自己的意见，也就是反馈，但一定不要心急，不可心里想什么就直接说出来，不妨先等个几分钟，这样做，有三个好处，首先，如果客户只是暂时停顿、整理思绪，那么，着急发表意见只会打扰客户；其次，沉默是一种尊重他人意见的表现，对客户的言论表示慎重，这是一种最大的恭维；最后，这样也可以给自己留下思考的空间，方便于应对与客户接下来的谈话。

鼓励客户向你倾诉，做客户的知己

现实生活中，我们发现，对于陌生的推销员，我们似乎都有一种本能的戒备心，但对于我们的朋友，我们却倍加信任。而人与人之间为什么会由陌生人到朋友？因为情感的共鸣！人们都喜欢与自己有共同爱好、兴趣的人交往，而对于那些与自己“志不同道不合”的人，则会退避三舍。因此，在与客户沟通的过程中，你不妨先不谈销售，把老客户当作真心朋友，倾听其内心，多多制造共鸣，你会很轻松，在业务上更会有意外收获。

有一天，乔·吉拉德接待了一位客户，这位客户对乔所推销的汽车很满意。因此，乔对这位客户要买车有十足的把握，就差最后的签单了。但此时的乔似乎有点掉以轻心了。

他们一路走向办公室，客户满面春风地说起他儿子来。

“乔，我儿子要当大夫了。”

“那好哇！”乔·吉拉德说。走进办公室时，大厅里几位销售员在说说笑笑。客户还在讲，乔·吉拉德则留心着外边。

“嗨，我儿子棒不棒？”他还说个不停。

“成绩很好，是吗？”乔·吉拉德问，眼睛仍盯着大厅里的那帮人。

“班上前几名呢！”他答道。

“他中学毕业后想干什么？”

“我刚跟你说过了，乔，他念书要当大夫。”

乔·吉拉德说：“太好了。”他看了客户一眼，忽然意识到刚才一直没注意听。他眼神有点异样的神情。

客户突然说：“啊，乔，我得走了。”说完便离开了。

第二天下午，乔·吉拉德打电话到客户办公室，说：“请您回来买车。”

“噢，大人物先生，”客户接着说，“世界头号销售员先生，我要告诉你，我已经从别人那儿买了车。人家能体会我的心情，听我夸我儿子。乔，你没听我说。告诉你吧，大人物先生，有人跟你讲他喜欢什么不喜欢什么的时候，你应该听他们说，全神贯注地听！”

乔·吉拉德猛然醒悟到自己做错了事，赶忙说：“先生，如果因为这个，您不买我的车，这确实是个很好的理由。不过，我现在想告诉您我是怎么想的。”

“什么想法？”

“我觉得您很了不起。您认为我无能，我很难受。但能不能请您帮一个忙？”

“帮什么，乔？”

“希望有一天您能再来，让我有机会证明我是个好听众，我愿意为您效劳。当然，如果您再也不来了，我也不会有任何怨言。”

三年后，那位客户又来了，乔·吉拉德卖给他一辆车。他不只自己买，还介绍了好几十位同事来乔·吉拉德这儿。再后来，那个客户又从乔·吉拉德这儿买了一辆车，送给他儿子——吉姆大夫。

乔·吉拉德12年内共售出13000多辆小汽车，被誉为“全球推销大王”而载入了《吉尼斯世界纪录》。乔·吉拉德成功的原因就在于认真倾听客户的讲述，和客户成为朋友。销售中，要探寻出客户关心的话题，我们可以根据具体的谈话环境，多仔细观察并积极倾听，然后进行分析得出，继

而引入共同话题。比如，销售人员可以从客户的事业、家庭以及兴趣爱好等入手谈起，以此活跃沟通气氛、增加客户对你的好感。

销售心理支招：

那么，具体来说，我们应如何倾听，才能让客户把我们当成知己呢？

1. 善于激发顾客的谈话兴趣

首先，这需要我们做到全身心地投入倾听客户讲话的过程中。比如，我们应该身体稍稍倾斜，认真倾听，以此来展示你倾听的兴趣，不要轻易打断顾客；另外，倾听的时候，要配合轻松、自然的表情，通过点头示意或者鼓励性的微笑，并不时地以“哦”“我知道了”“没错”或者其他话语让顾客知道你对他谈话内容的赞许，鼓励顾客说话。当然，对客户倾听的回应应放在客户说完以后，因为客户一旦在诉说的过程中被打断，一些反映顾客需求、动机、感情的事实和线索就可能会被遗漏，而这些恰恰是能否成功销售的关键。

2. 虚心倾听

比如，对他们渊博的学识表现出敬佩的样子，这不仅让他们好胜的心理得到满足，也会为了表现自己而向我们传授更多知识。

3. 专注

我们在听取客户说话时，对客户所反映的内容精力要非常集中，所听到的信息对要不停地加以分析、概括和汇总，要关注每一个细节，要重视和发现一些不起眼的小信息所起到的作用。

4. 不要反驳

如果客户说出的是我们不同意的观点、意见，我们会在心里阐述自己的看法并反驳对方，但我们不要急于反驳或者作出判断，对不同想法和不正确的观点，要待对方说完以后再作进一步的交流。

可见，与陌生客户交谈，如果我们能善加引导，打开客户的心扉，让其对我们一吐为快，那么，不仅有利于了解其内心真实想法，还有利于拉近和客户在心理上的距离，让他更容易接受你的劝说，从而获得销售上的成功。

虚心请教，让客户乐于为你提出批评与建议

“好为人师”，是人性的一个弱点。孔子说：“人之患，在好为人师表。”每个人都希望能得到他人的尊重和敬仰，这一点，不分年龄性别以及职业等。法国大作家罗曼·罗兰说：“自尊心是人类心灵的伟大杠杆”，只要你能满足对方的自尊心，你也就掌握了对方。推销员利用人类的这一弱点，尊对方为老师，抬高客户，甚至可以虚心向对方求教，这样对方就会心情舒畅，心中充满温暖和同情，对你抱有好感，从而不自觉地接受你的推销。

有名电脑推销员叫刘平。一次，他向某大公司推销电脑。工作努力的他，加上平时跑得勤，功夫深，成交希望非常大。但他没料到的是，“半路杀出个程咬金”，在关键时刻，该公司总经理把这件购买事宜交给了一个技术顾问——电脑专家陈教授。经过考察，陈教授私下表示，两种厂牌，各有优缺点，但在语气上，似乎对竞争的那一家颇为欣赏，刘平一看急了，“煮熟的鸭子居然又飞了？”于是，他准备进行最后的努力，于是，他找了个机会，口沫横飞地辩解他所代理的产品如何地优秀，设计上如何地特殊，希望借此改变陈教授的想法，谁知道，还没等他说完，陈教授不耐烦地冒出了一句话：“究竟是你比我行，还是我比你懂？”这话如五雷轰顶一样打醒了杨平。不过似乎已经晚了。

当刘平垂头丧气地回到公司，向同事诉说这件事后，一位同事告诉他：“为什么不干脆用以退为进的策略推销呢？”并向他说明了“向师傅推销”的技巧。“向师傅推销”，切记的是要绝对肯定他是你的师傅，抱着谦虚、尊敬、求教的心情去见他，一切的推销必须无形，伺机而动，不可勉强，不可露出痕迹，方有效果。

于是，刘平重整旗鼓，再次拜访陈教授。见了面，他一改自己的说话

习惯，对陈教授说：“陈教授，今天，我来拜访您，绝不是来向您推销。过去我读过您的大作。上次跟老师谈过后，回家想想，觉得老师分析很有道理。老师指出在设计上我们所代理的电脑，确实有些特征比不上别家。陈教授，您在××公司担任顾问，这笔生意，我们遵照老师的指示，不做了！不过，陈教授，我希望从这笔生意上学点经验……”刘平说话时一脸的诚恳。

陈教授听了后，心里又是同情又是舒畅，于是带着慈祥的口吻说道：“年轻人，振作点。其实，你们的电脑也不错，有些设计就很有特点。唉！我看连你们自己都搞不清楚，譬如说……”陈教授谆谆教导，刘平洗耳倾听。这次谈话没过多久，生意成交了。

这则案例中，推销员刚开始向他的准客户热情地推销，却失败了，这是因为他忽略了对方的自尊心，大谈自己产品的优势。然而，他犯的错误就是，试图显得比客户更高明是不会赢得客户好感的；同样，他能挽回败局，将一笔快泡汤的生意又做成，其原因是利用了人性的弱点，通过求教，满足了对方的自尊心，赢得了对方的好感从而成功了。可见，抬高客户是赢得客户好感的一个重要方法。

销售心理支招：

那么，我们该如何抬高客户呢？

1. 赞美式开场，赢得客户的好感和认同

原一平有一次去拜访一家商店的老板。

“先生，您好！”

“你是谁啊？”

“我是明治保险公司的原一平，今天我刚到贵地，有几件事情想请教一下您这位远近闻名的老板。”

“什么？远近闻名的老板？”

“是啊，根据我调查的结果，大家都说这个问题最好请教您。”

“哦！大家都这样说啊？真是不敢当，你说吧，到底什么问题呢？”

“实不相瞒，是这样的……”

“站着谈不方便，请进来吧！”

……

每个人都渴望被别人赞美，获得认同，客户也是，这里，销售大师原一平之所以能成功推销，就在于他在开场时用请教的口吻赞美了对方：用第三者“大家”的口吻去称赞商店老板“远近闻名”，给老板予以肯定，赢得了老板的好感和认同，接下来的沟通就容易多了。

与客户交谈，把其放到较高的位置上，并虚心地请教其问题，能满足其某种成度的虚荣心和好为人师的心理，可见，有时，对客户的请教也是一种委婉的赞美方式。真诚地去请教客户，往往是打开销售之门的一把钥匙。比如，你可以这样说：

“陈总，我早就听说过您白手起家的故事，我真的很想请教一下您，当时您是怎么作出决定来创业的呢？”

“听说您是通信方面的专家，想请教一下您……”

“专家就是专家，您提的问题都与一般人不一样，都提到点子上了……”

“张先生，您在营销方面这么有研究，有机会一定当面向您请教……”

“李总，您公司目前在物流服务领域做得这么成功，当初您是怎么想起来开展这项业务的呢？”

2. 放低姿态、适当使用讨教的语气求教

我们可以降低姿态，以讨教的语气进行交流。比如，你可以问对方：“请问，您刚才说的电脑的配置，指的是哪些方面呢？”倾听时如此反馈，一来会体现出你在认真倾听，二来可以满足对方好为人师的心理，以此来促成销售。

虚心请教是让别人产生优越感也是体现自己谦逊态度的重要方式。所以你可以问对方：“关于我的看法，你有什么意见？”

用这样的方式引发对方的思考，创造他说话的机会。而且，你也可能会因为让他有了说话的机会，而引发他对你的好感。

美国一位著名的哲学家说：“驱使人们行动的最重要的动机是做个重要人物的欲望。”可见，说话谦逊，抬高客户，才会让对方听起来更悦耳舒服。这也是我们在开发客户过程中要使用的一项必备说话技能！

倾听不“傻”听，学会将话题引到有利于销售的关键点上

倾听在销售中的作用早已毋庸置疑，那些顶尖的销售员，通过经验总结出了一条规律：如果你想成为优秀的销售员，就要将听和说的比例调整为2：1，也就是说，70%的时间让客户说，你倾听；自己用30%的时间来发问、赞美和鼓励他说，只有这样，销售员才能打开推销之门，成为顶尖的销售员。但从另一个方面看，倾听的最终目的是为了服务于销售。这就要求我们在倾听客户说话的过程中多留心，不要为了倾听而倾听，而要及时把话题转到销售工作上。

小马是一名汽车推销员，在一次汽车展会上，他结识了一位客户。通过对这位客户的言行举止的观察，小马分析这位客户对越野型汽车十分感兴趣，而且其品位极高。后来，小马几次试图约客户出来坐坐，就一些关于越野车的问题谈谈，但是客户总是以各种理由推脱，总是说自己工作很忙，周末则要和朋友一起到郊外的射击场射击。

小马终于发现，原来客户还喜欢射击。经过打听，果然如此，这位客户曾经还是一名射击冠军。于是，小马上网查找了大量有关射击的资料，一个星期之后，小马不仅对周边地区所有著名的射击场了解得十分深入，而且还掌握了一些射击的基本功。再一次打电话时，小马对销售汽车的事情只字不提，只是告诉客户自己“无意中发现了一家设施特别齐全、环境十分优美的射击场”。下一个周末，小马很顺利地在那家射击场见到了客

户。小马对射击知识的了解让那位客户迅速对其刮目相看，他大叹自己“找到了知音”。

在返回市里的路上，客户主动表示自己喜欢驾驶装饰豪华的越野型汽车，并对一些造型别致、性能好的越野车都进行了一番阐述，小马认真地倾听着。等到客户提到“说实话，现在市场上的汽车在档次与品位上做得实在……”时，小马立即接过话茬儿：“我们公司正好刚刚上市一款新型豪华型越野汽车，这是目前市场上最有个性和最能体现品位的汽车……”一场有着良好开端的销售沟通就这样形成了。

案例中，我们可以看出，销售员小马是精明的，当他发现直接从客户爱好的越野汽车入手并未见到成效时，就转换了一个角度——射击，当他与客户产生共鸣后，客户对他的戒备心也就消除了，此时，当客户谈及自己最喜欢的越野汽车并阐述自己的观点时，小马能巧妙地接过客户的话茬儿，把话题转入到销售问题上，一场有着良好开端的销售沟通就这样形成了。

销售心理支招：

那么，我们该如何在倾听中将话题过渡到销售上来呢？以下是几点心理策略。

1.倾听不傻听，听出对方的弦外之音

利特尔公司是世界最著名的科技咨询公司之一。然而其前身只不过是其创始人利特尔建立的一个小小的化学实验室，并不为人知晓，但后来一件事却让这个小小的实验室名声大振。事情原来是这样的：

1921年的一天，许多企业家在一次集会上，谈论科学和生产的关系。一位大亨高谈阔论，否定科学对企业生产的重要作用。这位大亨挑战性地对利特尔说：“我的钱太多了，所有的钱袋已经不够用了，想找猪耳朵做的丝线袋来装钱。或许你的科学能帮这个忙，如果能作成这样的钱袋，大家都会把你当科学家的。”说完，他哈哈大笑起来。

聪明的利特尔怎么听不出大亨的弦外之音呢？

他感到非常气愤，恨不得给这种无聊的人几个耳光，可是他忍受了，

表面上非常谦虚地说：“谢谢你的指点！”

此后不久，市场上的猪耳朵被利特尔公司暗中收购一空。购回的猪耳朵被利特尔公司的化学家分解成胶质和纤维组织，然后又把这些物质制成可纺织纤维，再纺成丝线，并染上各种不同的美丽颜色，最后编织成五光十色的丝线袋。

这就是猪耳朵丝线袋，这种钱袋投放市场后，顿时被一抢而空。

“用猪耳朵制丝线袋”，这看来荒诞不经的恶意挑战被粉碎了。那些不相信“科学是企业的翅膀”、同时也看不起利特尔的人，不得不对利特尔刮目相看。

利特尔公司从此名声大振。

利特尔听出了大亨的弦外之音，不露声色，暗地里却做好准备，收购猪耳朵，并通过科学的方法将猪耳朵制成丝线袋，不仅为自己带来了经济利益，还粉碎了大亨的恶意挑战，一举成名。这个故事同样给从事销售的人们一个启示：倾听不能“傻听”，要听出关键点，才能有助于销售，否则就会导致本末倒置。

2. 以退为进，不妨从客户关心的话题入手

现实销售中，一些销售人员完全站在自己的立场上考虑问题，希望一股脑儿地把有关自己所推销产品的信息迅速灌输到客户的头脑当中，却根本不考虑客户是否对这些信息感兴趣。这些销售员，几乎从刚一张嘴就为自己的失败埋下了种子。要知道，实现与客户互动的关键是要找到彼此间的共同话题，这就要求销售人员首先要从关心客户的需求入手。

3. 把握销售进程、及时将话题转到销售上来

“大爷，最近听说又有冷空气要来，今年冬天的天气真是没有往年好呀！您岁数大了，尤其要注意保暖，省得头疼感冒不说，还可以减少关节炎的疼痛。您看一下，这件适合老年人穿的加厚羽绒服，它既暖和又舒适，而且非常耐穿……”

在确定了客户的需求之后，销售人员虽然可以针对这些需求与客户进行交流，但是这还达不到销售沟通的目的，这就需要销售人员巧妙地将话

题从客户需求转到销售沟通的核心问题上。

另外，我们在将话题转换到销售上时，要多使用积极的语言，这样在转化话题的时候，会更自然、巧妙，能更好地引导顾客从有利的一面看待产品，促进产品销售。

总之，倾听是有效沟通的重要基础。而且，善于倾听的人总是注意分析哪些内容是主要的，哪些是次要的，以便抓住事实背后的主要意思。我们倾听客户说话，也要抓住有利于销售的关键点，不要被个别枝节所吸引。

善于心理说服，把话说到客户心坎儿里

作为推销员，我们不得不承认这样一个事实：客户与我们接触之初，往往会存有一种戒备心理，认为销售人员是为其自身利益，千方百计地想把产品销售给自己，因此，作为销售人员，在与潜在客户沟通的过程中，最重要的任务之一就是让客户信任你。而“动人心者，莫先乎情”，如果我们能站在客户的角度推销，句句话都说到客户心坎儿里，是能说服客户，让客户信任你的。

始终站在客户的角度推销产品

在销售活动中，客户所关心的是自己的利益，销售员所关心的是自己的提成或公司的利益，这两者看似是矛盾的，实则是一致的。只有客户的利益得到了保障，公司的利益才有基础。因此，在认清客户的重要性的前提下，销售员一定要设身处地为客户考虑，善于从客户的角度出发，为目标客户介绍他最适用的产品，为客户提供最真诚的建议，满足客户的愿望，充分理解客户、尊重客户，这样才能为自己的成功和公司的长足发展打好基础。

张兰是一名化妆品推销员，一次，公司推出一款新品，张兰就想给自己的几个老客户都通知一下，看谁对这款产品有兴趣。她拨通了第一个客户的电话。

销售员："周姐，您好，我是小兰啊！"

客户："哦，是你啊。有事吗？"

销售员："我们公司新推出一款产品，我觉得很适合您，就给您打个电话，您上次不是让我留意的吗？"

客户："哦，这样啊，我知道你说的这款，我不怎么喜欢，要不，你给我拿套那个××吧，那是大牌子。"

销售员："我知道您说的这款，其实，姐，这套相对来说贵很多，您可能并不在乎钱，我卖给您贵的，我拿的利润当然也高，但贵并不一定就适合您，说实话，那款产品，你用的话，因为肤质的关系，我怕您会过敏。我建议您还是不要买。"

客户："小兰啊，你可真是会为我考虑啊，我信得过你，今天下午你到我家来一趟吧。"

情景中的这名销售员可以说是一名称职的的销售员，这样的销售员总

是会站在客户的角度思考问题，自然会赢得客户的信任。

售员要想把产品卖出去，首先就要与客户之间建立良好稳固的关系，要实现这一步，销售员就要做到最基本的一点：从客户的角度出发，要了解客户，知道客户真正需要什么。

销售心理支招：

销售员具体可以从以下几个方面去做。

1. 从关心客户需求入手

现实销售中，一些销售人员完全站在自己的立场上考虑问题，希望一股脑儿地把有关自己所推销产品的信息迅速灌输到客户的头脑当中，却根本不考虑客户是否对这些信息感兴趣。这些销售员，几乎从刚一张嘴就为自己的失败埋下了种子。要知道，实现与客户互动的关键是要找到彼此间的共同话题，这就要求销售人员首先要从关心客户的需求入手。

对于客户的实际需求，销售人员需要在沟通之前就加以认真分析，以便准确把握客户最强烈的需要，然后从客户需求出发寻找共同话题。

2. 理解客户的心情

客户购买产品，其实买的就是一个顺心，如果客户总能感觉到销售员对自己很理解，注重自己的心情和感受，那么客户就会被这种氛围所吸引，进而对产品投入更多的关注。

一个总经理招聘秘书，收到了一百多封求职信，看得他头昏眼花，不知道该如何选择。突然间，有一封求职信吸引住他的目光：总经理先生，您好，我知道您现在要看很多求职信，一定很头痛，而我非常希望帮您处理这个问题。过去我曾经在人事单位工作多年，经验丰富，我相信自己有能力来帮您解决这个问题。

这位总经理眼睛一亮，立刻打电话邀请这位求职者来上班。

这封求职信的文字并不算特别优美，求职者也没有大肆宣传自己的能力。她只是站在这位总经理的立场，思考他的需求，就从众多竞争者中脱颖而出，为自己赢得了一个工作机会。这样的理念如果用在销售上，也会产生神奇的效果。

3. 重视客户的利益

说服客户，不仅需要较好的语言技巧，更重要的是要掌握正确的原则：抓住客户的切身利益展开说服工作，即“站在别人的角度，说自己的话。”

每个人在沟通的过程中都有一个自己的立场，若别人说话的立场和自己的不同，自然就会产生抗拒心理。聪明的销售员应该学会和客户站到同一个立场上去，并从客户的角度出发去思考问题。

4. 帮助客户解决问题

一位好的销售员可以为客户提供解决办法，为其减少麻烦，并帮助他们拓展业务。在约见客户之前，你最好就对他们生活和工作有所了解，知道他们目前正在遭遇哪些问题。如果你的产品恰好有助于他们改善或有效解决眼前的困境，那你就要抓住时机告诉客户：你的产品在解决难题过程中的种种优越之处。如果你的产品能够协助客户有效解决客户遇到的难题，那么即便你不做过多的介绍，客户也会对你的产品情有独钟、充满兴趣，从而产生购买的想法。

赞美是送给客户的最好礼物

赞美是世界上最美的语言。成功的秘诀无非是微笑、赞美和关怀。赞美是获取人心的法宝。因为任何人都渴望获得别人的赞美。在与客户交往中多多使用赞美，你就能取得客户的信任，给对方留下好印象。但要记住，赞美之言必须是发自内心的。

一个周六的早上，老年保健仪器推销员小林来到了某小区，然后敲开了客户的门。

开门的正是他的准客户刘先生，进门后，小林环顾四周，他发现，整个客厅，都有种古色古香的感觉。不一会儿，他抬头就看见满客厅的字

画。很快，他就找到了与刘先生交谈的话题。

“哎哟，这字写得，我真不知道怎么形容得好，刘先生，这是您从哪位书法家手上买的墨宝啊？”

刘先生一听，顿时笑了起来，说：“你真是见笑了，这些都是我父亲的笔墨，他比较爱好这些，平时没事就舞文弄墨……”

“看来我今天还真是来对了，令尊现在在家吗？”

“这几天他去省城的姐姐家了，估计过几天才会回来。”

“真是可惜了，我还想要是令尊在家的话，我想向他老人家讨要点他的字画呢！”

“哦，原来是这样啊，这个你可以放心，我可以作主，送你几幅。”

“你太谢谢您了……”

就这样，刘先生与小林就中国字画的问题聊了起来。聊到尽兴之时，小林突然装作乍醒的样子说：“刘先生，您看，我和您一聊到这里，就忘了我今天来原本是要想……不过，您不购买也没关系，我今天可是收获颇丰啊！”

“你说的是老年保健仪器？老爷子身体现在越来越不好了，我也没时间陪他锻炼身体，要不，你回头送一台过来吧！”

“好的，谢谢刘先生啊！”

案例中的客户林先生为什么会如此爽快？很简单，这得益于销售员小林在提出销售问题上进行了一番语言的铺垫。在小林进门之后，他就对客户家的一些特点进行了一些观察，难道他真的不知道这些字画出自客户父亲？当然知道！他这样问，只不过是让自己的赞美显得更真实可信。于是，针对客户家的这些与众不同的“风景”，小林与客户展开了一番深入的交谈，他很快便获得了客户的好感。此时，小林再提出自己拜访的真正目的，客户的抵触情自然少得多。

销售心理支招：

赞美客户是件好事情，但并不是一件简单的事。尤其是那种毫无根据、泛泛而谈的赞美，更有奉承之嫌，那么，作为销售员，我们该如何赞美客户呢？

1. 赞美要有根据

销售员在赞美客户时，一定要有根据，这里的根据，指的是赞美要实事求是，要具体，这样的赞美才显得真实，才容易让人接受。那么，那些是赞美中的“根”和“据”呢？其实很简单，我们可以尽量让赞美细节化，避免泛泛之谈。比如，我们在与客户交谈的时候，可以赞美客户的经历、办公室的布置等。

“张总，之前我听您部门的小刘说你是个很随和的领导，真是不假，一见到你，我就觉得特亲切。”

2. 间接比直接赞美更有效

不太适合直接赞美客户的时候，我们就可以选择间接赞美的方式，而这一方式，通常更能彰显出赞美的效果。间接赞美的方法有以下几种：

①美客户最关心的人或事。

比如，你发现客户的车很好，但你并不能直接对客户说：“这车，真不错！”因为你这样说，还有另外一层含义，车子怎样，多半是厂商的功劳，客户只是花钱购买，因此，聪明的你应该找到客户更想听到的。如：“这车保养的真好！”或“你挑车的眼光真好！”这就真的是赞美客户了。

而如果你的客户是位女士，那么，她最为关心的话题也许并不是她自己，而是她的丈夫和孩子，如果你能从这一点赞美，那么，你就会发现，这比赞美她本人还要令她高兴。

②借用第三者的口吻来赞美。

直接恭维，会让客户觉得有奉承之意，而如果你能借用第三方的口吻，则会显得更真实，比如说：“怪不得小张说您越来越漂亮了，刚开始还不相信，这一回一见可真让我信服了。”这样对客户说就比说“您真是越长越漂亮了”好得多。

③从否定到肯定的赞美。

这种用法一般是这样的：“我很少佩服别人，您是个例外。”这样赞

美，更显真实。

3. 善于发掘客户的亮点，赞美要有新意

不是每一个客户都是成功人士，也并不是每个人身上都有那些闪光点，他们多半都是平凡人，鲜有卓越的成绩，因此销售员在面对客户时，应该从客户身上的具体事件入手，任何的细微小节都不放过，只有你的赞美深入具体，客户才会觉得你对他足够重视，越能感觉到他所获得的肯定是真实可信的。

总之，赞美要落到实处，就要找到具体的赞美点，这个赞美点必须是客户身上真实存在的，在赞美时指出细节，说明它的特点，给出自己的评价，这样的赞美会让客户有真实感，才会让客户认同你的说法，从而改变态度，就你的推销进行商谈。

随时恭候，“客户”需要你的时候及时出现

“客户就是上帝”，这是从事销售行业的任何人都熟知的一句话，对于潜在客户，虽然他们可能并不会购买我们的产品，但我们绝不能区别对待，俗话说，人心换人心。其实，在客户和销售员之间也是这样的。销售员对客户有几分真心，客户也会相应的回报几分。所以，销售员要想获得客户的认可和关照，就要在任何时候都要对客户做到“随时恭候”，让客户体会到我们的用心。

小周是一家食品公司的业务专员，他是个很细心的年轻人，他热爱销售工作，总是一心扑在工作上，业绩突出，但是一直没女朋友。一些爱开玩笑的同事称他之所以会有这样好的业绩，是因为他把客户当成自己的女朋友一样的对待，事实上，也的确如此。

一天傍晚，小周跟客户约好了在郊外的一个度假村商量产品买卖事宜，谈完业务之后，小周和客户都离开了度假村，各自回家了。谁知二

人分别之后，不到10分钟，天上突然下起了大雨。小周由于经常跑路的习惯，所以包里总是放着一把伞。可是那个客户平时都是开车出门，没有这个习惯。

当小周想到这里的时候，赶紧给客户打了个电话，正如小周所料，客户被困在半路上的一个小卖部里，小周得知这个消息后，冒着大雨，打着伞亲自前往，把客户送到了家里。而小周因为用伞护着客户，自己的半个身子全部淋透了。

事实上，那天的合作由于价格的问题没有谈下来。可是小周把客户送到家之后，客户二话没说，立即让小周拿出合同签了，而且从那以后，客户和小周成了无话不谈的朋友。在后来的合作中，客户还给小周介绍了不少的新客户呢！

从上面的故事，可以了解到，业务员小周之所以能打动客户，是因为他的细心，在客户需要帮助的时候及时出现，感动了客户。的确，客户需要销售员用心去接触。而现实销售中，一些销售员看重的只是合作，他们也只是把客户当成业绩的源头和合作的对象，为了达成协议，他们千方百计、想尽一切办法，只要合作完了，再也没有了联系。销售员这么定位客户，客户自然也会把销售员当作合作者而已。而如果销售员们都能和案例中的这位小周一样，随时都为客户考虑，为客户鞍前马后，尤其在客户需要你的时候及时出现，这样客户自然也会把你当成亲密的朋友一样对待。

销售心理支招：

那么，在与客户打交道的过程中，我们该如何才能做到对客户“随时恭候”呢？

1. 与客户约会时，宜早不宜迟

我们都知道，男女约会，如果男方迟到，那么，女方一定不高兴，正确的做法是男方先于女方出现，这样你的女朋友才会高兴，才会觉得你对她是真心的。和客户约定之后，也是一样的，销售员千万不能迟到，也要早到，耐心地等待客户。自己多等一会儿没关系，但是千万别让客户等你。如果你迟到了，或者让客户等你，那么这个单子十有八九拿不下来，

因为你让客户觉得自己根本不受重视。

2. 客户有需要时一定要随叫随到

销售员是客户的服务者，客户如果对产品有什么疑问或者是想法，第一时间找的就是销售员。这时候，销售员不管是否上班，是否在忙，都要在第一时间赶到客户跟前，为客户解决疑问，帮助客户处理问题。只有这样，客户才会觉得销售员是认真负责的，彼此之间才会有一个长期的合作和发展的关系。

3. 承诺客户的事情一定要做到

与人交往，一定要做到一言九鼎，只有这样，才会让对方觉得你值得信任。和客户交往也是一样的，承诺客户的事情一定要做到，如果因为这样那样的原因，而最终食言了。这样客户对你的信任就会大打折扣。这给以后继续合作和交流埋下了心理隐患。所以，销售员尽量履行对客户的承诺。如果因为客观原因而没办法做到，那么也要给客户作诚挚的道歉，以获得客户的原谅。

4. 合作结束后，关心一定要时时到

和客户合作之后，销售员要时常地关心客户。让客户感受到你的那份真诚和关怀。这样一来，客户会被你的真心所感动，就算是产品有什么问题，也会睁一只眼闭一只眼，不给你添麻烦。事实上也只有这样，客户才会跟你有一个长期合作的关系。所以，销售员千万不要吝啬自己的关怀，时不时地打个电话，或者发个短信。询问一下产品的使用情况，让客户听到你的声音，从而常常记着你。这样，你不仅能做到很好地维护与现在客户的关系，当客户对你的人品以及产品都认可的时候，也会为你介绍更多的新客户。

总之，我们若想成功将产品推销出去，就要以情动人，不要吝啬你的关心，不要吝啬你对客户小小的帮助，让准客户随时感受到你的存在，自然会取信于你！

感性销售，让客户心甘情愿掏钱购买

我们知道，人都是情感动物，人与人之间从毫无关系到认识，再到信任，最后成为朋友，就是人们常说的“缘分”，但这需要彼此间心与心的交流。这点告诉我们，从事销售，在与客户正式沟通前，我们也要有意识地制造自己与客户之间的这种“缘分”，而制造这种“缘分”的关键就是：语言要真诚婉转，以情动人。如果我们能说些动情的话，打开客户的心结，那么成功开发客户的几率无疑会大大提高。与冷冰冰的销售言辞相比，热情、充满关爱的关怀有时更容易打动客户。然而现实销售中，一些销售员能言善辩，介绍产品时口若悬河，但在销售中，却四处碰壁，其中，很大程度上的原因就在于此。

这是一名销售人员与顾客的对话：

“我们现在不需要。”

“看得出您很忙！有你这样的人持家，你的家人一定十分幸福！”

“噢，谢谢！今天我丈夫不在家。”

“我听说了，我知道您先生是一位事业成功、在业界有影响力的优秀人士。那句话说得没错‘每一个成功的男人背后都有一个伟大的女人。’”

“呵呵，哪里。我们对你的产品还是挺感兴趣的，等我丈夫回来后，我们一块儿去你那里购买。”

“好，谢谢！这是我的名片。”

从上面这个案例中，我们可以发现，这位销售员的话奏效了，他在面对客户拒绝的时候，仍然保持良好的态度，并对客户说了一些“动情”的话，从而获得了客户的认可，成功打动了潜在客户。可见，在与潜在客户沟通的时候，销售员不要以为自己的语句合乎逻辑就可以让推销的工作

顺利进展了，真正打动人的是带有情感的话。成功的销售员都会想客户所想，忧客户所忧，尤其是对于那些感性的客户，这一方法总是更显效果。

每个人的心中都会留有一片空地，专门为情感打结所用，所谓“心有千千结”并不夸张。推销员不是解开情感心结的人，但销售员必须知道，这结是情感的结，推销中要注意把握情感，做情感的舵手。

销售心理支招：

那么，销售过程中，销售员该如何说“动情”的话，以此来感动客户呢？如何拥有热忱的态度呢？

1. 理解客户的情感，说话时以情动人

销售员可以以朋友的心态来面对每一个客户，多站在客户角度想想，考虑一下客户的利益以及客户的想法，销售员倾听他们的想法。可能客户一次两次不能接受自己，只要我们是真诚的，我想第三次就能打动他了，真心付出总会有收获的。

2. 真正关心你的客户

①千万不要撒谎，谎言是致命的。

②珍惜客户的时间。

③销售中，如果你对自己的产品介绍有误，就要大胆承认，否定只会让客户对你产生质疑，影响信任度。

④多为客户考虑，不仅要满足客户表面要求，更要为客户提供深层次的想法和意见。

⑤永远不要否定你的客户。

⑥理解你的客户，他是繁忙的，他的工作压力来自各个方面，还有很多工作和生活中的烦恼。

⑦让你的客户感受到来自你的尊重，让他在同事或者上司面前有面子。

⑧学习你客户的业务，要求不知足地学习客户的业务。

⑨如果你对客户的业务不熟悉，就不要不懂装懂，对于不懂得问题，不妨直接问他，他是喜欢与别人谈论他的业务的。

⑩保持热忱的态度，情绪不要激动，你要稳重并有做生意的样子、冷静地工作。

3. 态度要诚恳

在与客户沟通的过程中，要让客户感到你是诚实的，客户是不愿意和一个虚伪狡诈的人沟通的。因此，销售人员说话一定要恰如其分，符合双方的身份，不然，就会引起客户的反感。

4. 关心客户身边的人

对于销售员来说，具有良好的亲和力是能够与客户融洽交谈的必然要素。想要在客户心中建立起亲切感，亲近客户的身边人是一个不错的方法。客户的亲戚，朋友，尤其是孩子，真的是你大好的助手。在日常生活中，多研究儿童的心理，对你的推销大有帮助。

另外，我们一定要把话说得亲切、和蔼，这样才能使客户感到愉快，从而对销售人员产生信任。热情的语言也决定了态度的热忱。

可见，销售就是一场心理战，我们能否打开客户的心，直接关系到我们是否能成功推销出去产品。而善辩不一定就是优秀的销售员，销售员与客户结缘，也绝用不上什么高深理论，最有用的可能是那些最微不足道的家常话，但这些话只要能说到客户的心坎上，就能打动客户，就能产生积极的效果！

亲情式服务让客户喜欢上你

在现代产品营销中，随着消费品市场的扩大和客户对产品知识的充盈，客户逐渐变得更加理性，不再轻易为了商家的促销活动而冲动购买，他们更需要一种亲情式的服务。但就在这种情况下，还是有很多客户会为了那些简单直白的销售而被感动，原因在哪？就在于销售过程中销售员抓住了客户的心。“动人心者，莫先乎情”，与冷冰冰的销售言辞相比，热

情、充满关爱的关怀有时更容易打动这些感性的客户。因此，作为推销员，与其将产品煞费苦心地劝说客户购买，倒不如用温情打动客户。

当然，推销过程中的讨巧并不一定体现在语言上，有些推销员也有用实际行动赢得了客户的信任。我们再来看看下面这个推销案例。

这天下班后，小王又被领导拉去应酬了。这次，是要与一个大客户吃饭，听领导说，这次是笔大生意。小王很细心，出门前，他询问了一下领导，客户有哪些特别之处。结果。领导的回答是：“没啥特别，就是有点高血压，有点老胃病，都是应酬弄的。”小王记下了这点。

来到饭店，就点菜问题，领导和客户互相推辞，最后，大家决定把这项权利交给小王。小王心想，这是自己表现的时候了。不到一会儿，小王就点了一桌子菜。

这时，小王诚恳地对客户说：“王总，订餐之前，我已经跟酒店嘱咐过了，炒菜不要用动物油特别是猪油，而要用植物油，桌子上基本上是低脂肪、低热量的菜，您可以放心食用；还有，这道白菜心拌海蜇皮，您先尝尝。这是道正宗的醒酒菜，还有护胃的功能。”

“嗯，味道不错，吃惯了大鱼大肉，吃这道菜，还真是挺有味儿。你说它能醒酒？”客户提出了疑问。

“是的，现在市面上有很多种醒酒的药物，但我觉得“是药三分毒”，我们还不如吃这种营养又健康的蔬菜。”小王语重心长地说。

这时候，领导也插了一句：“王总，你可别小瞧这小子，他可是我们公司有名的美食、健康专家啊！还经常教我们一些养生之道。”

“现在的年轻人注重养生的可不多啊，真难得，对了，你那道白菜心拌海蜇皮是怎么做的？我回家让我太太也经常做一些。”

“其实这道菜，做起来很简单，将海蜇皮清洗干净后，切成丝；用清水浸泡2小时，中间换三次水，洗去腌渍海蜇皮的盐和矾；浸泡好的海蜇皮控干水分后，放在漏网里，用80度左右的热水冲淋一下，并迅速过凉水……”

一场饭局下来，小王和王总就这道醒酒菜聊得不亦乐乎，而这单生意也成功地做成了，而令小王惊奇的是，这个王总还向领导指明将这单生意归为小王的名下。

这则案例中，小王是个细心的人，得知客户有高血压且有老胃病，在点菜时，他便加以留意，而且，他与客户的交谈也是诚恳的，当客户发现小王的善意之后，一下子就打开了话匣子，并最终决定与小王做生意。

在生活中，我们可以承受严厉的斥责，却难以抵抗温柔的劝说；我们在强硬的态度面前往往会不依不饶，丝毫不为所动，而在和颜悦色的劝说下，却能够网开一面，作出让步。

销售心理支招：

那么，具体来说，我们在推销过程中，怎样做到以情动人呢？

1. 不要急于谈生意

客户也是人，也会受情感的左右。所以，如果在接近客户之初，不要急于谈生意，先与客户寻找共同感兴趣的话题，这样，在不做生意只谈朋友的前提之下，和客户取得了心灵的共通，博得了相互之间的认同。“先做朋友，后做生意”，既然是客户的朋友了，对于客户说，跟自己熟悉的朋友合作，自然要比跟陌生的人合作更加放心了。只要做成了朋友，那么你的单子自然很快就签下来了。

2. 理解客户的情感，说话时以情动人

销售员可以以朋友的心态来面对每一个客户，多站在客户的角度想想，考虑一下客户的利益以及客户的想法，销售员多倾听他们的想法。可能客户一次两次不能接受自己，只要我们是真诚的我想第三次就能打动他了，真心付出总会有收获的。

3. 帮客户做点实事

用情感打动客户，还需要我们用具体行动来证明。比如，在客户最无助的时候及时出现、帮客户解决某些生活中的难题、为客户做些举手之劳的小事等，让客户真正感受到我们送去的温暖，他自然愿意对我们打开心扉！

尽管销售员和客户之间存在着利益关系，但是尽管如此，这种利益关系并不是赤裸裸的金钱交易。其中还包含着人与人之间的温暖和真情。销售员要多关心客户的生活，关注他们身边发生的事情。这样无形之中就会渗透到客户的生活中去。销售员要学会在“关键时刻”送去你的问候，用情感温暖客户。

进行心理暗示，成功推销的关键是让客户不知不觉说“是”

我们都知道，销售的过程就是劝服客户购买的过程，而我们发现，那些销售精英们似乎都有某种魔力，他们只需要一句话、一个动作，或者一点点的演技，客户就会遵从着他的意愿去购买产品。其实，这是因为他们懂得心理暗示的技巧，实际上，暗示是一种心理对策，是基于对客户的购买心理的掌握之上的，暗示是一副猛药。如果你也想成为一个能操控客户心理的销售，不妨从掌握一些基本的暗示技巧开始吧！

善于引导，把握整个谈话的方向

我们发现，在销售和推销过程中，经常会出现一些意外状况，这是销售员防不胜防的，对于这样的情况，我们千万不要泄气，不要灰心，一定要牢记你的推销目的，一定要带动整个谈话的方向，一切言行从对方利益出发，提出方案后，立即行动，主动、积极地去扭转、控制整个谈话局面。

1975年，著名推销高手、畅销书作家罗伯特·舒克通过电话与“肯德基家乡鸡”的创始人——哈南·桑德斯上校约定了一个会面时间，准备访问他，以作为撰写《完全承诺》一书的资料。当时，桑德斯已经85岁高龄了，他答应去路易维尔机场接舒克，然后两人一起到上校家畅谈。

飞机准时到达路易维尔机场，舒克走向机场正门，一眼就认出了大名鼎鼎的桑德斯上校，因为他早已在肯德基餐厅门口见过桑德斯的塑像。他热情地向上校打招呼，并伸出了手，但是上校却悲叹着说：“今天没办法接受你的访问了，我在冰上跌倒，脑袋撞个正着。”

“桑德斯先生，我真的很高兴看到你，”舒克完全无视桑德斯要取消访问的话，“我实在很抱歉，听到你受伤了。”

“今天早上，我在冰上滑倒，头上一大片淤青，”上校继续说，“我没办法通知你说我要取消这次访问。我也不想留你在机场干等，而我却没有出现。所以我在前去看医生的途中先到这里见你。”

“没有关系，上校，”舒克仍然忽略对方要取消访问的事实。他可没有忘记自己大老远跑过来的目的是什么，因此他要赶紧想办法达到自己的目的。

“哎哟，好大的一块淤青！”舒克看到上校的后脑勺上一块明显的肿块。“我们走吧，当医生替你包扎好，我们就到你的地方去。”

他完全不给上校任何说话的机会，马上转向上校的司机：“车子停在哪里？”

“就在那里。”

“我们走吧，”舒克边说边向车走去，“我们必须先送上校去看医生。”

上校和司机主动地跟在舒克身后，一行三人便开车往诊所的方向驶去。在医生为上校的头部稍做处理后，舒克和上校就开始了他们的访问工作。结果，他们都度过了愉快的一天。

原本由桑德斯先生掌控的整个谈话大局一下子转变为由罗伯特·舒克掌控，从而达成了谈话的目的。所以，在整个销售过程中，掌握一定的语言技巧，在与客户交谈时能够控制整体局面，带动整个谈话的方向，这是优秀推销员必备的素质。

销售心理支招：

那么，销售人员在电话销售的过程中，该怎样套出客户的内心想法，并予以解决，从而把握整个谈话方向呢？

1. 巧用心理暗示

销售员在对客户的购买能力等情况进行一番了解后，不妨对客户进行心理暗示：“夫人，您要是为您的孩子购买一架钢琴的话，周末的午后，您的家里飘荡起您孩子优美的钢琴声，不失为一种美啊！”

另外，销售员在对客户进行一番暗示后，不能急于让客户对购买产品表态，因为客户需要一些时间思考，让这一暗示真正地进入客户的头脑，渗透到思想深处，进入客户的潜意识。利用这些方法给客户一些暗示，客户的态度就会变得积极起来，等到进入推销过程中，客户虽对你的暗示仍有印象，但已不认真留意了。当你稍后再试探客户的购买意愿时，他可能会再度想起那个暗示，而且还会认为这是自己思考得来的呢！

2. 引出客户的真心话

很多销售员，自己在电话这头头头是道地讲述产品的优势，但客户却丢给他一句话：“考虑看看”然后就挂断电话，虽然客户这样说，但销售员要明白，客户称“要考虑”，并不是真的想考虑，而是已经对你提出了拒绝，此时，销售人员如果认为客户只是还需要时间的话，那么，就太“天真了”！要处理这种状况是有点棘手，因为客户会说出这句话，多半是在推销员已经作了相当多的说明后，就算勉强再运用其他拒绝语言处理，效果也不会很好。

即使客户先前一直表示赞同，但是面临重要关头却又退缩时，重提此事只会增加客户的厌恶。所以，必须改变一下方式，从另一个角度去引出客户真正的想法，如“我是很想买，但是缴费负担太重”，若能让客户说出真心话，就有希望进一步促成交易。

所以，推销员要懂得调适自己的心态，要有“被拒绝是当然的事”的心理准备，被拒绝对于销售员来说，是再正常不过的事，不能恐惧被拒绝，要坚强地面对客户的拒绝，引导客户说出真心话。

巧妙提问，让客户跟着你的思维走

作为销售员，我们都知道，销售的秘诀在于找到客户内心最强烈的需要。但现实情况是，客户对我们都心存芥蒂，他们是不可能自报家门，将内心的真实性想法全部透露给销售人员的，那么，我们怎样才能找到客户内心这种不愿外露的需求呢？其中一个重要的方法就是提问法，提问不但能找到客户内心的需求，还能帮助我们掌控整个销售局势，让客户跟着我们的思维走。

约翰有一家自己的公司，他的公司专为其他公司提供销售人员和管理人员，在一个星期五的下午，他和他的老同学有一个约会，那天天气很热，当他到达约会地点的时候，发现自己早到了二十分钟。为了不让这20分钟的时间白白浪费掉，他决定找个客户进行推销。

约翰到了一家规模比较大的汽车销售店，并走了进去。

“你们老板在吗？”他问销售员。

“不在。”

约翰并不退缩，又问道：“如果在的话，他会在什么地方呢？”

“在大街对面。”

约翰走到街对面的接待室，他问：“你们老板在吗？”

“嗯，他在，在他办公室里。”接待小姐说。

当时那位老板正在和销售经理商量事情，约翰走进他的办公室，问道：“作为贵公司的老板，我想您大概总是在想办法增加销售额吧？”

“年轻人，你没看见我正在忙吗？今天是星期五，又是吃午餐的时候，你为什么在这样的时间拜访我？”

约翰满怀信心地盯着对方说：“您真的想知道吗？”

“当然，我想知道。”

“好吧，我是刚从雷丁乘车过来的，我有个约会是下午2点，有20分钟的空闲时间，因此，我想利用这短暂的时间来访问您。”稍作停顿，约翰又压低声音问：“贵公司大概没有把这种做法教给销售员吧？”

那位老板听到约翰的问话后，绷着脸看了销售经理一眼，过了一会儿，老板微笑着对约翰说：“多亏你，年轻人，请坐吧。”

这则案例中，约翰之所以能在20分钟内得到客户的认可，正是因为他抓住了一个商人的心理特点，从对方关心的问题——销售额上入手，并以此设置悬念，引导客户回答出：“当然，我想知道。”从而抓住了客户的好奇心，让客户跟着自己的思维走。

销售心理支招：

在销售过程中，任何一位销售员只有掌控整个谈话的局势，才能引导客户跟着你的思维走，最终实现成交，而聪明的销售员在交谈之初都会用提问的方式来吸引客户的注意力，具体来说，他们会这样做：

1. 询问客户

销售员在沟通中，只要了解客户在意什么，不在意什么，才能做到有的放矢地沟通，而事实上，有些销售员却忽视了这一点，总是只顾自己讲，而不明白客户的真实想法，最终导致沟通方向与客户期望的方向背道而驰，那么，怎么才能解决这一问题呢？唯有询问！询问可以更好地控制谈话的进程，更大程度地调动客户的兴趣和积极性。而询问往往可以使销售员得到更多的信息，这些信息都会对促成交易有利。

当销售员向客户解释一段后，就应该向客户进行询问，看他听进去了多少，听明白了多少，他的看法如何。这时，销售员应该问："关于这一点，你清楚了吗？"或者"您觉得怎么样？"这样就给客户提供了一个说明他的想法的机会。

2. 确定客户需求后，要及时将话题转到销售上

在确定了客户的需求之后，销售人员虽然可以针对这些需求与客户进行交流，但是这还达不到销售沟通的目的，这就需要销售人员巧妙地将话题从客户需求转到销售沟通的核心问题上。例如：

"大爷，最近听说又有冷空气要来，今年冬天的天气真是没有往年好呀！您岁数大了，尤其要注意保暖，省得头疼感冒不说，还可以减少关节炎的疼痛。您看一下这件适合老年人穿的加厚羽绒服，它既暖和又舒适，而且非常耐穿……"

3. 有所避忌，有些问题不可问

在和客户谈话的时候，有的东西是需要特别注意的。

不要问及对方的花费，比方说别人衣饰的价钱，或送礼的价值以及请客所花的费用，这会让人觉得你触及他的经济能力或者怀疑他送礼的心意；

也不可以问女子的年龄（除非她是六岁或六十岁左右的时候）；

不可问别人的收入；

不可详问别人的家世；

不可问别人用钱的方法；

不可问别人工作上的机密，"已所不欲，勿施于人"，凡事你不想让人知道的事你也应该避免询问对方，谈话的目的是引起对方的兴趣，而不是使任何一方没趣，能令对方滔滔不绝，是你说话的本领，也是你增广见

闻的方式。

当然，在与客户沟通时，从客户感兴趣的话题提问也是有一定技巧的，如果用的不恰当，事情也会起到相反的作用。很明显，向客户提问令对方感兴趣的话题。

封闭式提问，潜入客户的思维

在销售中，很多销售精英为了掌握整个销售的方向，常常会采取提问的方式来与客户沟通，而提问的方式有很多种，其中就有封闭式提问，所谓封闭式提问，是指提出答案有唯一性，范围较小，有限制的问题，对回答的内容有一定限制，提问时，给对方一个框架，让对方在可选的几个答案中进行选择。销售员在与客户沟通的过程中，对其进行封闭式提问，能逐步引导客户，让客户接受我们的建议，最终实现成交。可见，封闭式提问的重要性。

销售员：那么，你同意获得利润最重要的是靠经营管理有方了？

顾客：对。

销售员：专家的建议是否也有助于获得利润呢？

顾客：那是毫无疑问的。

销售员：过去我们的建议对你们有帮助吗？

顾客：有帮助。

销售员：考虑到目前的生产情况，技术改革是否有利于生产一些畅销商品呢？

顾客：应该说是有利的。

销售员：如果把产品的最后加工再做得精细一点，那是否有利于你们在市场上销售呢？

顾客：是的。

销售员：如果在适当的时间，以合理的价格推销质量好的产品，你们公司是不是会得到更多的订单?

顾客：会的。

销售员：如果你们按照我们的方法进行试验，并且对试验结果感到满意，你们是不是下一步就准备采用我们的方法?

顾客：对。

销售员：那么我们现在可以先签个协议吗?

顾客：可以。

在这个范例中，销售员就是通过封闭式提问的方式，将客户的思维逐步引导到自己所希望的轨道上来，从而最终说服客户购买的。

销售心理支招：

那么，销售员该怎样对客户进行封闭式提问呢？以下是几点建议：

1. 建议式提问

采用提问的方式对客户提意见，比单纯的建议客户购买产生的作用更大、效果更好，因为虽然是提问，但最终的决定权还在客户手里，客户会有一种被尊重的感觉。

“您看您是年付还是季付？”

“您看您是亲自过来还是我给您把保单送过去呢？”

在交谈中，应避免用下面的方式：

“您看怎么办？”

“您看，还是尽快将字签了吧！”

主动约见客户，我们可以采用这样的话术：“王先生，通过我刚才的讲解，我们都发现，解决这个问题已经成为迫不及待的事了。既然这样的话，我们是否能在明天或者后天约个时间见面，我再仔细地向你说明。”当对方决定与你见面时，电话销售就算完成了。

2. 主动性提问

主动式提问指的是在介绍完产品后，销售员对客户的感受直接提出的疑问，目的是希望得到客户的反馈意见。一般来说，只要销售员注意自己

的说话方式，客户都会直接、正面回答这些提问，比如：

销售员可以直接问客户：“这款手机是采用最新的流行颜色设计的，不知道您喜欢不喜欢这种颜色呢？”如果客户说他不太喜欢，那么“症结”就已经找到了。

3. 二选一式提问

二选一的提问方式，会让销售员在无形中给客户作了购买的决定。很多时候，如果销售员发现客户已经有购买意向，但却迟迟不作出决定，此时，你可以对客户使用这样的提问方式，假定客户已经在购买，然后提出一个可以供客户选择的问题。

一位保险销售员去拜访客户，见到客户，他说：“保险金您是喜欢按月缴，还是喜欢按季缴？”

“按季缴好了。”

“那么受益者怎么填？除了您本人外，是填你妻子还是儿子呢？”

“妻子。”

“那么您的保险金额是20万元，还是10万元呢？”

“10万。”

4. 提答案为“是”或“否”的问句

要确定客户有某一个需要，你应该把客户的需要涵括在提问当中（运用反映需要的言辞），引出“是”或“否”的回答。

例如：

客户：“我们现在用的笔记本电脑，它的电池使用时间太短，好几次在紧要关头就没电了。”

推销员：“所以您希望电池的使用时间长些，对吗？”（用选择式询问确定需要）

客户：“是。”

因此，在销售过程中，如果销售员能恰当提问，便可以顺利把客户带进自己的谈话模式中，变被动为主动；而如果销售员不懂得如何提问题的话，销售员将无法获得客户信息。

催眠式引导，让客户在开始时就说“是”

我们都知道，销售的过程就是不断劝服客户购买的过程，但不少销售人员发现，似乎无论我们怎么苦口婆心地劝说，客户总是能找到拒绝的理由，很多销售员感到束手无策。其实，这是因为我们给了客户拒绝的机会，而如果我们能掌握一点心理暗示的技巧，让客户自己承认产品的优良、服务的到位等，让客户在一开始就说“是”，就能有效将客户的拒绝遏制住。

小吴是一家电子产品公司的销售员，为了能实现公司电话软件销售的工作，小吴前去拜访一家科贸公司的总经理。这家公司“财大气粗”，人脉广泛。但在沟通的过程中，科贸公司的经理提出了不同看法：

客户：“到现在为止，所有厂商的报价都太高了。”

小吴：“所有的报价都太高了？真的是这样吗？”

客户：“是的。”

小吴：“不过，我想您应该不会反对我与您进一步展开合作吧？”

客户：“反对倒还不至于。”

小吴：“那么如果我们有机会再次合作，难道您不觉得我们可以帮助您建立更广泛的客户群吗？”

客户：“嗯，很有可能。”

小吴：“您想我们平时买优质的手机和传真机，都是为了拥有更好的通话质量，对吗？如果我们的产品通过与您的合作被更多人所使用，那么那些受益者第一个想到的就是贵公司的名字对吗？”

客户：“嗯，那倒是这么回事。”

小吴：“所以您不反对我们通过和你的合作可以帮助更多人建立起一套更实用的电话系统，是吗？”

客户：“是。”

很明显，小吴与客户实现成交的方式就是通过一步步地反问，然后将主题引到销售上来。让客户一直未对产品说一个“不”字，小吴这样做的好处是有利于掌握谈话主动权，控制整个销售进程，进而可以让整个销售工作带引到自己所希望的情况上来。

事实上，如果销售着眼在销售开始时就把产品的卖点亮出来，让客户主动说“是”，认可我们的产品，那么，对于产品存在的某些无关紧要的小缺点，也就不在意了。

销售心理支招：

那么，我们该怎样做才能让客户在一开始就说“是”呢？

1. 让客户承认产品的优点

每个产品都有自己的优势和缺点，销售员就应抓住自己产品优势，让优势暴露在客户面前。

2. 把客户顾虑的问题主动说出口

小齐是一名供暖设备的推销员。一次，他要将一批供暖设备推销给某假日酒店，客户对他的产品很感兴趣，但到最后，却并没有如预料中那样顺利地成交。小齐知道问题出在了价格上，于是，他主动提出：“王总，我明白，可能您觉得我们的产品贵了些，这一点，我也承认，但在刚才我给您演示的产品的过程中，您也看到了，我们的设备完全是一套节能环保设备，甚至可以变废为宝，这是其他任何供暖设备所不能做到的，也会为贵酒店带来很多可观的收益……”小齐说完后，对方连连点头，最后顺利签了约。

这则销售案例中，销售员小齐之所以能成功说服客户购买，就在于他能在客户提出价格异议前，主动告诉客户产品“贵”的原因。这样，客户就会打消“购买产品会吃亏”的疑虑，自然会选择购买。

3. 巧妙地告诉客户一些产品无关紧要的不足

我们给客户吃定心丸，告诉客户某些产品的缺陷和不足，也是讲究技巧的。告诉客户产品的真实情况，也并不是说我们要把产品的问题简单地罗列在客户面前。如果销售员冒冒失失将产品的某些缺陷告诉客户，客户可能会因为接受不了这些缺陷而放弃购买。如果销售员掌握一定的技巧，不仅可以赢得客户的信赖，而且还可以更有效地说服客户，使客户产生更加积极的反应。比如，你可以转移话题，告诉产品的其他方面的优点，许多时候，当你运用恰当的技巧诚恳地解释清楚个中原委时，明理的客户不但不会产生情绪，反倒会被销售员的诚实可信所打动。

4. 给客户一个购买的理由

人们无论做什么事情，都是需要理由的，客户购买产品，也是为了达到某种目的。因此，销售员在说服客户的过程中，一定要把握客户的心理，抓住客户的内心需求，然后从客户的需求出发寻找共同话题，巧妙地将话题从客户需求转到销售中来，给客户一个实实在在的购买理由，那么客户想不购买都难。否则，即使你费劲口舌，也与客户内心真正的诉求点无法吻合，那么，你所做的任何工作都是多余的。

总之，销售过程中，最具说服力的劝服技巧无非是让客户自己承认产品的优良、服务的到位等，让客户在拒绝之前先说“是”，就能有效将客户的拒绝遏制住。

利益引导法，如何利用客户爱占便宜的心理

前面，我们已经提及过，我们每个人都有贪小便宜的心理，谁会拒绝那些免费的东西呢？可能我们经常会遇到这样的场景。比如，一件上衣80元，一条裤子卖80元。客户觉得价格贵了，但如果我们告诉客户：如果他能两件一起买了，只需要150元，那么，客户就会产生这样的心理：如果单件买就会多花10块钱，如果组合买就能节省10块钱。这白白节省的10块钱对于爱占便宜的客户来说具有很大的诱惑力。而对于商家来说，并没有吃亏。那么，客户为什么愿意以多一倍的价钱买走两件商品，而其中一件可

能他并不需要呢？这就是客户爱占便宜的心理作祟，捆绑销售的策略给了他们一种心理错觉。

所以，销售中，如果我们能掌握客户的这一心理，与客户交谈，想方设法的给顾客这种占了便宜的感觉，从而喜迎顾客完成交易。那么，成交的可能性将大大增加。

杨阳是一名大二学生，这年寒假，回老家后想利用假期，做一些社会锻炼，于是，他在某超市当起了促销员。

这天下午，来了一位四十多岁的中年男人，想要买小白兔的奶糖，问了问价格，觉得有点贵，于是对旁边的售货员杨阳说：“能不能便宜一些啊，我要的不少呢！”

杨阳为难地说道：“我们超市上面都是有定价的，总部定的价格就是死价格，我也想给你便宜，但是便宜之后，我们就要把差价补起来。您看这样行不？如果你能买二十斤以上的话，我们就会给你赠送一个可爱的新年兔。”

中年男人听了，说：“你们也不容易，我买东西，不能让你们付钱啊，来吧，帮我称上二十斤吧！”

这则案例中，促销员杨阳在面对客户要求降价的情况下，向客户传达了自己的难处。表明商品价格自己并不能作主，并且，他还提出在客户购买一定数量的情况下可以为客户赠送小礼物，这样，客户自然能理解销售员的苦衷，所以不再挑剔价格，一下子买上了二十斤的货物。顾客能够理解销售员，才会有和销售员双赢的心理，至少买了商品，让双方都不要吃亏。所以，销售员在销售中要能让客户理解自己，是赢得客户的关键。

销售心理支招：

那么在具体的销售中，到底如何才能满足他们的这种心理，达成最后的合作呢？这主要分以下几种情况：

1. 顾客认为优惠不到位

针对这一点，我们应该让客户明白：便宜没好货。比如，我们可以对客户说：“这个价位已经是最低价位了，我刚也帮您问了经理，实在是不能再降了。”客户一听，也就明白你也有难处，也就不再为难你，而心甘情愿地购买了。另外，我们还可以这样说：“真正价值高的产品，一般在价格上都会稍高一点，用最低廉的价格购买到最优质的产品一般是不大可能的。”

2. 顾客说：为什么别家的比你们的产品便宜

针对这一点，你要让客户明白：不是所有的产品都是货真价实的，现在假货泛滥，要小心被欺骗。另外，我们最好还要帮助客户分析出竞争对手产品之所以便宜的原因，我们可以这样说：“我××(亲戚或朋友)上周在他们那里买了××，没用几天就坏了，又没有人进行维修，找过去态度不好……”客户听完，也就能明白为什么别的地方的产品便宜了。或者你可以告知客户“××先生，对方的确比我们这里便宜一点，但是我们这里的服务好，可以帮忙进行××，可以提供××，您在别的地方购买，没有这么多服务项目，您还得自己花钱请人来做××，这样又耽误您的时间，又没有节省钱，还是我们这里比较恰当”。

3. 顾客质疑产品是不是物有所值

每个客户都希望自己能购买到物美价廉甚至物超所值的产品，所以，他们会对产品的价格产生质疑，会怀疑自己是不是买贵了。对于这种情况，销售员可以这样帮助客户分析：您是位眼光独到的人，您现在难道怀疑自己了？您的决定是英明的，您不信任我没有关系，您也不相信自己吗？

总之，客户最关心的永远是利益问题，针对客户的不同心理进行引导，才能让客户产生及时购买的欲望。

妙用心理暗示，让客户迅速作出购买决定

现实的工作中，我们发现，有这样一些销售员，他们似乎具有一种神奇的本领，三言两语就能让客户遵从着他的意愿去购买产品。其实，这是

因为他们懂得运用心理暗示的技巧引导客户。事实上，销售的最终目的就是为了说服客户购买的过程，因此，在成交阶段的心理暗示就更为重要。

小刘是一名生产设备销售员，他有个“老顽固型”客户，这位客户的工厂里的机器已经陈旧的几乎无法再继续使用，但他就是不愿更换，任凭小刘苦口婆心地分析是否更新设备带来的利弊得失，他就是不为所动。无奈之下的小刘决定亲自去客户工厂看一看，来到工厂后，小刘在客户经理的带领下，决定参观一下生产车间。看着那些陈旧、难看的机器，小刘突发奇想，对客户经理说：“您知道隔壁工厂这月的生产量吗？”

客户：“我知道，我也一直为这事儿纳闷儿呢？以前我们两家的生产量差不多，但最近他们不知道为什么，生产量突飞猛进？”

小刘：“其实很简单，他们购买了我们公司新研发的 × × 牌生产设备，生产效率大大提高。实际上，不仅是他们一家工厂，全市大部分同行业的工厂都购买了我们的设备，我想汪总您也不希望自己落后吧！”

客户很尴尬，之后，在同小刘的交谈当中他一度陷入沉思。最后，当小刘即将离开时，他主动提出想购买一套新的生产设备。

这则销售案例中，销售员小刘之所以能让顽固的客户最终决定购买新的生产设备，是由于他利用暗示的方法，让客户认识到如果自己不购买产品，将会落后于同行和竞争对手，迫使客户心里失衡。

现实推销中，那些推销高手之所以有良好的销售业绩，往往就在于他们懂得揣摩客户的心理，懂得运用一些暗示方法。

销售心理支招：

当然，暗示的方法有很多种，我们可以进行总结。

语言暗示：

“这个礼品多显档次啊，您送给客户，客户一定会很高兴的。”

因为每个客户都希望自己购买产品能买的物有所值甚至是物超所值，所以，他们会对是否购买产品产生动摇，而如果你能这样说，则从其他人的角度暗示客户，他的购买决定是明智的。另外，销售员还可以从另外两个方面帮助客户分析。

（1）应从长远的角度看。

你要让客户明白，他的这种购买决策是很英明的投资行为，本身来说，作出购买决策就属于投资，而既然是投资，就要把眼光放长远一点，而不能局限于现在，产品是否购买得物有所值也不是购买的瞬间能感受到的，而应该在使用的过程中才能感受到。

（2）反问客户，让客户坚信自己是明智的。

你可以这样反问客户：您是位眼光独到的人，您现在难道怀疑自己了？您的决定是英明的，您不信任我没有关系，您也不相信自己吗？还有许多的促进成交的方法，在实际的促销过程中需要根据不同的顾客，采用不同的促进成交策略。

（3）暗示客户如果不购买可能会造成某种利益上的损失。

销售过程中，我们经常会遇到这样一些顾客，他们似乎总是很冷静，但如果我们能从反面说服，暗示客户如果不购买产品可能造成的某种损失，那么，客户是不会眼睁睁看着自己面临损失或者利益的丧失而无动于衷的。为此，我们便可以这样刺激他们：

“这批是我们厂最后一批A型号经典设备，我们现在生产的所有设备都采用了新的工艺和技术，像这样经典的老设备可就是最后一批了，而且价格如此优惠，如果贵厂不加快行动，指不定哪个厂家就买去了。”

“酒吧和KTV是火灾的安全隐患最严重的地方，而且这些地方经常都会发生打架斗殴等事情，必然会使贵公司遭到损失，所以，我建议您了解一下我们的这份保险业务。”

可见，只要我们能主动出击，巧用语言和动作暗示，掌握销售的主动权，顾客一般都会向我们敞开大门或是立即成交。

心明眼亮，留心“出卖”客户内心大机密的身体小动作

销售过程中，出于对销售人员的戒备和保护自己的利益，客户一般都会隐藏自己内心的真实想法，因此，这就需要我们销售员做到即使客户不说话，也能从他们的表情、动作甚至眼神等方面来加以判断和解读。推销大师乔·吉拉德就曾说过：“我有一个特点，就是我了解人，我甚至知道你现在想什么。当你走进来时，我观察你的眼睛、你的嘴唇，与你握手时，我感受到你的感觉、你的身体在和我对话。”同样，作为销售员的我们，如果能够感觉敏锐、眼睛锐利，并能和乔一样，及时捕捉到那些有效信息，那么，与客户的交往也就容易得多了。

读懂客户眼神中透露出来的信息

心理学家认为，人们所表现最显著、最难掩的部分，不是语言，不是动作，也不是态度，而是眼睛，言语动作态度都可以用假装来掩盖，而眼睛是无法假装的。我们看眼睛，不重大小圆长，而重在眼神。深层心理中的欲望和感情，首先反映在视线上，视线的移动、方向、集中程度等都表达不同的心理状态，观察视线的变化，有助于人与人之间的交流。爬上窗台就不难看清屋中的情形，读懂人的眼神便可知晓人们内心状况。

因此，对于销售活动来说，最能表明客户内心的莫过于客户的眼神，而我们便可以从中探寻到一些购买信息，如果客户觉得你的产品很有吸引力，对产品很感兴趣，他的眼中就会显现出美丽而渴望的光彩。例如，当你提到这件商品能为客户带来某种利益或者为客户节省大笔金钱时，客户的眼睛如果随之一亮，就代表客户的认同点是在获利上，此时客户正显露出他的购买讯息。可见，是否能从客户的眼神变化看到客户的内心世界，是一个推销员辨别能力的重要部分。

小李是某化妆品专卖店的导购员。一天，店内来了一位顾客。

顾客："价格真的太贵了！我看我还是不买了。"这位小姐一边说着一边拿起一套化妆品，挑选了很久的她终于停下了脚步。为其介绍产品的是销售员小李，小李听到客户这样说，并没有放弃推销，因为她发现了一个很小的细节：客户看到这款化妆品时，突然睁大了眼睛，也再没有看其他款了。

于是，她尝试着问："小姐，那您认为贵了多少钱呢？"

顾客："至少是贵了500元吧！"

小李："小姐，您认为这套化妆品能用多久呢？"

顾客："这个嘛，我比较省，怎么也要用半年吧！"

小李：“如果用原来牌子的化妆品，要用多久呢？”

顾客：“原来那个两个月要买一套吧！因为效果不太明显！”

小李：“这样吧！您看原来那个牌子的化妆品是200元一套，可以用两三个月，我们按照三个月计算，您半年需要花400元，但是小姐，实不相瞒，我们这种化妆品如果您比较省，至少可以用一年，这是所有客户共同得出的经验，由于它赋含的营养成分比较多，所以只要稍微用一点，就可以了！”

顾客：“真的是这样的吗？”

小李：“这是我的客户共同的见证。这个周末您有时间吗？我已经约了所有客户举行一个联谊，希望您也能参加。”

顾客：“这样啊！好，我相信其他女孩子的眼力……”

这则案例中，我们发现，化妆品推销员处理客户异议的方法很值得我们学习，这里，她之所以能判定出客户的反对意见“我看我还是不买了”并非真实想法，是因为她观察到客户的眼神变化：客户看到这款化妆品时，突然睁大了眼睛，也再没有看其他款了。这是一种心有所属的表现。

销售心理支招：

那么，一般来说，我们能从客户的眼神中读出哪些信息呢？

（1）你在说话时，如果你的客户面带笑意，眼神恬静，那么便表明他对你的话很受用，为此，你不妨多说些恭维的话，然后，当客户被你夸得飘飘然的时候，你便可以提出成交要求，这也是个好机会，相信一定比平时更容易满足希望。

（2）如果你在说话时，客户眼神上扬，便可表明他对你的话不屑一顾，此时，你说得再多都将会是无用功，你不如戛然而止，另辟蹊径。

（3）如果你的客户已经开始环顾四周甚至魂不守舍，那么，便可表明他对你的话已经开始厌倦了，此时，你应该赶紧告一段落，另选话题，从对方感兴趣的地方入手。

（4）当你的客户有以下神色时，表明他是乐于并专注于倾听你说的话：

眼睛眯成缝，或者看着你说话时眼睛眨都不眨；

嘴角向后拉起，或是嘴呈半关状态的样子；

随着讲话的内容，表现出各种表情的时候（因为他正听得入迷的关系）；

随着讲话人的动作或指示而转移他的视线。

这时，千万不要打断客户的情绪，更不可以瞪着大眼看着客户。因为这都会打扰客户，使客户转移视线；而原本打算购买产品的他，也可能因为你的打扰而放弃。这时你就得和开始一样，再用亲切的口气，重新一步一步地诱导对方，使他再度产生购买的兴趣。因此，你在同客户交谈时，对客户应对态度的忽然改变要提高警觉。

当然，在实际销售中，客户表现出的神色可能多种多样，每个销售员也有自己独特的一套观察客户内心的方法，然而，无论客户的表现是什么，我们都要积极认真的对待，排除客户的反对意见可以助你走向交易的成功！

客户手势信号中传递出来的用意

在人类的各种肢体语言中，手势的动作幅度是最大的，方式也更加多样和灵活。在人类的进化过程中，双手是劳动不可或缺的关键部位，因此发挥了至关重要的作用，推动了人类的进化历程。在长期的劳作中，双手形成了一整套精细的动作，能够生动地反映人类的内心世界。

我们先来看行为心理学家戴斯蒙·莫里斯博士做过的实验：

他让研究人员把以护士作为研究对象，并让他们故意对病人谎报病情，而莫里斯博士通过录像发现，这些护士在撒谎时，使用了比在平常的工作中更多的用手掩饰嘴部的动作。

由此他得出结论：用手遮嘴很可能是因为对方在说谎。与人沟通时，

如果对方有这一动作，当说到与之相关的关键点时，他甚至故意咳嗽以此来用手遮嘴，这时就要对这人说话的真实性多加留意，因为这时也许他在说谎。

在销售活动中，销售人员也可以运用这一察人策略，以此来读懂客户的真实心理。

玲玲在一家民营企业工作，她在大学学的是心理学，对人的心理颇有研究，为此，公司让她全权负责对外谈判业务。

最近，公司正在与一家大型外企接洽，能否做成这单生意关系到公司下半年的经济效益，为此，老总给玲玲下了死命令，务必要顺利拿下订单。

经过一系列的准备后，玲玲带着项目书亲自到外企拜访，进行深入沟通，以使项目设计更加完美。在交谈的过程中，玲玲看到对方负责人拿出了一张A4纸，上面密密麻麻地写满了对项目的意见、建议以及不满意的地方。不知不觉之间，对方负责人还把双手交叉放在了胸前，脸上写满了质疑。见此情景，虽然对方负责人并没有明确说什么，但是玲玲马上拿出了十二分的精神，停止了解释，而是一项一项地开始按照客户的意见完善方案，即使觉得客户的方案不好，她也没有反驳，而是有理有据地把自己的设计方案为客户演示了一遍。在玲玲专业、敬业、耐心、真诚地演示下，客户的双臂渐渐地放了下来，投入了与玲玲的讨论之中。至此，玲玲才松了一口气。最终，她顺利地为公司签下了这个大订单。

这则销售案例中，我们发现，玲玲是聪明的，在她看到客户把双手交叉放在胸前时，就立即意识到这是客户想拒绝和否定的意思，于是，她在及时调整策略，成功地打开了客户的心扉，最终才能顺利签约。相反，假使她看不懂客户的手势语言，而是选择一味地解释，那么，客户肯定会认为她是在强词夺理，从而更加反感她。由此可见，小小的手势也暗藏着玄机。

作为销售人员，在与客户沟通中，如果我们能细心观察，是能从客户的手部动作分析其心理的，我们可以对此进行总结。

1. 如果客户有以下动作，表明他可能在说谎

当你与他交谈的时候，对方不时地拉衣领，说明其心虚。

如果客户在与你说话时下意识地用手遮嘴或摸鼻子，则代表其有说谎的嫌疑。

如果客户说话时用手遮嘴，那么他就有“心口不一”的嫌疑。

2. 如果客户出现以下动作，表情他对你所说之话抱有消极的态度

（1）在听销售员叙述时，如果客户头部保持直立，手轻轻靠在脸颊上，就说明他们正在思考；如果用手抚摸下巴，则表明他们正在考虑怎样做出决定；如果用手托住脸颊，头轻轻地歪向一侧，就说明听话者已经开始厌倦你的长篇大论了。

（2）双手叉腰说明客户对你充满敌意。

叉腰时，大拇指的指向不同，又有不同的含义：如果大拇指朝前，说明这个人充满了质疑；如果大拇指朝后，说明这客户的控制欲很强。

（3）双臂交叉于胸前，明确地表达了否定、防御和拒绝的意思。

总之，我们在与客户沟通的过程中，如果能掌握一些手势信号的话，就可以查看出客户的内心活动，从而来判断他的用意、心思，这远比语言更具真实性！

从客户的坐姿读懂其心理

现实的销售过程中，一些销售员似乎已经习惯于从头部、脸部和手部等这些容易看得见的部位来判断交谈对方的心理活动，来察看对方对自己是赞同还是反对，相反，对于那些我们视线之外的部位，我们常常会忽视，如客户的坐姿，事实上，客户的坐姿，能反映他惯常的性格特征和此时此刻的心理，观察他人的坐姿，能帮助我们更清晰地掌握客户的个性心理特征。

这天，机械设备销售员小王来到某客户的公司，在获得秘书的允许后，他走进客户的办公室。

小王：“您好，王先生，打扰了，我是A公司的小王，我们上次在电话中沟通过，还记得吗？”

小王在对客户说这句话的时候，打量了一下坐在他对面的客户，客户虽然坐在硕大的办公桌后面，但还是能看出他是正襟危坐，多年的销售经验告诉小王，这名客户是个严谨的人。

客户：“记得，上次不是和你说清楚了吗？你们公司的产品有很多瑕疵，这样的产品我们不能用，你怎么还来？”小王：“不好意思，又给您添麻烦了，上次的产品我们卖的很好，可能是您误解了。不过，这次，我只是想给您提供一些能够帮助您节省30%成本的一些资料，你可以看一下吗？看看资料不会做成生意，但是，确实能帮到你！”

客户：“还是上次你推销的那种设备吗？”

小王：“不是，是另外一种，准确地说是我们的科技结晶，价值所在。”

客户：“哦，那具体是什么呢？”

小王：“您稍等一下，我把资料拿出来。我一时也说不清楚，而且担心误导先生，如果你有时间，我给你看些资料，你看怎样？”

客户：“行啊！”

很明显，案例中的销售员小王是个聪明的人，在与客户见面时，他能通过客户的坐姿大致判断出客户的性格，然后采用利益来诱惑客户的办法，使得客户有详谈的欲望。

销售心理支招：

专家们研究和分析，通过一个人的坐姿，也可以了解他的性格和心理。观察客户的坐姿，能帮助销售人员了解客户的心理，具体来说，我们可以进行以下总结。

（1）经常正襟危坐的、目不斜视的人：是力求完美，办事周密而讲究实际的人。这种人只做那些有把握的事，从不冒险行事，但他们却往往缺乏创新与灵活性。就像案例中的这位客户一样，与其沟通，从利益出发，能激发起兴趣。

（2）爱侧身坐在椅子上的客户：他们心里感觉舒畅，觉得没有必要给他人留下什么好印象。他们往往是感情外露、不拘小节者。这样的客户大大咧咧、易于沟通。

（3）把身体尽力蜷缩一起、双手夹在大腿中而坐的客户：往往自卑感较重，谦逊而缺乏自信，大多属服从型性格。

（4）敞开手脚而坐的客户：可能具有主管一切的偏好，有指挥者的天质或支配性的性格，也可能是性格外向，不知天高地厚，不拘小节的人。

（5）将一只脚别在另一条脚而坐的人：一般是害羞、忸怩、胆怯和缺乏自信心的女性客户。

（6）踝部交叉而坐的客户：如果是男人呈现这种坐姿，那么，通常伴随的姿态还有，他们喜欢将握起的双拳放在膝盖上，或用双手紧紧抓住椅子的扶手；而女性采用这种姿势时，通常喜欢双脚相别的，另外，她们双手会自然地放在膝盖上或将一只手压在另一只手上。大量研究表明，这是一种防范他人和警惕心理的人体姿势，目的是控制消极思维外流、控制感情、控制紧张情绪等。

（7）将椅子转过来、跨骑而坐的客户：这是当人们面临语言威胁，对他人的讲话感到厌烦或想压下别人在谈话中的优势而作出的一种防护行为。有这种习惯的客户，一般总想唯我独尊，称王称霸。

（8）在他人面前猛然而坐的客户：表面上是一种随随便便、不大礼貌不拘小节的样子，其实说明此人隐藏着不安，或有心事不愿告人，因此，不自觉地用这个动作来掩饰自己的抑制心理。

（9）坐在椅子上摇摆或抖动腿部或用脚尖拍打地板的客户：说明其内心焦燥、不安、不耐烦，或为了摆脱某种紧张感而为之。

（10）和你坐在一起而有意识挪动身体的客户：说明他在心理上想要与你保持一定距离。并排而坐的两个人要比对坐着的两个人，在心理上更有共同感。

（11）喜欢对着坐比喜欢并排而坐的客户：更希望自己能被对方所理解。斜躺在椅子上的人比坐在他旁边的客户，具有心理上的优越感，或者处于高于对方的地位。直起腰杆而坐的客户，表现出来的恭顺之意，也可能因为对方谈起某个话题而让他们很感兴趣，或者是欲向对方表示心理上的优势。

从客户的站姿读懂客户的心理

心理学专家认为，在人的身体部位中，不安分的腿脚是一个人的身体中最真实的部位，而站姿是性格和心理活动的一面镜子，从站立的姿势，可以探知一个人的内心活动。作为销售员，我们也可以将这一察人技能运用到销售活动中，也就是说，通过观察客户的站姿，我们大致便能窥探出客户内心的秘密。

老周是一名暖气销售员，一次，他遇到一位客户，经过交谈和打交道，老周发现这位客户就是典型的“无所谓先生”。

第一次见到这位客户是在一位朋友的聚会上，当时老周看到他做出的姿势是：两脚并拢或自然站立，双手交叉背在身后。

再有一次，老周约他出去吃饭，老周问他要吃什么，他说：“随便啦，怎么样都行。”

后来，老周问他要用哪种款式的暖气，他居然回答“你决定吧！”

再后来，老周听说他的公司倒闭了，原以为他会悲痛欲绝，谁知老周去看他的时候，他回答：“倒就倒了吧！以后有时间享清福了！”他的妻子气不打一处来，他却一笑了之。

……

可以说，故事中的老周的这位客户就是个典型的“无所谓”先生，这一点，从他的日常生活中的站姿已经看出来了。这里，我们可以说，经常有这样站姿的人一般都可以与人相处得比较融洽，很大的原因可能是由于他们很少对别人说“不”。他们的快乐来源于他们对生活的满足，而同时，愿与人争斗的个性既带给他们美好的心情，也带给他们愤怒，因为生活并不总是遂人愿，一味地逃避争斗有时候只会使事情更糟糕。

销售心理支招：

腿部动作是客户心理的真实显现，我们可以对此作出总结。

1. 含胸驼背

性格保守、怯懦自卑的人喜欢含胸驼背。在精神上，这种站姿的人总是处于劣势，有强烈的自我防卫心理。

2. 挺胸收腹、双目平视

这种人往往有充分的自信，要不就是十分注意个人形象，或此时心情十分乐观愉快。

3. 两手叉腰而立

这是具有自信心和心理上优势的表示。如果加上双脚分开比肩宽，整个躯体显得膨胀，往往存在着潜在的进攻性。若再加上脚尖拍打地面的动作，则暗示着领导力和权威。

4. 单腿直立，另一腿或弯曲或交叉或斜置于一侧

表达一种保留态度或轻微拒绝的意思，也可能是感到拘束和缺乏信心的表示。

5. 将双手插入口袋

不表露心思、暗中策划的表现。若同时弯腰弓背，可能说明事业或生活中出现了不顺心的事。

6. 喜欢倚靠站立，不是靠墙，就是靠着人

这类人好的方面是比较坦白，容易接纳别人。不好的方面就是缺乏独立性，总喜欢走捷径。

7. 遮羞式站立

手有意无意遮住裆部，一般是男性采取的动作。遮住要害部位，是一个防御性动作，说明心里忐忑不安，准备遭受批评和不赞同。

8. 双脚成内八字状

多为女性的站姿，有软化态度的意味。许多女性在担心自己显得支配欲和好胜心太强时，往往采取这种站姿。

9.双脚并拢，双手交叉站立

并拢的双脚表示谨小慎微、追求完美。这种人看起来缺乏进取心，但往往韧性很强，是属于平静而顽强的人。

10.背手站立

背手暗含有“不想把手弄脏，所以把手放到其他地方”的意思。这类人通常自信十足，喜欢掌控整个局势，或者有点自负。但是，如果一只手从后面抓住另一只手的手臂，则可能是对方在强压自己的不满、愤怒或者其他负面情绪，而在服务行业中，这种站姿又可能想表明“我没有行动，没有威胁”的意思。

当然，这只是一些简单的介绍，只供参考。其实，如果自己观察一个人的话，是可以从一些蛛丝马迹中发现一个人的规律的。

总之，站姿就像性格的一面镜子，将一个人的性格折射得一览无余。销售过程中，假如你能够在开口说话之前，先观察客户的站姿，那么，在交谈中就能占据主动，从而形成对销售有利的局面。

从客户的微表情中看出其真心

我们都知道，人们的面部表情是丰富的，不同的面部表情，表达的含义是不同的，人们常有“眉目传情”一说，也是人表情语的效果，有时候，甚至一个简单的眼神都能传递出一个人的内心状态。

销售过程中，我们发现，客户出于某些目的，如价格异议，对产品不满意等，他们不会直接向销售人员道明自己的想法。此时，销售人员可能会觉得无计可施。而实际上，语言并不是了解一个人内心世界的唯一方法，如果我们能洞察客户的微表情，同样可以读懂客户心思，从而让销售更为顺利。

王夏是学市场营销的，毕业之后，他在一家化妆品卖场担任男士化妆品的推销员。他很会察言观色，因此推销的业绩非常地好。

这个周末，卖场来了很多消费者，其中，也不乏男士。尽管人很多，但忙碌的王夏还是在人群中发现了一个特殊的男客户：他大概三十多岁，一身简单又名贵的穿着。来到卖场，他一句话不说，只是不停地看化妆品。

面对这样的客户，几个推销员在得到“爱搭不理”的回应后，就不再招呼他了。而王夏则发现这个客户有个特殊的动作——他在看推销员为其他客户介绍产品的时候，总是盯着销售员看，并不说话。

王夏知道这种客户一般猜疑心重，对于推销员的话不相信，才会有这样的表情，于是他只是站在不远处，并不作过多的介绍，等这个男人抬头寻求帮助的时候，他才过去帮忙介绍产品的功能和价格。很快，这位客户购买了商品匆匆离开了。

这则销售案例中，在其他推销员无计可施的情况下，推销员王夏并没有贸然推销，而是先观察客户，从客户的肢体语言——总是盯着销售员看，并不说话，判断出客户不理睬推销员是因为其疑心重，于是在客户需要帮助的时候，才过去帮忙介绍产品的功能和价格，从而顺利把产品推销出去。

销售心理支招：

从客户的微表情中，我们需要从以下几个方面可以了解的心理。

1. 不停地眨眼睛

客户有这样的微表情，那么，表明他对你的话表示蔑视和嘲笑，甚至觉得你的话可笑，此时，你就不可继续侃侃而谈，否则，不但没有任何效果，而且还会引起顾客的反感。

这时，我们一定要懂得察言观色，如果客户开始不停地眨眼睛，你就要积极地改变策略，转移话题，重新想办法说服顾客。当你发现顾客眨眼睛的频率变快的时候，说明你的说服起到作用了，客户开始动心了。

2. 斜视你

客户斜视你的情况不可一概而论，有可能对方对你很感兴趣，是下一步合作的前兆，也有可能表示顾客对你很厌烦，对你怀有敌意。这两种心理我们可以这样区别。

一般情况下，如果客户斜着眼睛看你时，眉毛轻轻上扬或者面带微笑，说明顾客认可你，对你所说的话感兴趣，这时候要适当地抓住机会，提出和对方签合同的要求，成功的概率很大。而如果当对方眉毛压低，眉头紧缩或者是嘴角下拉。说明客户对你不信任或者是心存敌意。出现这种状况的时候，你就要想方设法消除顾客心中的疑虑和不快，重新把顾客的眼神拉到自己的身上来。

3. 盯着你看

客户盯着你看，大部分原因是对你的质疑，对你所说的话表示怀疑。这时候你如果解读错了，往往了解不了顾客的态度和情感。这样一来，无形之中就把顾客和你对立了起来。试想，顾客怎么可能和你合作呢?

4. 喜欢点头和摇头

这类客户一般自我意识都比较强，他们一般不轻易和人合作，一旦决定合作，就会负责到底。因此，遇到这样的客户，销售员一开始要花大力气去攻心，但是只要做下来，对方就是你忠诚的客户。

可见，一个人的语言可以掩饰自己的内心世界，但他的微表情可能会出卖他的真心，从这些入手，作为推销员的我们就能一眼洞察客户的内心世界，从而方便自己实行下一步的销售酬决策!

客户频繁点头是对你的认同吗

在这个商业社会的信息时代，我们时时刻刻都要从事一些商业活动，而大多数时候，我们和对方打的就是心理战，交涉一开始，就进入心理角力战，临场反应很重要，我们要顺利达到自己的目标，就得掌握奥妙的人性心理，并通过语言成功操纵对方的心理。

对于销售人员而言，可能你曾经感到疑惑：当你侃侃而谈时，客户不停地点头，这真的是认同吗?

一般情况下，不置可否的是，“点头”表示同意，“摇头”表示否定，但实际上，点头的含义并没那么简单，它包含的是两方面的含义，第一，就是表示“同意”或“关心”；第二，也可能表示“不关心”“动摇”“无聊”等负面的感情。我们不妨先来看下面的故事。

小张在一家大型图书公司工作，她很热爱的工作，不仅因为她在没事的时候可以看各种图书，还因为她为很多读者推荐了适合他们的书籍。

一天，她接到一笔订单，要和一家大型书店谈一笔生意。见面后，小张发现对方负责人是一个很年轻的女孩，她心想，身为同龄人，一定有不少共同语言。

接下来，小张并没有直接谈起购书的事，而是先说时尚、服装、化妆品这些，令小张感到奇怪的是，对方好像是个木讷的人，尽管小张一直在侃侃而谈，她也一直在点头，但却不发一言。

肯定是哪里出了什么问题，小张边喝咖啡边想，啊，原来点头并不是同意，而是已经不耐烦了，小张突然想起自己在心理学书籍上看到的这段话。可能对方是个与众不同的女孩，也许对方根本对这些大众女孩们喜欢的事不感兴趣。还是把话语主动权交给对方吧！

再接下来，她说：“陈经理年纪轻轻就坐到这个职位了，肯定是个不简单的女孩，谈谈你的爱好吧！”听到小张这么说，对方好像打开了话匣子一样，原来，她更关注小动物和盆景这类安静的活动，她经常去流浪动物协会帮助做义工，她的家里还养了近百种花草。

“看来我没看错，你是个与众不同的女孩，你这么善良、有爱心，还心灵手巧，难怪能成为很多读者的购书导航呢！”小张这样赞美她。

小张注意到，对方再也没有频繁地点头了，看来自己找到了问题的症结，果然，谈话结束后，对方满脸笑意地主动提出成交，还称很乐意交到

小张这样的朋友。

我们发现，案例中的图书销售员小张是个聪明的人，尽管在销售之初，她因为没有把握客户的微动作的真正含义而差点失去一单生意，但庆幸的是，她发现了问题出在哪里，然后把话语的主动权交给客户，让客户谈起了自己感兴趣的话题，打开了话匣子，从而很好地帮助顾客作了决定，完成了销售目的。

销售心理支招：

可见，有时候，客户点头也未必是赞同、认同的意思，相反，它表示的却是不耐烦、不关心。那么，该如何分辨点头的具体含义呢？关键点在于点头的时机。例如，在销售员一句话说完的间隙或者征求对方同意时，客户点头代表他“同意”你的话。这是他对你的话感兴趣的证据，也说明他在认真听你说话。

然而，如果客户不分时机地频繁点头，则很可能说明他对你的话没有兴趣，或者感到厌烦。他心里可能在想：“你赶快说完吧！”也有可能是你正在说的话与他事先设想的已经偏离很远了，或者你所推销的产品与其需求不同，于是，他产生了动摇的情绪。他想通过点头的方式，催促你赶快把话说完，以度过这段无聊的时光。

了解了点头的心理之后，在我们与客户的交谈中，假如客户所说的话也让我们感到“不关心”“动摇”“无聊”的时候，又不想让客户看透自己的心思，就要注意自己的点头频率了。如果无意识中频繁点头，客户就可能感受到我们的心情，进而影响到销售活动的正常进行。

所以，作为销售员，在与客户沟通的过程中，一般来说，点头表示赞同，但如果客户像鸡啄米一样不停地点头，那么，你就需要注意了，他可能对你的话根本不感兴趣，他只是希望你赶紧停止滔滔不绝的言论。

瞄准心理弱点，抓住客户软肋进行推销

作为销售员，我们每天都要接待不同的顾客。不同的顾客，有不同的性格，不同的年龄，不同的爱好等，所能接受的交流方式也是不同的。人们常说：“到什么山上唱什么歌”，与顾客交流也是如此。凡事预则立，不预则废，翻绎过来就是不打无准备之仗。我们若想成功推销出去产品，就一定要做好战前准备，也就是要对不同的客户进行心理分析，也有利于我们更好地掌握客户的心理突破点，方便我们做出进一步的销售计划，而不至于“眉毛胡子一把抓”。

运用情景描述法搞定沉默型客户

现实销售中，我们经常会遇到这样的客户，无论销售员说什么，他似乎总是把自己和销售员隔离开来，对销售员的热情视而不见，无论何时总是保持沉默，让销售员找不到交谈的突破口，更别说销售机会。而此时，如果我们能用情景描述法，让客户看到在购买产品后出现的愉快情景，那么，客户的购买欲望就会被激发，进而愿意花钱购买。

某天，某礼品店来了一位小男孩，站在橱窗旁对着一个音乐盒看了半天，也不说话。销售员问其需要什么，也不应声。这时，另外一名销售员走过来，对小男孩说："小朋友，你是喜欢这个音乐盒吗？"

小男孩："嗯……"

销售员："喜欢就买回去吧！"

小男孩："……"这位小男孩并没有回答，而是又走到另一种工艺品面前。

小男孩："这个也很漂亮！你是想选个礼物送人吗？"

小男孩："嗯……"

销售员："想送给谁呢？"

小男孩："想送给妈妈，明天是母亲节。"

销售员："是啊，我差点忘了，你母亲真是幸福，有这么孝顺的孩子，还记得给妈妈买礼物。你刚开始看到的那个音乐盒就很适合啊！"说完，销售员走到橱窗边，打开了音乐盒，里面缓缓地放出了一手美妙的钢琴曲。

接着，销售员说："如果你送给你妈妈，她一定非常喜欢，而且我还可以免费给你做一个漂亮的包装，你看好吗？"

小男孩："真的适合吗？"

销售员："我觉得挺适合的，当音乐声飘出的时候，你的妈妈一定很感动，不过我们这里还有其他的礼品，你也可以看看。没关系，你选择任何一个都可以免费给你做漂亮的包装。"

小男孩："我还是喜欢那个音乐盒。"

销售员："我也看它最合适了，那么我们就把它包装好吗？"

小男孩："嗯。"

案例中，这位小男孩在刚开始时，表现的很沉默，销售员问其需要什么，他也沉默不答。而最终，另外一名销售员却打开了他的话匣子，并成功推销出去了这款音乐盒。这名销售员之所以能做到，是由于他具备良好的观察能力和思考能力，首先发现小男孩对音乐盒感兴趣，然后循循善诱，告诉小男孩他的母亲在听到音乐盒中传出来的音乐时会有多么高兴，从而打动了小男孩，让小男孩愿意与其主动交谈，最终推销成功，这就是情景模拟法。

销售心理支招：

具体来说，我们需要做到以下几点。

1. 认真倾听，鼓励客户多说

要想让沉默型客户对我们掏心掏肺确实难度很大，但是我们依然可以鼓励其不少，进而从其零星的话语中找到其购买心理，这就需要我们懂得如何倾听：倾听时绝不可左顾右盼、心不在焉；倾听时要懂得反馈，向对方表明你对其情感的理解；可以适当地重复客户的话，这表明你正在认真听。

2. 调动客户的想象力，勾勒出产品所带来的幸福画面

聪明的销售员一般情况下，不会单单地为客户介绍产品，而是在产品的效果上下功夫，只有让客户感受到产品所带来的效果，客户才会产生购买意愿。为此，这些聪明的销售员会在主观上帮助客户想象。但这就要求销售人员能够用自己的专业语言为客户的想象力铺平道路，引导客户朝着自己设定的方向想象，从而达到销售的目的。

"周末的早晨，您带着您的孩子们，穿着我们公司的户外运动鞋，来

到郊外，舒展已经劳累了一周的身体。郊外有座山，那天，有很多人一起爬山，当爬到山中腰的时候，有些人的运动鞋居然出现了问题，这些人面临的将是难以前进的道路……而您，却带着你的孩子挑战山顶的高度！”这是一段具有强烈对比性的想象，想象之所以为想象，毕竟不是真实的，但客户听到这段话后，是不会产生异议的。因为，这只是对产品的一种自信。

可见，对于那些总是不言不语的沉默型客户，我们要把推销重点放到把产品带来的好处植入客户的心中，当客户接受你的情景描述后，成功推销也就不在话下了！

感性客户，要用真情实感打动他

在现代产品营销中，随着消费品市场的扩大和客户对产品知识的充盈，客户逐渐变得更加理性，但也有一些感性的客户，他们在购买产品的时候，更多考虑到的是感性因素。“动人心者，莫先乎情”，与冷冰冰的销售言辞相比，热情、充满关爱的关怀有时更容易打动这些感性的客户。因此，作为推销员，与其将产品煞费苦心地劝说客户购买，倒不如用温情打动客户。但要做到这一点，还需要我们推销员善于在推销工作中讨巧煽情。

杰西是一名优秀的房地产促销员，很多客户购买了她所推销的房子后，仍然与她保持着密切的关系，有的甚至还成为她的朋友，并帮她做生意，她为什么能获得如此成功呢?

原来，杰西在进行推销的工作中，不只是单纯地想客户推销房子，而是“送温暖到家”，真诚地帮助每一位顾客，帮助他们解决生活中的麻烦。比如，她会经常给自己的顾客打电话嘘寒问暖，定期到顾客家中拜访，询问他们房子的使用状况。如果出现什么问题，她会及时帮助顾客解

决物业纠纷。此外，当她的顾客乔迁新居后，她还会准备一份精美的礼物登门拜访，安排新住户加入当地的居民俱乐部，帮助他们融入全新的生活环境。杰西的热情和细心，让她的顾客们感动不已。于是，那些她服务过的顾客，都会热心地把自己需要买房的亲戚朋友介绍给她。这样，杰西的口碑越来越好，业务也就越来越兴旺。

人们在需要他人帮助的时候，是最容易感动的，这就是为什么杰西选择雪中送炭。当这些客户感激涕零后，与推销员杰西的关系也由单纯的业务关系上升到朋友关系，自然也就愿意帮助杰西。可见，与人为善，用温情打动他人，不但能为你赢来好人缘，还能帮助你敲开客户的心灵。

销售心理支招：

销售中，针对那些感性的客户，你可以这样推销。

1. 不要急于谈生意

客户也是人，也会受情感的左右，尤其是那些感性的客户。所以，在接近客户之初，不要急于谈生意，先与客户寻找共同感兴趣的话题，这样，在不做生意只谈朋友的前提之下，和客户取得了心灵的沟通，博得了相互之间的认同。“先做朋友，后做生意”，既然是客户的朋友了，对于客户说，跟自己熟悉的朋友合作，自然要比跟陌生的人合作更加放心了。只要做成了朋友，那么你的单子自然很快就签下来了。

2. 理解客户的情感，说话时以情动人

销售员可以以朋友的心态来面对每一个客户，多站在客户角度想想，考虑一下客户的利益以及客户的想法，倾听他们的想法。可能客户一次两次不能接受自己，只要我们是真诚的，我想第三次就能打动他了，真心付出总会有收获的。

3. 用行动来打动客户

用情感打动客户，还需要我们用具体行动来证明。比如，在客户最无助的时候及时出现、帮客户解决某些生活中的难题、为客户做些举手之劳的小事等，让客户真正感受到我们送去的温暖，自然愿意对我们打开心扉！

4.雪中送炭，为客户排忧解难

日本著名的保险销售能人山田正皓有一次去拜访一位老客户——一家房地产公司的总裁。他到达客户的办公室时，正巧遇到这位总裁的一个朋友为了不知如何运用一块闲置的土地而发愁。他立刻为其介绍了一家专门建设出租公寓的建筑公司。还有一次，他主动撮合一家电视公司与另一家电脑软件公司的负责人认识，目的就是想助他们一臂之力。

总之，尽管销售员和客户之间存在着利益关系，但是尽管如此，这种利益关系并不是赤裸裸的金钱交易。其中还包含着人与人之间的温暖和真情。对于那些感性的客户，销售员要多关心他们的生活，关注他们身边发生的事情，这样无形之中就会渗透到客户的生活中去。销售员要学会在“关键时刻”送去你的问候，用情感温暖他们。

犹豫不决的客户，危机制造法使其立即作决定

销售过程中，我们经常会遇到这样的客户，我们满怀热情地为客户介绍产品，客户对我们的产品也很满意，我们慢慢地会以为客户会购买，但到关键时刻，客户却说：“我再想想吧！”这句话犹如一盆冷水，浇灭了我们的热情。一些销售员以为客户这样说就等于拒绝购买，于是，他们放弃销售。而也有一些销售员，太过急功近利，听到客户这样说，为了挽回客户，他们死马当活马医地回应客户：“这样的事情还要问家里人啊，自己决定就行了！”“不用商量了，这么超值的产品哪里还有啊？”而这两种回应方式，无疑都会赶走客户。

其实，面对这类性格优柔寡断、没有主见，极易受外界环境影响的客户，我们有必要帮助其作决定，对此，我们先来看看下面这位销售员是如何处理的。

某男士因为结婚纪念日要为妻子购买一枚戒指，这天，他来到某珠宝

专柜，看上了一枚镶钻的戒指，但最后，他却说："我怕我妻子不喜欢，我还是回去和他商量一下吧！"

销售员："是的，您有这种想法我可以理解，毕竟一枚钻戒也不是小数目，想与妻子商量一下也是正常的，但现实您知道吗？其实，作为妻子，如果自己的丈夫能记住结婚纪念日，并在当日给她一个惊喜，那么，她一定更高兴；而如果您与妻子商量的话，这种神秘感也就消失了。另外，今天刚好是我们十年店庆，会有返利活动。满一千就直降一百。这个活动仅限今天一天。而且您也看到了，我们这里的钻戒都只有一款，并且销量很好。这样好吗？我现在暂时给您保留起来，不过我真的保证不了下午之前这枚钻戒……所以，我真的希望您不要错过这枚钻戒……"

顾客："我看我还是先买了吧！万一下午过来的时候，其他顾客已经买走了，那不就可惜了……"

案例中，这位客户就是个犹豫不决的人，这名销售员也是聪明的，他之所以能最终说服客户购买，是因为他既保持了良好的态度，又对客户适当施压：如果客户现在不购买，执意要回去与妻子商量的话，不仅会失去给妻子惊喜的机会，还可能会导致他中意的戒指被其他客户买走，而同时，他也会错过店庆返利的优惠。综合考虑之下，顾客自然会暂时放下与妻子商量的想法，从而选择购买。

销售心理支招：

那么，具体来说，我们该如何帮助那些犹豫不决的客户作购买决定呢？

1. 认同客户顾虑的合理性

和案例中销售员一样，如果我们能认同客户的顾虑，表达同理心，会让客户觉得你是在为他考虑，就能争取到客户的心理支持，继而会拉近和客户间的距离。这样，即使客户认为需要和家人商量，你也可以暂时把客户留住，从而为我们接下来的说服工作奠定基础。

2. 帮客户认识立即作决定的好处

案例中的销售员就是聪明的，当客户认为需要和妻子商量时，他却从“惊喜”这个角度，让客户认识到与其妻子商量，还不如给妻子一个惊喜。

比如，我们还可以对某位女客户说：“其实，这不仅仅是一件产品，而是一种心意，是一种爱，不管它怎样，只要是你买的，你老公都会喜欢的。再说啦，如果他真有什么不满的地方，只要不影响再次销售，我们特别允许您在三天内都可以拿回来调换，您看这样成吗？”

3. 对客户施以适当的压力

客户迟迟无法下定决心购买，销售员千万不要认为等待可以得到结果，因为客户权衡不出答案也许就此放弃购买也说不定。所以很多时候客户下决定都需要销售员的参与，这就需要销售员主动出击，对客户适当施加压力，甚至帮助客户作决定，这一招通常都很奏效。你可以这样说：“我这里的这种产品已经剩下最后一批了，而下次什么时候还能拿到这种货就说不定了”，或者说“这种产品现在特别缺货，我们公司已经不生产了”等，如果客户确实满意产品，一般来说，他们会立即作出购买决定。

当然，运用这一方法，我们不可急功近利，要给顾客考虑的空间，适当的时候，也要退后一步，否则很容易令客户反感。

用产品的独特性吸引追求个性的客户

随着市场经济的发展，人们对产品的要求也逐渐提高，并逐渐钟情于那些另类、个性、具有特殊卖点的产品。一旦他们认识到我们的产品具有这些特点，就会难以放弃，他们可能认为再也找不到这样的产品，从而产生很好的情感归属。因此要想留住顾客，不让我们的客户被竞争对手抢走，那么首要的问题是我们必须学会去满足客户的需求，增添产品个性化的语言是提高市场竞争力的主要手段。

陈小姐和很多职场爱美女士一样，喜欢购买时装，这天，她发了工资，下班后，她来到一家时装店，在店内逛了一圈后，她摇了摇头，说："哎，我还是去别家看看吧！"

站在她身旁的销售员小刘立即说："小姐，您先留步，请问小姐您是否觉得我们店的时装种类太少，你觉得选择的余地不大？"

陈小姐："是啊，就这几件衣服，顾客怎么选？"

小刘："的确，您说的很有道理，开时装店首先就要吸引客户的眼球，不过我们老板非常喜欢有特色、经典的时装，款式不落伍又不落俗套。"

陈小姐："你这么一说，我还真发现，你们店的东西不一样。"

小刘："是啊，产品贵在精而不在多嘛。我看小姐的装扮，也是很注重品位的人。时装虽然容易过时，但只要搭配得好，总是能穿出永不过时的感觉。"

陈小姐："你这看法，我很同意，您看，我身上这件裙子，别人都以为我是新买的，实际上，两年前我就买了，只是我喜欢以不同的方式搭配，因此，穿出来总是有不一样的感觉。"

小刘："是啊，您再注意看一下我们店的衣服，最大的优点就是容易搭配，而不是追求新奇！"

陈小姐："是的，那你觉得我适合什么样的衣服呢？"

小刘挑选了一会儿以后，拿起一条裙子说："我看这件就不错，小姐身材很有曲线美，这条裙子的设计正是走的复古路线，肯定能凸显小姐的身材。"

陈小姐："是吗？我相信你的眼光，我去试试看。"

最后，陈小姐兴高采烈地买了这件裙子。

这则销售案例中，在顾客称自己要去"别家看看"时，销售员小刘并没有放弃推销，而是主动承认了客户的想法——产品种类太少，接下来。她也并没有以"新货过两天就到了""怎么会已经卖得差不多了"等借口推脱，而是承认客户的观点，然后再向客户表明虽然种类少，但款式经典、有特色等，进而让客户有这样的感叹：“你这么一说，我还真发现，你们店的东西不一样。”接下来，她再对客户的品位进行了一番夸赞，更是让客户对自己产生了信任感，最终促成了购买。

销售心理支招：

那么，针对这种情况，具体来说，我们该怎么应对呢？

1. 先稳住客户

我们要想让客户看到产品的特殊卖点，首先要稳住客户，你可以告诉客户：“我们店里的产品在进货时都是经过精心挑选的，虽然种类不多，但都是款式经典又畅销的产品。”但是需要注意的是，导购员所说的话一定要与事实相符，如果店里的产品并非如此，导购员却硬是这样说，那么丢掉的可能就不仅是顾客，还有店铺的信誉。

2. 服务至上，让客户满意

现代社会，随着竞争的日益激烈，在产品质量与功能大同小异的基础上，人们在购买时，也逐步带有情感因素，更关注的是销售方的服务态度，谁的服务好，顾客就购买谁的产品。可见，销售员做好服务也是赢取顾客非常关键的一环。如果照顾得不周到很有可能让顾客感受到冷落，从而影响到成交量。

3. 用特色跑赢对手

在追求时尚与个性的今天，人们也越来越注重产品的个性化。我们在购物的时候，也会不经意地发现那些小面积但却很有特色的店面。例如，专门经营民族服饰的店铺、专门经营水晶饰品的店铺等，这些店铺虽然看起来不大，却往往内有乾坤。而如果这些店铺的导购不善言辞，顾客还是会觉得产品种类不足，故而“去别家看看。”

所以，作为销售员，对于那些有个性的客户，当你如果想留住顾客，就要让顾客感受到你的产品的特别，或者具有某种特殊的含义，以特色勾起顾客的兴趣和购买欲望，实现销售目的。

激将法助你降服冲动好胜型客户

销售过程中，我们经常遇到这类客户，他们性格外向、好胜冲动，但在最终购买时却总是拿不定注意，他们总是看周围的人采取什么措施，但这类客户经常会因为销售人员的一个激将的方式而最终拿定主意购买。其实，这类客户只要销售员稍微采取一点小“手段”，就很好搞定。可以说，巧妙地利用好胜冲动之人的心理特点，有的放矢，是销售成功的一个基本保证。

小莉是一家商场女鞋某专柜的销售人员，一天，有位年轻时尚的小姐一边打电话一边走过来，小莉细心听了下：“怎么可能，以我赵倩在公司的地位，就这点小事我办不到？你就等着看吧！”根据小莉多年的看人经验，她判断出这位女顾客应该是个冲动好胜型的人。

过了一会儿，这位女顾客结束了电话，把手机放到包里，眼光停在了货柜上的一款新式皮鞋。但她只是站在柜台前反反复复地看，问一些无关紧要的问题。很明显，她很喜欢这款新式皮鞋，但又因为价格太贵而犹豫不决。

小莉当然捕捉到了她的这种心理，于是上前问道：“如果这双鞋的价格不能令您满意的话，您是否愿意再看看别的？”

没想到，听了售货员的话后，这位女顾客却表情坚定地买下了这双皮鞋。

案例中的女售货员的小莉是个聪明的销售人员，她的问话看似很简单，但其中却藏有很深的奥妙，从女顾客的电话中，她判断出女顾客应该是个好胜冲动的人，所以，当她发现女顾客因为价格的问题而犹豫时，便采用了激将法激发了这位女顾客的好胜心，继而成功地销售出了这双皮鞋。

不过，使用激将法刺激这类客户的好胜心，其实是存在风险的，因为一不小心，就可能踩到客户的雷区，让客户的自尊心受到伤害。因此，销售员使用这种方法，一定要把握好分寸，别弄的适得其反。

销售心理支招：

销售员在使用激将法时，需要注意以下三点。

1. 大庭广众下，客户更容易束手就擒

这类客户害怕失面子的这种心理，在人多的时候体现的尤为明显。谁也不想让自己在众目睽睽之下丢了面子。因此，在人多的场合，销售员不妨用激将法来对付那些过于挑剔的客户，让他们在不情愿和不乐意的情况下，一边嘴里说着不好，一边掏钱购买。

2. 尊重客户，不能伤害到客户的感情

如果在上例中，售货员对那位犹豫不决的小姐说："要买就买，买不起就别看了，看你这身穿着也不像能买得起的人。"那么，恐怕那位小姐不仅不会购买，还会与销售员理论一番，因为这位销售员这样说，明显伤害了客户的自尊心，这与激发客户的好胜心的效果完全相反。

现实销售中，有些销售员采用贬低、瞧不起的口气去激发客户的好胜心，很明显，这是不对的，往往达到的是事与愿违的效果。

3. 激将法的目的是让客户摆脱犹豫，但要注意陷阱

曾经有位推销员去一家纺织厂推销名牌毛衣，这家纺织厂基本上都是女工，女人都比较爱美，于是，一群工人围过来看，其中有个很爱说话的女孩子一摸这毛衣，就说质量很差，并且价格太贵了。没想到这位推销员好像不怎么会说话，挖苦那个女孩说："看您穿的这身衣服，就知道是买地摊货的人，恐怕一件卖给你10块，你都买不起！"这个女孩平时大大咧咧，但这时，确实自尊心被伤到了，于是，她对周围的姐妹们说："你们作证，他卖我10块一件，我全包了！"销售员一听，只好灰溜溜地跑了。

销售员挖苦客户，结果"搬起石头砸了自己的脚"，让自己下不来台，恐怕这位销售员在那个工厂再也没有市场了，他的这种做法实在没有考虑后果，"杀鸡取卵"，把他以后的推销之路全部堵死了。

所以，“激将法”的使用也是存在很大的风险的，弄巧成拙是很常有的事，因此，销售员一定要注意自己的态度，不要伤及客户的面子和自尊。

如何引导有从众心理的客户拿定主意购买

心理学上有个名词叫“从众效应”，人们会追随大众所同意的，自己并不会思考事件的意义。实际上，我们的客户中，不少人是有跟风心理的。在日常的消费中，“从众效应”也表现得尤为明显。许多人，特别是女性喜欢与同性朋友一起结伴购物，因为同性朋友之间的眼光更接近，购物也更加有乐趣。当然，“羊群效应”对于不同的人群的影响是不同的，对于销售人员来说，在客户开发的工作中，我们如果能利用人们的这种从众心理，找到这只“领头羊”，便能开发出一批准客户。而在具体的销售活动中，销售人员在进行销售时，就应该利用客户的从众心理来营造营销氛围，通过影响人群中的部分人，从而达到影响这个人群的目的。

宋明是一家投资银行的客服经理，在他的带领和经营下，银行的业务出现前所未有的良好局面。

在他刚开始任职时，银行还是生意冷清，因为随着一些大客户的流失，那些中小层次的客户也随之“改嫁”，把业务转到了其他银行。原本，他还准备开发一些新客户，但看到这样的状况，他发现，问题就在于这些有头有脸的“大客户”，把他们重新挖回来，不仅能挽回现状，还可能带来新的生意。

为此，他召开了一个会议，提议对银行的服务进行一些改革。他这样说道：“我发现，我们银行之所以会生意冷淡，主要是因为流失了一些重大的客户。所以，以后我们的服务工作一定要加强，尤其是对于那些关键客户，要让他们真真正正地感受到贵宾级待遇，才能挽回生意。”于是，宋明准备实施“点线面”的服务方式，来保证关键客户每一瞬间的满意，每一服务领域的满意，从而形成对整个银行的满意。

果然，第二天，银行“改头换面”了。走进营业厅，门口摆放着鲜花。胸前挂着工作证的工作人员走过来，热情地询问客户。客户在号码机上拿一个号码，然后在沙发上休息等着喊号。无聊的话，顺便翻翻沙发旁边的报刊架。还有水和咖啡供你享用。当客户走到柜台前，服务人员会微笑着站立为客户服务。

而对于关键客户，银行设立了贵宾室，除了享受以上的待遇外，每次来银行办理业务的关键客户，都会免费收到银行寄出的年画、海报或者记事本等；另外，针对贵宾，银行还开通了24小时的热线电话，无论有什么问题，银行都会在最短的时间内加以解决。

果然，不到两个月的时间，银行的业务就红火起来了，那些大客户们再也没有和其他银行有业务往来了，更可喜的是，这些大客户居然号召自己的很多朋友来这家银行办业务，从而为银行带来了大批新的业务。

事实证明，案例中的客服经理宋明的做法是正确的，在银行业务下滑的情况下，他找到了问题的症结所在，他在提高银行整体服务水平的同时，加大力度提高关键客户的服务质量。设立贵宾室和贵宾专线，令其真正享受到VIP待遇，进而形成忠诚度，于是，新客户便在这些大客户的号召下，滚滚而来，可谓一举两得。

销售心理支招：

那么，销售过程中，销售人员如何劝服有从众心理的客户购买呢？

1. 用影响力较大的人物或事件说明

要想使你列举出的数据给客户留下更为深刻的印象，销售人员可以借助那些影响力较大的人物或事件来加以说明，由此增加客户对你所销售产品的信任度和重视程度。例如：

“某某明星从××年开始就一直使用我们公司的产品，到现在为止，她已经和我们公司建立了5年零6个月的良好合作关系。”

“这是某次奥运会的指定产品，仅那次奥运会就使用了68720箱这种

产品。”

2. 找出一个有影响力的“大客户”进行说明

虽然人们有很强的从众心里，但是销售员所找的这个“人物”必须是一些有影响力的大客户。如果只是一些普通的消费者，那么客户通常是不会从众的。毕竟对方的身份和地位不足以说明问题。

所以销售人员在寻找这些中心人物前，一定要对这个客户群体进行一番了解，一定要选择那些影响大的、客户熟悉的、比较具有权威性老客户，要不然，客户的从众心理很难被激发出来。当然，我们为客户所举的例子必须是真实的，否则只会引发与客户之间的信任危机。因为一旦客户发现你所陈述的内容并非事实，就会对销售员本身乃至整个公司的产品产生质疑，那么，这无论对于销售者或者企业，都会产生无法估量的恶劣影响。

对待专制挑刺的客户要顺从忍耐

在现实的销售活动中，不少销售员遇到了这样的顾客，他们似乎总是有解决不完的问题，他们明明想购买产品，却能挑出产品的种种毛病来，除了产品，他们还会挑销售人员的缺点、不足等。很明显，这类客户就是爱挑刺的顾客，对此，有时候销售员的确很无奈，因为很多时候并不是销售员的错，但无论如何，销售员都要明白，你的任务是卖出产品，谁对谁错并无真正的意义，达到你的销售目的，你才是真正的赢家。而如果你为了逞一时之气，与客户争出个胜负，却让怒气之下的客户掉头就走，损失了生意，实在得不偿失。因此，面对这类专制挑刺的客户，最好的办法就是忍耐和顺从。

一家大型的服装商场正在举办一次大酬宾活动，一位女顾客在销售员盈盈手上买了两件衣服，一件衬衣打折后50元，T恤打折后45元。但这些衣服是特价商品，所以不能调换和退货，女顾客也答应了。

但没过一个小时，这位顾客又找上门来了，怒气冲冲地找到盈盈："这件衬衣上少了个纽扣，你让我怎么穿，就是地摊货，最起码也是物件齐全呀！你现在给我换一件，要不，我就退货。"这位顾客一副绝不妥协的气势。

销售员："对不起，小姐。您先别着急，这也是我的疏忽，您看我们品牌的衣服是很少打折的，更别说这么优惠的价格，而衣服上或多或少会有些小问题，这也是特价的原因之一，但这些小缺点完全不影响穿着的。"

客户："你说这衣服，怎么穿出门啊？别人会笑话的。"

销售员："您放心，衣服的档次和质地是绝对很好的，您只要钉上一颗纽扣，是完全和正价的衣服一样的。花3折的价钱买到这样一件衣服，真的可以说是物超所值啊！"

客户："但是你也没有告诉我啊！如果是那样我就不买了。"

销售员："这件衣服真的很舒服，我自己也挑了一件。我也看出来您很喜欢。如果您仅仅因为一颗纽扣就损失一件喜欢的商品，那就太不划算了。您说是吗？您看这样行吗？我让店里的师傅再给您钉上一颗完全一样的纽扣，保证看不出任何痕迹。"

客户："也是。好吧！那就这样吧！"

这则案例中，销售员盈盈已经事先提醒顾客产品不能调换和退货，但顾客还是为一颗小小的纽扣来挑刺儿。面对这样的顾客，销售员盈盈并没有正面还击："我不是已经告诉你了，这衣服是特价商品，是不能调换和退货的。"而是先稳定顾客的情绪，然后再耐心地劝说顾客，并答应为其解决问题，这样，顾客也就欣然答应了。

销售心理支招：

面对专制挑刺的客户，销售员要做到以下三点。

1. 保持良好的态度，不可与客户争吵

无论客户提出多少反对意见，销售员都要保持良好的态度，更不可与

客户争吵，因为不管你是否在理，一旦与客户产生正面冲突，那么，你失去的不仅仅是一单生意，更是个人乃至整个公司的信誉。

2. 找准客户挑剔的原因

对于这类本身个性就是爱挑刺的客户，需要销售员具有良好的分析能力，能够从客户的反对意见中找出关键问题加以重点解决。关键问题，也就是那些对客户来说最重要的、客户本身最关心、与其关系最密切的问题。

作为销售员，当你真正弄清了客户担心的问题，并采取有效的方法加以解决，就真正打破了阻碍销售成功的障碍。如此一来，促成交易也就更加容易了。

3. 先肯定后否定

对于客户的挑刺儿，我们要礼貌应对，但这并不意味着销售员要一味地顺从客户，此时，销售员不妨用婉转或者采用先肯定后否定的方式，如当顾客对你的服务或是产品产生误解时，你可以说："您说的没错，不过……"这样一来，既表达了自己的意思，又维护了相对良好的销售氛围。最重要的是，没有和客户产生语言上的冲突。

总之，对于那些爱"挑刺儿"的顾客，营造良好的沟通氛围是非常重要的。在此基础上，销售员还需要想方设法解决顾客提出的问题，只有消除了顾客的疑虑，销售工作才能顺利进行。

合理要价，销售中的价格障碍如何消除

销售过程中，价格问题是永远无法避讳的问题，打价格战也是销售中一个必不可少的环节，但销售人员只要抓住客户的购物心理，突出产品以及与产品销售相关的所有优势，让顾客由衷地产生一种“仅此一家，别无分店”“花这种钱值得”的感觉，否则，结果将是说而不服。这些都是有效应对客户讨价还价的方法。

客户的第一次报价不可接受

作为销售员，我们都知道，我们的业绩如何，直接和产品的销售价格有关。因为产品一旦被生产出来，其成本价就已敲定，此时，售价越高，我们的利润也就越高。每一个销售员都希望自己销售的产品销路好，受到客户的欢迎，同时也希望产品能够卖个好价格，多获得一点利润。而在现实的销售中，有些销售员为了留住客户，让客户报价，当客户提出的价格过低时，他们为了留住客户，也接受了报价，结果客户认为销售员让步后的价格依然有水分，于是，他们会再次提出价格，就这样，到最后，结果往往是不尽如人意，销售员不是丢了客户，就是丢了利润。

实际上，在具体销售过程中，总是会涉及砍价，价格的决定权也并不在我们手里，所以，我们千万不能接受客户的第一次报价。客户在报价时，也总是从自己的利益考虑，但他们心中的价格底线已经确定时，也会报出在这一底线之下的价格，如果我们轻松地接受其报价，将会陷入很被动的境地。

一天，某家居内衣店来了一位女顾客，左挑右选之后，她的眼光停留在了其中一套家居服上。

顾客："这套多少钱？"

销售员觉得可以先让顾客出价，这样，可以探出顾客的价格底线。于是，他问："你觉得这套衣服多少呢？你要是喜欢的话，开个实心价，我给您带一套。"

顾客："我觉得也就值个百八十块吧，您觉得呢？"

销售员："您是识货的人，您看上的东西能便宜吗？说实话，两百，是纯棉的……"

顾客："行吧，那你给我拿一件。"

这位销售人员的应变能力着实让人佩服。让客户先开价，的确有利于探清客户的底线，让自己有足够的空间与客户商讨价钱问题，但他的经验告诉我们绝不可以接受客户的第一次报价，因为如果客户开出的价格与我们的期望价格相差太远，也会让价格谈判陷入尴尬境地。此时，这位销售员的聪明之处就在于他把客户定位在“识货的人”，称其“看上的东西不便宜”，这样，客户受到一番赞美之后，即使觉得价格稍微贵点，也可以接受。

销售心理支招：

那么，面对客户的第一次过低的报价，我们该怎样做呢？

1. 编造出一个“第三者”

这种办法可以解除客户的警惕，他会跟你说些真心话，要是他知道你在卖这种商品，他就不这么做了。比如，你可以说：“我喜欢跟您做买卖，但是这件不是我的，是替朋友代卖的，以后我们再合作吧！”你以这种方式解除了他的武装，接着你说：“我很遗憾不能卖给你这件衣服，但就咱们俩说，到底多少钱您买？”他也许会说：“我觉得100元是最低的价格，但我想125元也是可以的！”

2. 推荐质量更好的产品，确定客户愿意给出的最高价格

如果客户想购买牛仔裤，但觉得现在你所报出的价格过高，你可以这样试探他：“我们这里还有做工更精细的牛仔裤，而且是今天刚到的新款，但是每件170元。”如果客户对你说的质量更好的牛仔裤感兴趣，你就知道他愿意花更多的钱。

3. 通过提供一种质量较差的产品来判断他们的质量标准

“如果您只付100元，我给你看质量稍微差一点点的牛仔裤行吗？”用这种方法，你或许能让他们承认价格不是他们唯一的考虑，他们确实关心质量。

4. 给客户一个价格区间

在销售时，有些销售员在使用让客户出价的方法时难免会过于轻率。因为在购买商品时，每一个客户都希望商品物美价廉。所以在没有让客户

认识到商品的价格范围和质量时就让客户出价，往往容易导致客户出价过低，销售不成功也就在所难免了。

总之，销售从很大程度上打的就是一场价格战。在价格谈判中，销售员在未探明客户的价格底线前，对于客户的第一次报价，一定要坚持自己的立场，不要轻易让步，因为一旦你让步，将会让客户觉得你报价过高而一再压价，这样，你在谈判中就失去了主动的位置，使自己和企业蒙受损失。客户都有一个期望价，也有一个拒绝价。如果我们运用这些心理对策，就很可能会摸清客户的拒绝价，从而做出下一步的价格决策。

掌握几种应对客户讨价还价的对策

在现实的销售活动中，价格问题是销售人员和顾客无法避免的问题，这就是销售中的讨价还价，而这一过程中，销售人员一定要要灵活应对，要掌握客户的心理只要“不亏老本、不失市场、不丢客户”，所有问题都不是一成不变的。另外，销售员一旦和客户达成协议，就要马上签订协议将其“套牢”，不给对方一丝的反悔和变卦的机会。

“十一”期间，某商场在进行空调促销活动，凡是购买该产品的客户，都能享受到商场赠送的电饭煲。整个促销活动如火如荼地进行着。

但这时候，促销员小王面前站着一个老太太，对小王说：“我可不可以不要电饭煲，你们就便宜200块钱，行不？”

小王是新来的销售人员，不知道该怎么办，只好对老太太说：“不好意思啊，不能这样，你要不要看看便宜的空调？”

老太太一下子拉下脸来，走了。小王莫名其妙。

要想有效地规避客户的讨价还价，就需要销售人员发挥自己的聪明才智，遇到不同的客户，给予不同的解决方法，这里就涉及客户的分类、报价的方式、时间、地点的选择等一系列的问题。

销售心理支招：

一般来说，在价格问题上，客户会有以下四种异议。

1. 客户始终认为优惠不到位

这类客户，一般对产品并不了解，他们一般在砍价的时候，是漫无目的、不着边际的，对于这类客户，销售员完全可以在报价的时候，就报高一点，这样，才会给自己留出足够的空间来应付客户的砍价；另外，让步的幅度一定不能过大，可以慢慢地让步，让客户感受到优惠。

销售员在面对这类客户的时候，就要做好与之打持久战的准备，因为，这类客户一般不会轻易达成交易，他会在认为自己已经占够了便宜的情况下才会偃旗息鼓。可见，销售员一定不能大幅度地让步，因为人们都有这样一种心理，越是不容易得到的东西越是珍惜。如果销售员轻易让步，就会让客户觉得你仍然可以让步，甚至怀疑你刚开始报出的价格的真实性，这样，销售员就失去了在谈判中的主动地位，这无疑会助长客户砍价的“气焰”。但同时，销售员让步，是必须有一定的数量的，这样，会让客户有一种胜利的喜悦，客户一高兴，签订协议也就水到渠成了。

2. 礼品是次要的，只要降价

这类客户是实在型的，面对这样的客户，你不妨和他说：“按照一般原则和商场规定，我们这里是不允许这样的情况出现的，但您稍等一下，我帮你问一下经理，看能不能给你一个特例。”

这样，即使结果和客户想象的不一样，他也一样会感激你，因为你为他做了努力。很自然，他就会拿着礼品，买下了产品。

3. 产品存在瑕疵，应当降价

这类客户一般比较喜欢吹毛求疵，无论产品本身是否存在问题，他都会找出产品的问题，然后借机杀价，即使销售员作出让步，他还是不罢手，紧紧抓住产品的弱点，最大限度地杀价。对于这种客户，销售员不妨把自己的产品与同类产品比较，或者采用其他方式淡化这种缺陷，让客户明白你的产品在同类产品中的优势或者让客户忽略这点小瑕疵。

4. 客户认为老客户，应当享受优惠

这类客户是爱贪小便宜的，通常情况下，他们都会以自己是老客户，“倚老卖老”。这类客户这样做无非是出于两个目的，要么是真心想购买，但是希望通过这种方式获得价格优惠；要么根本不诚心购买，只是为了探探价格虚实。

而作为销售人员，可以告诉他：“我也想为您效劳，可是这是商场的规定，不然对其他客户就不公平了，你说是吗？”另外，你可以借此机会，帮自己拉拢到更多的客户：“哦，这样啊！我们商场今天有个活动，就是同行的两人或三人一起购买的话，会享受到八折优惠……”诚心想买的客户会立即被这样的优惠“诱惑”，成为我们的客户源之一。

客户认为产品太贵怎么办

销售中，我们发现，似乎客户对我们总是心存偏见，不管我们报出的价格是多少，即使价格已经很合理了，客户还是会觉得“太贵了”“不合算”“别人比你卖得便宜”等，如何打消客户认为产品贵的念头，这是困扰不少销售员的问题。那么，此时该如何化解客户的价格异议呢？我们先来看看下面这位销售员是如何处理的。

某顾客来到家具城，准备为自己的书房添置一套书柜。来到某国际知名品牌家具店后，销售员小张跟了上来。

小张：“先生，您好，有什么可以为您服务的吗？”

顾客：“这个多少钱？”

小张：“是这样的，这套书柜价值××万元。”

顾客：“不会吧，这么贵？”顾客露出很吃惊的表情，转身要走。这时小张走上前去，对顾客说：

“先生您说得很对，这套书柜真的不便宜，但我们这里都是国际高端

的A品牌书柜，都是针对一些像您这种商务成功人士设计的，您可以先了解一下，不买没关系，这样您以后选择的时候，也就有了更多的参照，您说是吗？”

“嗯，这倒是实话，那我随便看看。”顾客漫不经心地回答，但目光在一款橱柜上停留了两三秒。

“先生有没有发现我们这款书柜和其他品牌哪里不一样？”小张抓住时机突然问道。

“有哪里不一样吗？”顾客自言自语，目光却没有离开这款橱柜。

“您再仔细看看？”小张很自信地提示着顾客。

此时，小张拿来一款遥控器，轻轻按了一下，书柜的门就自动打开了。看到这一幕后，顾客很诧异。小张接着说：“正如您看到的，我们这是一款全自动的书柜。另外，您看到它的玻璃门没，我们的钢化玻璃是德国原装进口的××品牌……目前在国内只有我们一家拥有，它采用了……技术，通过……工艺制作的。”简单概要的阐述后，小张拿出一个橡胶锤在一块样板上敲了敲，又用一把刀子划了几下，然后对顾客说：“您看，是不是一点伤害都没有？”

……

最终，这位顾客毫不犹豫地买了这套高端的书柜。

这段销售案例中，刚开始，顾客在听到销售员的报价后，觉得一套书柜却要价好几万元，实在太贵。面对不专业的顾客，销售员并没有说：“你是外行，哪里知道？”而是先留住了顾客，告诉顾客买不买没关系，可以以此为参照等，缓和了顾客的情绪后，导购员再引导顾客，展示其产品的其他独特卖点，从而进一步提升品牌、产品的价值。

销售心理支招：

那么，对于客户认为“产品太贵”这一问题，我们该怎么办呢？具体来说，我们要做到以下几点。

1. 认同顾客的看法

无论客户有任何顾虑，认同法都是解决问题的不二法则，只有认同客户，表达同理心，才能拉近与客户间的距离，进而挽留住客户。认同顾客后，你可以再认真听取顾客的意见，然后加以解释。

2. 弄清客户嫌贵的原因，针对性解决问题

客户提出价格贵，一般是因为：客户经济能力有限，产品的价格确实让客户无以承担；客户认为产品无法产生他想象中需要的附加值。销售员一定要找出具体的原因，弄清楚为什么客户嫌贵，然后才能采取相应的对策。比如，针对客户无力购买的问题，销售员可以建议客户分期付款；而如果客户觉得产品不是物有所值的话，销售员就要采取更深层次的说服工作，向客户详细说明使用本产品可得到什么样的实惠，以打消其在价格上的疑虑。

3. 把沟通重点放在价值而不是价格上

但同一产品的价格和价值不一定是对等的，而事实上，价值问题无论对于买方还是卖方，都是一个敏感问题，销售员把问题的焦点放在价格上，也就更容易让谈判陷入僵局。而从人们的心理角度看，一个人如果对某种产品的需求越大，他对价格的关注度就会小得多；而如果他对产品的需求越小，他就会对产品的价格越是挑剔。为此，这给销售员一个提示：谈判的过程中，让客户了解产品的价值，让客户意识到他对产品的需求，就能淡化他们对价格的意识。

4. 让顾客亲自感受产品，认可产品

我们要和案例中的销售员一样，尽量留住客户，然后让客户接触产品，看到产品的功效，顾客一旦认可产品，认为物有所值，也自然就能接受产品“贵”了。要知道，顾客听到价格就认为产品贵，并不是产品真的贵，而是由于其对产品性能、特征等了解和认识得不够清楚，此时，端正顾客对产品的认识就是我们的主要任务。

以上是打消顾客认为产品贵的顾虑的几个方法，当然，销售人员应根据具体情况，采取具体的应对策略！

开始报价不可过低才有回旋的余地

在拜访客户过程中，报价是销售人员必须面临的一个问题，而且是成败的关键。假如一开始就报价过低，而忽视对客户的分析，会让价格失去波动空间，也让自己变得很被动，得不偿失，很容易丧失掉客户。

客户：“你能打多少折扣给我呢？”

推销员：“抱歉，本公司一向规定不打折扣，因为我们的产品在质量上是从不打折扣的，所以也很难在价格上打折扣，如果我们随便打折，那我们公司将名誉扫地。”

客户：“×××公司答应如果我们买他们的产品，就给我们九五折，你们为什么不给折扣呢？”

推销员：“据我们所知，给折扣的公司早已把那 5％的利润打入售价之中。本公司绝对不用这种‘羊毛出在羊身上’的办法来讨好客户。我们现在的售价，是最合理的最低的售价，您不认为我们是个有信用的诚实的公司吗？”

在这个例子里，销售人员就始终不肯松口，面对客户的“刁难”，他抓住公司的声誉做文章，使对方感到公司确实是可以信任的，因为他们宁可冒减少销售的危险，也不干骗人的勾当。

讨价还价在销售过程中已是司空见惯之事，有时，销售人员提供的是优质服务和优质产品，不想用降价来取胜，就需要合适的报价，销售人员千万不能在开始就报价过低，面对着客户压价的要求，也要以坚定的语气，心平气和地对客户说明不降价的理由。

然而，实际情况时，即使我们报价很适合，客户也依然要求降价，那么，销售人员该怎么样合理报价，从而给还价留下可以回旋的余地呢？

销售心理支招：

销售员可以根据不同的情况，采取不同的措施。

（1）如果客户为人豪爽，喜欢一口定价，那么，你就不必把价格定的太高，而是一开始就应该直接报出合适的价位，你与客户各得其所，也不必浪费时间。

（2）如果客户是业内人士或者对产品状况比较熟悉，那么，你也不能与客户卖关子，否则会让客户觉得你不诚实，你在报出合适的价位的同时，还可以将自己的产品与竞争方的相对比，突出自己产品的优点，但销售员要注意的是，不可为了抬高自己的产品而贬低竞争对手的产品。

（3）如果客户购买力强，且对价格问题不是很在意，你可以适当地将价格报高一点，反之降低。

（4）如果客户对产品不是很熟悉，你需要热情地介绍该产品用途及优点，价格可报高一点。

（5）如果客户喜欢斤斤计较，不想在价格上吃一点亏，而又看中了你的产品，你一定要有足够的耐心，跟客户打一场“心理战”。

不过，现实销售中，很多销售员认为，报价越高，可能赚的利润就越大。其实，这种想法是错误的，因为客户既然购买产品，不可能对产品一无所知，过高的报价，会给客户造成被欺骗的感觉，这样，在价格谈判中，会使自己陷于被动，有失面子，丧失信誉，结果最终被迫做出让步。

报价时，采用“报价要高”的策略，还需要销售员做到让步要慢，和客户打好心理战。这样，一开始，销售员就能挫败客户“占便宜”的想法，此时，销售员就可以摸清客户的价格底线了，从而逐渐攻克客户的心理堡垒。

另外，销售员报价还应注意：报价要明确，没有保留，毫不犹豫，提出报价后也不必去做说明。因为通常情况下，当你报价后，对方一般不会接受，或不会马上接受，必然要进行询问。如果你报价后立即说明，反而使对方意识到，“啊！原来你们关心的是这些问题。”

不要在开始就报价过低，讨价还价确实是销售工作中司空见惯之事。

有时，销售人员提供的是优质服务和优质产品，不想用降价来取胜，面对着客户压价的要求，要以坚定的语气，心平气和地对客户说明不降价的理由。

总之，打价格战是销售过程中一个必不可少的环节，销售人员只要抓住客户的购物心理，充分运用语言的技巧，就能增加销售收入。因为这世界上，没有卖不出去的产品，只有卖不出去产品的销售员。

价格谈判中找个帮手助自己一臂之力

在销售中，一些销售人员认为，只要客户答应购买，实现成交就近在咫尺了，然而，接下来进入的将是销售的谈判阶段，而真正的难题也往往出现在销售的谈判阶段。在这一阶段，销售员会和客户有许多正面交锋，客户会要求更低的价格和更多的服务，甚至在付款方式等方面都会提出苛刻条件。这时候，销售员单凭自己的力量是非常单薄的，即使口才再好，也很难对种种挑剔、要求以及有关技术或是服务方面的细节问题应对自如。所以要想有效地控制整个谈判局势，以理想的价格实现成交，你就要找个帮手来帮自己谈价格。

销售员："你觉得这价格贵吗？这可是我们这半年来卖出的最低价格了。"

客户："是很贵，这远远超出我的预算；另外，我觉得你这产品也不值这个价。"

销售员："我看您可能对我们公司的产品不了解，我们采用的是最好的原材料。价格也是合理的。"

客户："王婆卖瓜，自卖自夸，谁不说自己的产品好啊！"

这时，店里来了另外一个客户。

"这双鞋多少钱？"这位客户问。

销售员："399元。"

"真不贵，上次我朋友在对面那家商场买的一模一样的，牌子也一样，那双鞋要499，这样吧，你给我包一下，这双我要了。"

听到这位客户已经毫不犹豫地买下了那双鞋，刚开始和销售人员在价格上没达成统一意见的那位客户二话不说，也买下了。

这次销售之所以能成功，主要因素是另外一位客户的出现。让客户消除了对价格的异议，完成了销售活动。这给销售人员一个启示，有时候不妨利用外界的力量，找个帮手为自己解决价格异议。

销售心理支招：

对于在价格谈判中我们要选择的帮手，你没有必要选择口才最好的，而是要选择最适合你，对眼下的情况最有帮助的人。那么如何才能找到一个好帮手呢？这需要你遵循以下原则。

1. 帮手必须能弥补自身的不足

每个人都有自己的不足，如性格缺陷，尤其对于销售人员来说，这些不足很多时候就会阻挡销售活动的进行。此时，销售人员不妨找个好帮手帮自己谈价格，这样，就能弥补自己的不足。

比如，销售员性格比较急躁，容易发火，那么就可以找一个性格稳重、经验丰富的人作帮手；如果客户对产品的技术或研发方面存在异议，而销售员不能很好地解决，就可以找一个能提供技术支持的帮手；如果客户对产品质量不放心，而销售员又无法充分说服对方时，就可以找一个产品检疫方面的负责人进行解说。

2. 帮手必须能增强客户的信心

这就是为什么很多商家重金聘请权威人士的原因。因为权威人士的言语能给客户购买的信心，权威人士的一句话往往比销售员费尽口舌的游说更加有效果。当然，邀请到这样一位以第三方身份出现的权威人士并非易事，而且他们在整个谈判过程中也不会参与太多的谈判话题，但是他们的作用不能忽视。这些人的身份、地位和声誉等方面的影响会让客户更加有信心，他们的意见能对交易产生积极的推动作用。所以，我们可以邀请一

些社会上的权威人士参与谈判，如某方面的专家，某领域的知名人物等。

3. 有充分决策权的人也是好帮手

很多时候，销售活动中，销售人员并没有决策权，这加强了谈判的难度。如果销售员没有充分的决策权，那么在谈判过程中，就需要这样一个有充分决策权的帮手，可以是上司领导等有决策权的人。一方面，这些人的出现，会体现出对客户的重视和尊重以及销售的诚意；另一方面，在谈判进行得如火如荼的时候，这些有充分决策权的人也能拍案决定，不至于让销售员陷入被动，也避免了销售员费时费力地向上级请示，有利于提高谈判的效率。

总之，在与客户讨价还价时选定一个好帮手，会对你的销售起到事半功倍的作用。当然接下来仍然需要你的努力，如果你与帮手在接下来的谈判中不得要领，也同样难以成功。所以在此之后，你还要确定一个明确的目标以及你和帮手在谈判中各自的任务，这样明确分工、目的明确，才不至于在谈判过程中乱了阵脚，从而更容易赢得客户的信赖和赏识。

但是你一定不要忘记，自己才是这场谈判中的主角，千万不可因为有了帮手就想着自己可以退而求其次了，因为你永远比帮手更了解你对面的客户，整个谈判的局面要始终掌握在你手里。所以你应该始终把握谈判的主动性，充分调动帮手们的积极性，为实现共同目的而努力。

如何回答客户“别家便宜很多”的问题

人们购买产品，都希望产品能物美价廉——以最低的价格购买到最满意的产品，因此，人们常常抱着“货比三家不吃亏”的心理，对于同类产品会进行价格、价值等各个方面的比较。为此，他们常常会说“别家便宜很多”，此时，如果我们采取诸如“那您去买便宜的吧”“那家东西质量不行”之类的消极回应方式，都会让顾客放弃购买。而如果我们能对客户进行优势比较，让客户看到“一分价钱一分货”的道理，是能化解客户的价格异议的。

一天，某商场电器专区来了一位年轻的小姐，转悠半天后，她的脚步停在了一款小型冰箱的前面。

导购员：“小姐，请问我有什么可以为您服务的？”

顾客：“听说，你们在小型冰箱这一块做得不错。”

导购员：“是的，请问您是想买冰箱吗？”

顾客：“我随便看看。”

导购员：“哦，那你看看这款冰箱吧，这是我们今年刚从国外引进的冰箱，无论是家居还是车载，都很方便。”

顾客：“进口的？那一定很贵吧？”

导购员：“这是德国××品牌旗下最有名的产品，售价是2500元。”

顾客：“不是吧，这么贵，这种小型车载冰箱，一般最多卖到一千元，网上也只卖几百元，我刚刚也看过几款，最高的也没超过1500元的。”

导购员：“您看的质量怎么能和这种国际品牌比呢？一分钱一分货。”

这位妇人一听，头也不回地离开了。

这则案例中，我们可以看出，原本这位顾客对该品牌的小型冰箱很感兴趣，但最终却选择离开，这是为什么呢？原因很简单，顾客称产品贵，这名销售员不但没有进行挽留，反倒说：“您看的质量怎么能和这种国际品牌比呢？一分钱一分货。”这样说，不仅否定了顾客的眼光和欣赏水准，还贬低了竞争对手的产品，让顾客觉得这位销售员素质不足，自然会选择离开。

销售心理支招：

那么，面对这种情况，我们该如何应付呢？

1. 始终有耐心，给客户关于产品“贵”的一个合理的解释

其实，当顾客听到我们报出的高于其期望的价格后，都会觉得

贵，此时，他们更希望得到的是一个关于产品“贵”的合理的解释，因为“一分钱一分货”的道理顾客也明白，但如果我们和案例中的销售员一样表达的话，则表现了销售员对同类产品的不屑和对竞争对手的诋毁，这样，顾客不但不会认可你的产品，还会对你个人的印象大打折扣。

此时，我们一定要注意自己的态度，一方面要承认同类产品便宜；另一方面也要为自己的产品贵做好解释工作，让顾客看到你的专业素质，并让顾客在“鱼”与“熊掌”之间作出明智的抉择。

2. 不要诋毁竞争对手

一般情况下，在听到客户说自己的产品比同类产品贵时，销售员都会本能地为自己的产品辩护，情绪易激动的销售员甚至会诋毁同类产品，他们认为这样能改变客户的看法，让客户购买。但实际上，这样回应只会适得其反，因为客户自己也是有判断力和鉴别力的，这种目的性和攻击性过强的回应，不仅难以吸引顾客对产品加以注意，反而会使顾客对于导购员的态度产生厌烦情绪，甚至会转身离开。

所以，无论客户怎么不认可我们的产品，我们都不能诋毁其他品牌的产品。当然，我们在向客户介绍自己产品卖点的时候，可以适当指出其他产品存在的一些不足之处，但也一定要注意分寸，不要有任何的针对性。

3. 进行优势比较

例如，手机销售人员可以这样对客户说：“我们这款新上市的手机可能比其他手机要贵点，但它却有着其他手机不具有的很多优点。首先，我们的手机是3G手机，可以视频电话，这是目前手机行业最先进的技术；其次，我们的手机外壳采用的是不同于其他手机的材质，不怕磨损；再次，手机电池性能也好，一般情况下，出差时间在一个星期左右，您可以不用带备用电池和充电器。”通过这一番比较，客户觉得多花300元是值得的，因此也就不再纠缠价格问题了。

此外，销售人员还可以比较非产品优势，如免费送货、分期付款、随时提供上门维修服务等。因此，优势比较法是解除客户价格疑虑的重要方法。

当然，要做到游刃有余处理这一问题，不仅需要我们对自身产品有专业的认识和把握，还需要我们充分了解竞争对手的产品和销售情况。只有对竞争对手的销售情况及弱点有很好的了解，才能在争夺顾客时，做到得心应手，抓住销售机会。

化解心理异议，扫清销售中成交前的障碍

在销售过程中，作为销售员，都希望客户能在对产品进行了解之后就提出购买决定，然而，实际情况却是，绝大多数客户都会提出一些反对意见，这也就是所谓的异议。显而易见，因为异议的存在，使得销售活动加大难度，甚至让很多销售员望而却步，但事实上，这也正考验了销售员的应变能力。面对客户提出的种种异议，销售员也只有找出一些心理对策，才能最终达成购买协议。

察言观色，发现客户顾虑并巧妙解决

销售过程中，很多销售员反映：“为什么我们总是摸不清楚客户在想什么？客户为什么就是不购买呢？”的确，无法摸清客户在想什么，是无法打动客户的。然而，现实销售中，很多销售员忽视了这一点，他们只顾着将自己的目光盯在所推销的产品上，而无数的事实证明这样错了。作为销售员，只有善于察言观色，并能找到客户的顾虑然后加以解决的话，才能成功实现成交的。

一天上午，某汽车4S店来了一会打扮不入时的先生。店内的推销人员对这位先生上下打量并打了招呼：“先生您好，我是这家4S店的销售员陈玲，很高兴为您服务。”为了不打扰顾客看车，做完自我介绍后的她就在一旁观看，并未出声。

就这样，这位先生一个人在店内转悠，一会儿说这辆车车价太高，一会儿又说那辆款式不漂亮。看到一旁的陈玲，他说：“我今天只是随便看看，没有带现金。”

“先生，没有问题的。我和您一样，有很多次也忘了带。谁也不会身上随时带着很多现金，您尽管看，有什么问题可以尽管问我。”

“好的，谢谢你。”然后，稍微停顿一会儿，陈玲观察到客户有种脱离困境、如释重负的感觉。陈玲想：他是真的没带钱，还是没有购买能力呢？于是，针对这个问题，陈玲决定大胆地试探一下顾客。

“先生，您有中意的车吗？”

“那辆奥迪不错。”

“是的，您的眼光不错，这辆车最近卖得很好。”

“是吗？可是，能分期付款吗？”这下子，陈玲明白了，原来顾客是担心价格和付款方式问题。于是陈玲说：“当然可以，您现在就可以与我

们签约。事实上，您不需要带一分钱，因为您的承诺比世界上所有的钱更能说明问题。”

接着，陈玲又说：“就在这儿签名，行吗？”等他签完后，陈玲再次强调说：“您给我的第一印象很好，我知道，您不会让我失望的。”

结果确实没令她失望，第二天，这位顾客就带了首付提走了那辆车。

这则销售案例中，销售员陈玲之所以能轻松推销出去这辆车，是因为她和其他销售员不同，面对打扮不入时的客户，她还是愿意一试。并且，最可贵的是，她敢于主动试探顾客，从而让客户自己道出了购买的顾虑——希望分期付款。的确，客户的购买能力是决定客户是否能完成购买的关键因素之一，客户没有经济实力，即使他们的需求再强烈，也不会购买。

当然，除了购买力之外，顾客的顾虑还有很多，比如客户的需求、客户的信誉状况、支付方式等。

销售心理支招：

1. 善于观察客户的一举一动

在面对客户时，销售员要善于观察客户的一举一动，销售员能从中了解到客户的的身份、出价水平和购买商品的意向。通过对这些问题的分析，销售员能大致猜测出客户的顾虑。

2. 积极的发问

在猜测到了客户可能存在的某些疑虑以后，销售人员可以主动发问，以此来确定自己的疑虑，只有这样，才能抓住时机，然后步步深入，逐步打消客户的顾虑。

然而，与客户初次沟通的时候，出于防备心理，客户可能有意隐瞒自己的想法，如自己的喜好、购买能力以及真实需求等方面。然而，这些都是我们在销售活动开始时就要了解到的重要信息。因此，我们在以提问法探明这些信息的时候，一定要注意方式，最好以温婉探问的方式，尽量在悄无声息中了解，否则，很容易让客户产生反感的情绪，最终拒绝你的推销。

3. 认同顾客顾虑的合理性

和案例中销售员一样，如果我们能认同顾客的顾虑，表达同理心，会让顾客觉得你是在为他考虑，就能争取到顾客的心理支持，继而会拉近和顾客间的距离，从而为我们接下来的说服工作奠定基础。

总之，销售员在与潜在客户沟通的时候，只要我们善于观察、巧妙探寻、积极提问，便能了解客户的某些隐秘信息和顾虑，但我们一定要注意自己的言行，太过直接、明朗都会引起客户的负面情绪。

先肯定再否定，委婉反驳客户的异议

销售过程中，客户难免会对产品产生异议，甚至对产品存在某些误会。但无论客户说出什么样的话，销售员绝不能直接反驳，那样会让客户很没面子，甚至与你大动肝火。这时，如果客户所说的话是无关紧要的，销售员就可以不予置之，继续谈话；如果客户对于你的产品或服务有误解，你就应该采取先肯定后否定的谈话方式委婉侧击，如“您说的没错，但是……”也就是先同意对方的观点，然后再以一种合作的态度来阐明自己的观点。

某保健用品公司的销售员正在客户沟通保健仪器的事：

销售员：“先生，您好，我是××保健仪器公司的销售员，您看，这是我们公司的新研制的保健仪器，目前刚刚投入市场，非常受欢迎。他对腰椎、颈椎和肩膀都有很好的保健功效，特别适合有颈椎病的患者使用……”

客户：“请你等一下，你是哪个公司的？”

销售员：“我是××保健仪器公司的。原来您知道我们的牌子，那就更好了。您以前一定接触过吧？”

客户：“听说过，没接触过。你们的产品谁敢接触啊！”

销售员：“您这话是什么意思？”

客户："听说你们的产品质量经常出现问题，还出过一些事故呢？而且，听你的介绍，价格也不便宜，我可不买这样的产品。"

销售员："谁说的，我们的产品从来没有过质量问题，我们的产品还出口呢，怎么可能有问题，真是的！"

客户："谁不说自己的'瓜'甜，质量再差的产品在你们嘴里也能成为优质产品。你们的产品我不需要。"

销售员："怎么会？您不能随便相信外面的传言啊。我们公司的产品是有质量保证的，您看这是产品质量鉴定书还有获奖的宣传册……"

客户："不用看了，用不着你来教育我，自己的产品有问题就不要到别人身上找原因。你还是走吧。"

销售员："你这个人怎么这样不讲道理，真是的。"

案例中，这位销售员犯的最大的错误就在于直接反驳客户，与客户发生争执。假如他能以实事求是的态度倾听，用婉转迂回的方式沟通，销售结局恐怕大相径庭。的确，对于客户的异议，若销售员直接否定客户，就如同用一把大刀将销售工作拦腰砍断。一旦对客户直接反驳，销售工作就很难再开展下去，销售员再多的努力也将无济于事。

所以，销售员都应该借鉴上面例子中的教训，拿出耐心和诚意，心平气和地与客户沟通，才能让销售变得顺利。

销售心理支招：

那么，我们该如何委婉地否定客户的异议呢？

1. 保持良好态度

"客户永远是上帝"，这是每个销售人员应该遵循的信条。的确，有时候，可能客户的异议让我们感到为难甚至不悦，但无论如何，我们都不要直截了当地否定，更不能与客户发生争执，而是要拿出销售员应有的热情和诚恳，耐心地与客户沟通，尽量在言语间表达自己的良好态度，语言组织得完整、易于被人接受。

2. 先肯定客户的异议

使用先肯定后否定的迂回战术，销售员既表达了自己的观点又不伤害与客户之间的关系，销售工作自然能够继续开展下去，这也是优秀销售员在面对客户提出异议时经常使用的方法。比如：

客户："现在的学生根本不认真读书，连学校的课本都不愿读，哪里会看课外读物？"

销售员："是啊，现在的孩子是不怎么喜欢读书，正是考虑到这点，我们在策划图书的时候，也就是从这点出发的，形式新颖，内容丰富，孩子们一见就会喜欢上它……"

对客户提出的反对意见先给予肯定，这种方式比较试用于那些客户并不十分坚持的反对意见，这些意见大多是客户作为拒绝的借口，或者产品上的一点小问题等。

3. 用事实说话

很多时候，客户有异议，大多是因为听信了某些不实的言传，或者是一些自身认识的原因。销售员对于这样的客户，我们要明白，事实胜于雄辩，最好的方法就是用事实来说话，用真实、准确、全面的知识和数据来说服客户，从而端正客户的错误观点。

总之，不管客户存在什么样的异议，不管发生什么样的事情，销售员都不能直接反驳客户，而要使用正确的方法加以处理，保持销售员应有的素质！

阐明产品间的差异，消除顾客价格型异议

人们购买产品，都希望产品能物美价廉——以最低的价格购买到最满意的产品，因此，人们常常抱着"货比三家不吃亏"的心理，对于同类产品会进行价格、价值等各个方面的比较。而正是这一点，导致了我们销售人员经常会遇到这种情况，当我们一报价，顾客就说："别家有同样商品比你家便宜很多。"面对这种情况，一些销售员为了为自己和产品辩护，会当即反驳客户："怎么会一样呢，一分价钱一分货，这你都不知道

吗？”甚至会诋毁竞争对手：“他们的产品怎么能和我们比呢？”，而结果只能是不但得不到顾客，还会让他们对产品产生怀疑，影响公司的形象，“坚定”了顾客离开的信念。其实这种情况下，如果我们能悉心引导，阐明产品之间的差异，让客户认识到自己对产品的需求，是能化解客户的价格异议的。

一天，商场某手机专柜来了一位顾客。销售员小吴很快地迎了上去。

小吴：“您喜欢这款手机吗？喜欢的话您不妨买下吧，这是同类手机中性价比最好的一款。”

客户：“可是，我看了几家这种配置的手机，价格都比这便宜，我觉得不划算。”

小吴：“您的确说的在理，这款手机是比其他厂家的贵，但您注意到了吗？这款手机是世界品牌，买手机不就是买个放心嘛！再者，我们这款手机相对于其他品牌来说，还有一点不同的是，它有两块超长待机电池，一年之内，非人为因素免费保修，您看，这些是其他手机有的吗？这就是我们这款手机稍微贵一点的原因。”

客户：“嗯，也是这么回事，贵一点就贵一点，这么多优惠呢，你给我包下吧。”

这位销售人员之所以能以高出同款商品的价格成功卖出产品，是由于他用产品的筹码让客户看到了利益与价值，在性价比好的情况下，自然就不会在乎价格了。

销售心理支招：

那么，面对这种情况，我们该如何正确地应对呢？

1. 别否定客户的看法

无论客户有任何顾虑，认同法都是解决问题的不二法则，只有认同客户，表达同理心，才能拉近与客户间的距离，进而挽留住客户。认同顾客后，你可以再认真听取顾客的意见，然后加以解释。

2. 帮助客户认识到他对本产品的急切需求

我们都明白一个道理，一个人对某种产品的需求越大，他对产品的价格就越不在乎，再贵的产品，他也可能会下血本购买；越是觉得产品对其来说可有可无，就越关心产品的价格。所以，在沟通中，销售人员应多强调产品能给客户带来什么利益，能解决哪些问题，满足什么需要，也就是多谈价值，以此淡化他们的价格意识。比如，我们可以这样对客户说："小姐这么高贵，肯定经常出入时尚派对，自然少不了晚装，这条黑色的裙子似乎就是为您量身定制的，至于价格，您这样的时尚一族，这价钱应该不算贵吧？"

3. 强调产品更好的卖点

当然，除了激发客户的购买欲之外，我们还要极力塑造产品的卖点。你的产品有哪些特点是独一无二的，是其他同类产品无法提供的，你都可以强调，正是因为产品的品质最高，所以它"贵"得不得了。比如，你的产品的服务最好，最长久的、完整的全世界的保修服务都是其独特的卖点，另外，产品品种、功能最齐全，也是产品卖点，你强调这一点，就等于在塑造产品价值了。

4. 让顾客亲自感受产品，认可产品

我们要和案例中的销售员一样，尽量留住客户，然后让客户接触产品，看到产品的功效，顾客一旦认可产品，认为物有所值，也自然就能接受产品"贵"了。要知道，顾客听到价格就认为产品贵，并不是产品真的贵，而是由于其对产品性能、特征等了解和认识得不够清楚，此时，端正顾客对产品的认识就是我们的主要任务。

5. 引导客户正确看待价格差别

如果客户指出的"别家有同样商品比你家便宜很多"情况属实时，我们先要承认这一点，然后产品的优势，如功能、性能、外观、技术指标、售后服务等方面引导顾客正确看待价格差别，我们还要强调产品的价格与产品所具有的差别与优势。另外，我们必须明确指明顾客购买产品后所得到的利益远远大于其所支付的价格的代价，也就是让顾客自己感受到一分价钱一分货，而不是我们直接表达出来的，这种情况下，顾客就不会再斤斤计较了。

从以上价格方面进行劝服，让客户看到产品之间的差异，看到产品的优势，自然也就不会过多地在意稍微高出的价格了。

如何打消客户关于担心产品功效的顾虑

销售过程中，客户似乎都对销售员存在一定的质疑，尤其是空口无凭的解说，更会让顾客觉得是在“吹牛”。所以，客户经常会担心产品的功效，对此，销售员一定要始终保持良好的态度，重视客户的疑虑，并对其顾虑给出合理的解释，以此来劝服客户实现购买。

某电脑城，一位先生携带自己的儿子，准备为其购买一台电脑，经过导购员的引导，父子俩都觉得一款黑色的笔记本不错。

推销员：“先生，您的眼光真不错，这款笔记本配置高，功能强大，非常适合现在的学生用，无论是学习还是游戏，都再适合不过了。”

顾客：“是吗？这台电脑是什么配置？”

推销员：“这款电脑CPU是酷睿双核，主板前端总线1066MHz，CPU 1066MHz，DDR3内存1066MHz，”导购员拿出产品说明给顾客看。

顾客：“这款电脑真的像你说的那样？怎么可能这么高的配置这个价钱？你吹的吧！”

推销员：“其实我知道您担心买到不满意的产品，如果换我也会这样，不过对于这些数据我早就烂熟于心了，绝对不会有错误。而且，我们都会尽力提供好售前服务，否则顾客发现产品不是自己想要的，结果回来退换货，麻烦的还不是我们自己。另外，关于价格问题，是这样的，这周是我们的店庆，所以，所有电脑都参与优惠活动。所以，您就放心吧。”

顾客：“原来是这样啊！”

案例中，销售员面对顾客对产品功效的质疑，并没有采取如“准确，我都已经卖出去很多台了。”“怎么，您还怀疑我骗您啊？”“当然有事实依据了，我怎么能骗您呢？”等此类应对方式，因为这些回答，不仅没有说服力，还会加深顾客的怀疑。案例中的销售员先肯定了顾客的疑虑，然后再以诚恳的态度告诉顾客，提供好售前服务是为了免于售后服务带来的麻烦，最后，他再针对顾客所考虑的价格问题进行了解释，最终让顾客心服口服。

销售心理支招：

那么，具体来说，面对顾客否定产品的功效时，我们该如何处理呢？

1. 保持良好的服务态度，不要试图与顾客争吵

不管顾客出于什么目的而否定我们的产品，我们都不能与之争吵。因为争吵解决不了任何问题，十之八九争论的结果会使双方比以前更相信自己绝对的正确，你是赢不了争论的。要是输了，当然你就输了；如果赢了，你还是输了。因为客户已经丢了面子，不会再向你买东西了。不论你们争辩什么，你是得不到任何好处的。当客户直接否定我们的产品功效时，我们一定要先认同客户，安抚好客户的情绪。以友好的态度来对待顾客，营造出一种公平、愉快的氛围，让客户感觉到自己的感受受到了重视，此时，他就会愿意与销售员沟通，从而可能有更多的机会购买产品。

当然，避免发生争执，并不是说应该忍气吞声地放弃原则和利益，迁就客户的无理要求，事实上也根本用不着这样。

2. 辨析顾客的真假异议

很多时候，客户称我们的产品功效差，并不是真的异议，而是希望得到优惠和降价或者为了达到其他目的，此时，如果我们不能辨别出客户的真假异议，就会在与客户沟通的时候南辕北辙，达不到真正的沟通结果。当然，这需要销售人员运用敏锐的观察力，从而发现顾客的刁难并非真实的异议。通过对顾客言行举止进行认真观察，来加深对客户的认识并把握交流方向，是很多优秀的销售员经常使用的一种方法。

另外，积极地询问也是找出客户刁难我们的真实的原因的一大良方，多问一些“为什么”，让客户自己说出原因。这样，更有助于我们更好地做好判断。

3. 产品本身的确存在问题时，要尽力为顾客解决

当然，客户否定我们的产品功效，也可能的确是产品本身存在问题。此时，客户虽然指出了产品的确存在的某种劣势，我们也不要就让思绪跟着客户走，而应该继续强调产品的优势，并要学会扬长避短地回应顾客。例如，“太太，的确，我们的这款洗衣机操作起来是有点复杂，但正是因为这样，它有着其他很多洗衣机所没有的功能。”另外，如果你由于疏忽，推荐给客户的产品正好是存在瑕疵的产品，那么，你要先向客户道歉，然后再拿一款完好的产品给客户重新试用。

总之，无论顾客对产品存在什么样的顾虑，我们要加以重视，灵活应对，摸清顾客并为顾客提供周到的服务！

学会“分解”客户的异议

销售过程中，客户提出异议是一个再正常不过的现象，对产品有异议，才是真正有购买动机的，如果完全没有购买动机，大可不必费劲口舌提出疑问。因此，异议既是成交的障碍，也是成交的契机，因为一旦为客户消除了异议，离成交就不远了。而对于客户的异议，我们完全可以采取“分解法”化解，所谓“分解异议”，就是根据客户提供的不同的异议，避开客户问题的矛头所在，转换一下思维，让客户自己明白异议是多余的，从而达成交易。我们来看先前的销售案例。

小林是某电器公司的推销员，这天，他遇到一位前来购买洗衣机的客户，这位客户对产品的功能、质量都十分认可，但就是希望小林能再为其打个折，小林告知客户产品能打几折都是公司的制度，并不是自己能说了算的，此时，客户说：“你们的制度为什么那么死，不如别的商家灵活，你们能卖出去吗？”

对此，小林给出了肯定的回答：“因为××商品是通过质量创建品牌，而不是通过销量创建品牌，我们一直认为没有一个严谨的、稳定的制度是不能制造出好的产品来的，也不能对消费者负责。您说呢？”

客户：“你说得也对，那好吧，我买下了。”

很明显，案例中，这位客户被销售员的解释折服了。这里，这位销售人员运用的就是“分解”客户的异议，让客户承认了自己犯的错。

销售心理支招：

销售员消除客户的异议，需要根据异议的类型而定，这个过程，需要销售员采取相应的处理方式，销售员可以选择以下几种方法。

1. “是的”—“但是”法

这种回答的方式就是先肯定后否定，先肯定客户的异议，然后再解决客户的异议，这是一种无形的否定。

2. 自爆其短法

销售员在察觉客户可能要提出某些异议前，可以先主动把问题指出来，这样做的好处是，可以主动消除客户的疑虑。另外，显示了自己的态度的真诚，给顾客一种诚实、可靠的印象，从而赢得客户的信任。但是，销售员在指出这些问题的时候，一定要懂得自圆其说，不要落得让自己下不来台的下场，客户需要的是一个圆满的解释。

例如，“您现在可能考虑的是电脑的辐射，实际上，任何电脑都是有辐射的，不过，我们公司在这方面会为您提供一套缓解辐射的眼罩。”

3. 询问法

这种方式是：从客户的疑虑中找出问题的症结，然后为客户解除疑虑。但运用这种方法要求销售员对产品的各项知识有很深厚的了解。

例如，一位客户在商场选购东西，看到一个很漂亮的锯，想买回家做一些小东西，可是一看把柄是塑料做的，就放下了。售货员走过来问为什么，客户问道：“为什么这把锯的把柄要用塑料的面而不用金属的呢？这肯定是为了节约成本。”售货员回答：“我能明白你的意思，但可能你真得误会了，我们是为了用户考虑，您看您在使用锯的时候，本来就要费力了，如果还使用一个金属的把柄，那会更费力的。您看，这种塑料是很坚

硬的，和金属的一样安全可靠，既轻便，价格又便宜，这不是很好吗？”

4. 类比法

销售员在遇到客户的某种异议时，如果不好解决，可以转移客户的注意力，运用同等道理向客户解释原因，可能客户理解起来更容易。

例如，客户说：“人的脸上还是什么都不抹的好，抹一堆护肤品，皮肤都不能呼吸新鲜空气了。”销售人员回答：“小姐，您知道为什么人身体的其他部分的肌肤比脸部的更健康吗？因为人的身体其他部位有衣服的保护，而脸部经常暴露在外面，所以更容易受到一些外界不良因素的侵袭，皮脂腺分泌出的油脂沾上了空气中的粉尘和污垢之后，就很容易阻塞毛孔，使皮肤产生黑黄色素、脓包、粉刺和过敏等，所以我们应该给面部皮肤‘穿上衣服’。”

总之，销售过程中，无论客户提出什么样的异议，只要销售员能掌握客户的心理，并对症下药，让客户收回自己的异议，那么，实现最终成交并不难。

博弈有方，销售中惯用的“心理学诡计”

销售过程中的谈判是富有竞争性的合作，虽然不是战争，不是你死我活，你输我赢，但是谈判也绝不是找朋友，推心置腹，谈判虽然是遵循互利互惠的原则，但买卖双方皆赢的利益结果很难对等。在这种双方都希望争取最大的利益的心理游戏中，销售员要想获得更多利益，就要懂得博弈方法、施展心理谋略，在谈判的对策中声东击西，迂回式说话也是自我保护、扰乱对方方寸的心理战术，更是谈判高手惯用的技巧！

适时说些"硬"话，给客户施加心理压力

我们深知，谈判过程中有一项重要的心理策略，那就是以情动人，也即怀柔政策——谈判者可以用温柔的情意去化解对方冰冷的心，用甜蜜的语言去消解对方的怒气。而实际上，与之相对的是，还存在一种心理策略——高压政策，也就是要求我们在谈判的时候，说些"硬"话，给对手施加心理压力，从而影响谈判对手的心理状态和立场观点，达到有时用强有力的武力也不能解决问题的目的。

也就是说，销售员在与客户谈判中，尤其在快达成协议时，不应该一味地去迁就客户，使自己处于一种心理上的弱势地位，而应适时说些"硬"话，使对手心软屈服，从而控制局面，以让局面对自己有利。

这天，某客户来到一家装饰公司，找到负责人之后，他向其问询自己房屋的装修进度。

客户："请问我买的房子，大概什么时候可以收楼呀？"

负责人："一般情况下，是签完合同，收到首期房款三个月之后。"

客户："要这么长时间呀，一个月时间行不行呢？"

负责人："如果要求一个月时间收楼的话，装修人员就要赶工。您都知道慢工出细活，赶工的时候，容易忙中出错，最后影响您房子的装修质量，那就划不来了。"

客户："噢，是这样呀！那就按正常时间收楼吧！"

案例中的销售员运用的计策就是让客户晓以利害，给对方施加了心理压力，在权衡之下，客户接受销售员提出的"不"，并同意按时收楼。

销售心理支招：

那么，在谈判桌上，我们在说话的时候，该怎样在运用高压政策，并把话说"硬"呢？这里，要有一定的原则规范：

（1）弱对方的原则。要达到这个目的、必须操纵对方，使己方改劣势为优势。

（2）经常抵抗或反对对方的原则。这是在不使谈判破裂的情况之下，通过对对方吹毛求疵或反对对方的意见，给对方压力，迫使对方降低期望，以达到使对方让步的目的。

（3）创造一种竞争的姿态。制造竞争是谈判中的一条原则。谈判中无竞争，只有一个买家，或者只有一个卖家，这是很危险的，再加上时间的限制，谈判就很不容易胜利。假如想引导整个谈判向你希望的方向发展，希望对方作出一些让步的话，那么最好引入一些竞争，为自己创造了选择的余地。

比如，“这种订单我们已经接到好几份了，他们都希望得到我们的合作。”这种货比三家通常就是买方向卖方施加压力的有力措施。这样，抓住对方害怕失去的心理，自然会加快成交的脚步。

（4）用语言制造公平、客观的成交标准。

在谈判中，为避免一些不公平现象的存在，一般都有可遵循的客观标准，如市场价值、科学的计算、行业标准、成本、有效性、对等原则、相互原则等。客观标准的选取要独立于双方的意愿，公平和合法，并且在理论和实践中均是可行的。通常来说，对方为避免吃亏，一般会问：“您提出这个方案的理论依据是什么？为什么是这个价格？您是如何算出这个价格的？”

此时，我们就需要充分发挥自己的语言天赋了，要善于阐述自己的理由，一定要用严密的逻辑推理来说服对手。

比如，我们可以这样说：“实际上，我们附赠的长期的售后服务是其他公司所没有的。您可以想一下，如果你们去维修公司请求维修的话，费用远不止这个差价吧！”

当然，这里说的用语言制造客观标准，并不是说要我们欺骗对手，而是用语言说服对方，以此达到一种价值上的认同。

总之，谈判中，作为销售员的我们，并不需要我们与对手死缠烂打，只要我们懂得从对方心理角度出发，用语言来操控对方的心理，让其觉得现在的成交条件不吃亏，那么，我们是可以成功索取到利益的！

使用拖延战术帮你争取时间寻找对策

销售中，最为紧张的阶段大概就是谈判阶段了，而销售人员最怕看到的就是谈判中的僵局，尤其是对于那些谈判新手来说，僵局听起来好像是死胡同，可对于优势谈判高手来说，它们只是一个插曲罢了。无论什么时候，你都可以使用一种非常简单的策略来打破这些僵局。该策略被称为“暂置策略”，也就是拖延时间。

刘女士是个事业型女性，二十几岁时就创办了自己的皮具公司，而且，因为经营有道，她的公司生意红红火火，但最近，刘女士在国外的丈夫的事业做得更好，希望她能过去帮忙，并且，已经为她办好了移民。这种情况下，刘女士只好把自己的公司转手，在和几个收购公司几轮谈判之后，他看好了一家实力较好的公司，这家公司负责谈判的人姓王。最终，刘女士想再和这家公司谈谈收购价格的事。

这天，双方再次坐在了谈判桌前。刘女士满以为对方会接受自己提出的收购价。谁知道，谈判进程到了一半的时候，姓王的经理却被手下人叫了出去。一阵嘀咕之后，对方又走了进来。

“王经理，发生什么事儿了吗？”刘女士问。

“是这样的，刘总，外地有一家我们之前想收购的公司，他们一直不肯合作，现在他们公司出现了火灾，目前正打算低价卖给我们，那么，既然这样的话，我们自然愿意收购这家实力很雄厚的公司，当然，刘女士您也很有诚意的，如果您在价格上再让步一点的话，我们也不会再费精力去与那家公司谈……”对方王经理一连串地说了很多话。刘女士静静地听着，她哪里会轻信这些话，因为她相信天底下巧合的事是有，但这样太巧

合了，这家公司的火灾怎么来得那么不是时候，于是，刘女士说：

“王总，您看这样行不行，这事我一时半会也敲不定，我先跟我的几个董事们商量一下，会尽快给您回复的。”听到刘女士这么说，对方也自然会答应下来。

其实，刘女士这么做，是为自己赢取时间作调差。果然，不出刘女士所料，所谓的外地某皮具公司失火的事，只是对方编造出来的一个幌子而已，为的是杀价。在得知这一消息后，刘女士很快给这家公司回应：“真对不起啊，几个董事们商量了一下，还是觉得这个价格已经很公正了，如果您觉得不能接受的话，那么，我们也很抱歉。”对方的答复果然也如刘女士所料——他们答应以刘女士开出的价格收购这家公司。

故事中，我们不得不佩服刘女士的分析能力，在对方使出了一点小伎俩以企图杀价时，她并没有自乱阵脚，而是先采取拖延战术，为自己赢得时间，以调查对方所说是否属实，最终又赢回了谈判的主动权。

现实的销售中，作为销售员的我们在与客户谈判时，当遇到此类情况时，首先要做的也就是尽量拖延，在没有洞悉客户的谈判底线和意图之前，不能贸然成交。

销售心理支招：

对此，我们可以这样做：

1. 编造出一个能敲定是否成交的“第三者”

比如，我们可以这样说：“刘总，至于产品的成交价格，不是我能说了算的，我得回去问问我们经理，您看这样行不，我去打个电话，麻烦您稍等片刻。”面对这样的请求，相信很少有客户会拒绝。

2. 转移话题，先解决其他小问题

销售人员可以这样说：“我们先把这个问题放一放，讨论其他问题，可以吗？”“我知道这对你很重要，但我们不妨把这个问题先放一放，讨论一些其他问题。比如说，我们可以讨论一下这项工作的细节问题，你们希望我们使用工会员工吗？关于付款，你有什么建议？”

这样，你可以首先解决谈判中的许多小问题，并在最终讨论真正的重要问题之前为谈判积聚足够的能量。

3. 察言观色，仔细斟酌客户的意图

作为销售员，一定要想学会仔细斟酌，不要被客户的话蒙蔽了眼睛，有时候，谈判中的僵局完全是客户故意制造出来的，对方制造巧合只是为了隐瞒自己的谎言。从这里，我们可以得出一条斟酌巧合是否属实的方法，那就是要学会察言观色，因为人们在说谎的时候，都会在神色、动作等方面露出破绽。

另外，销售人员在运用这种技巧的时候，要注意以下几点。

①每一次“拖延”不能拖死对方，要给对方一个回旋的余地。例如，在改变与对方的谈判日程时可说，“因为还有别的重要会见。”在神秘中仍给对方一个延后的机会，待到对方等到这个机会时，会增加一种珍惜感。

②在拖延的时候，要注意考虑自己手中一定要有几个有利的条件重新把对方吸引回来，不能使自己的地位僵化，否则，一“拖”即逝，无力再拉回对方。

③在采取拖延技巧的时候，一定要注意自己的言论，说话要委婉，避免从情感上伤害对方造成矛盾焦点的转移。

以退为进，反面刺激客户让其买账

销售过程中，有些销售员使出了浑身解数、费尽口舌劝说客户购买，却始终无法与客户达成共识，让客户购买。实际上，这样步步紧逼只会让客户感受到压力，而一个人承受压力的程度是有限的，过多的压力就会让客户心生反感，而放弃和你的沟通。相反，我们若能从客户的心理角度出发，当双方僵持不下的时候，不妨从反面着手——以退为进，先让客户暂时获利或暂时对他们淡漠，解除他们的反感和警惕之心，那么，成功推销

出产品会变得顺利得多！

莉莉是某商场珠宝专柜的销售员。

“五一”那天，商场所有产品都参与打折活动，莉莉的专柜也是如此。因此，客户特别多，莉莉和其他销售员一样，忙前忙后的。但忙碌中的莉莉还是注意到了一位青年男士，虽然衣着名贵，但却在一款比较普通的对戒旁驻足了，他向柜台销售员问询了很多这款戒指方面的知识，但却就是不购买。这时候，莉莉决定主动采取措施，促成购买。

莉莉：“先生，请问您购买戒指是自己戴呢？还是送人？”

顾客：“想送我未婚妻。”

莉莉“原来是婚戒啊，祝您生活幸福！是这样的，我们的戒指做工都非常地好，就是价格稍微有点高，你不会因为这个原因犹豫不决吧！”

这位青年满脸通红，说：“怎么可能呢？这点小钱，我根本就不会在乎！”

莉莉接着说：“但是凭我的感觉，我敢和你打赌，你今天是不可能购买我们的戒指的，对吗？”

这位青年笑着说：“你还别激我，我今天就当着大家的面，买给你看。”可是等他把钱包拿出来的时候，一脸的尴尬。

莉莉接着说：“你空着两只手，拿什么买我们的产品啊？就会吹牛。”

这时，这位青年终于从钱包里拿出了“家当”——一张卡，说：“谁说没钱就不能买啊？你看好了，我现在刷卡了。”说完，向莉莉要过了刷卡机，顺利地完成了消费。

莉莉陪着笑脸说：“看来我今天真是看走眼了！”

青年瞪了一眼说：“小姐，别把人看扁了。”说完头也不回地走了。

莉莉露出了开心的微笑。

案例中，销售员莉莉之所以成功将戒指推销给原本犹豫不决的顾客，就是因为她运用逆向思维，认识到正面劝说客户未必成功这一点，进而从反面着手来刺激客户敏感的神经，从而让他在跟自己赌气的过程中，完成购买。

销售心理支招：

那么，在具体的销售过程中，销售员该如何运用这种以退为进的心理策略呢?

1. 适当说点刺激客户的话

使用这种方法有一定的危险性，很容易伤害客户的自尊心，让客户选择放弃购买，这就要求我们对客户是否对产品有强烈的购买欲望作出正确的评估。比如，当你看见有顾客看上橱窗的商品而因为价钱游离不定的时候，你不妨说：“您要是觉得价格贵而不能承受的话，我们这里还有价格稍微低一点的。”当客户听到这样的话的时候，一时兴起，一般都会排除顾虑，买下商品。

2. 限量销售

商家或销售员都希望产品卖得越多越好，为什么要限量销售呢? 这是因为物以稀为贵，人性就是这样，越是得不到的东西就越觉得珍贵，而产品只有在他想买的时候买不到，他才会想尽办法去买。

所谓限量销售，指主要通过控制日销售的产品量或产品总量来诱惑消费者，从而提高产品知名度和受欢迎程度的一种方法。

上海有一家腊味商店，出售的是全手工制作的各种腊味，货真价实，风味独特，很受顾客的欢迎。但这家店有一个规矩，就是每天限量生产，卖完之后就不再销售了。哪怕顾客强烈要求做一些，也不做了。

当有顾客问老板为什么时，老板回答：“店里人手不够，若是做多就保证不了质量了。请您见谅。”

因此，作为销售人员，要打开高质量产品的销路，有时也需要动一番脑筋。但在使用欲擒故纵的时候，销售人员一定要注意语气，不要显得不可一世，这样会激怒客户，而导致生意失败；要不动声色，即使是计谋，也不会被客户察觉，这样，才会更有把握达成交易。

巧用“最后时限”技巧让客户就范

销售过程中，我们发现，很多情况下，客户明明已经答应购买，也没有任何其他异议了，但就是不成交，此时，我们不妨巧妙利用“最后时限”技巧，以此转败为胜。所谓“最后时限”技巧，也就是要让交涉对方在最后时限内做抉择，其实，这个时候，你不必干涉，而是要让对方自己产生一种“心理认同感”，让他自己得出结论，这往往比我们巧舌如簧的劝解更有效，而在此之前，我们需要做个心理引导，把对方的思路转换到预定的轨道上来，这样，占尽先机的交涉也就运筹帷幄了。可见，在整个交涉过程中，心理策略贯穿其中，掌握一定的心理策略，能让我们在社交过程中掌握大局，立于不败之地，

某个周五的下午，某部门主管代表公司与另外一公司同级领导讨论合作事宜，但是讨论了很久，都未能得出一个好的解决方案，这样讨论下去，只会耗费更多的时间，眼看就要到下班时间了，这位主管发话了：“今天大家的兴致都特别高，非常好，不过仍然没有一个比较满意的方案，要不这样吧！反正明天周末，我们加班讨论，如果还是决定不了，星期六再接着讨论！各位觉得如何？”全场哗然。过了一会儿，还没到晚上九点，新的方案就出来了。

为什么会出现这样的结果？因为忙碌了一周的他们都在期待着周末，没有谁希望自己的周末耗在无聊的办公室里，因此，他们只想快点结束会议。

当然，在谈判过程中，就需要反过来处理，一定要撑到最后一秒钟。能在谈判中取胜的人往往就是能够顶住“最后期限”这个巨大压力的人。

销售心理支招：

在运用“最后时限”这一方法时，我们需要注意：

1. 在“最后时限”成熟的条件下

①处于一个强有力的优势地位。如果你能事先了解到，这笔交易的达成对于客户来说，显得更为重要，或者其他竞争对手根本不具备你所代表的利益团体所拥有的条件，那么，你就占据了有利时机，如果要继续进行交易的话，对方只能找你。这是运用这一策略的基本条件。

②最后阶段才能使用。为了逼迫客户让步，己方可以发出最后通牒。因为在谈判的最后阶段，对方已在谈判中投入了大量的人力、物力、财力和时间成本， 一旦拒绝你的要求，这些成本将付之东流，并且其谈判代表回去后还不好向企业交代；同时，越是到最后阶段，通过己方的陈述，对方越是能认识到此次谈判可能给他们带来的巨大利益，当意识到只要在最后一两个问题上作出让步即可获得这些利益时， 他们可能接受你的最后通牒。

③你的建议和交易条件在客户的接受范围之内。如果你提出的成交要求实在过分，那么，即使对方想成交，也是有心无力；而你提出的要求若在对方的最低目标之上，这时，你若发出最后通牒，不会引起强烈的对抗和反击，对方可能会表明对己方的不满态度，然后接受你的要求。

④在能实现你最低目标的前提下。最低目标是你必须坚守的最后一道防线。如果对方提出的成交条件已经超出了你所能承受的底线，那么，谈判是否成功对你来说，毫无意义。

⑤试用其他方式无效。当谈判陷入僵局，对方给你施加太大的压力，你无计可施，妥协退让也无法满足对方的欲望时，最后通牒往往是最后一个可供选择的策略。此时，若最后通牒也无法迫使对方让步，则只能接受谈判破裂的结局。

2. 注意巧用最后时限的技巧

①“最后时限”最好由谈判队伍中身份最高的人来表述。发出最后通牒的人身份越高，其真实性也就越强。当然，改变的难度也就越大。

②“最后时限的”态度要强硬。语言要明确、毫不含糊，应讲清正反两方面的利害，不让对方存有任何幻想。同时，己方也要做好对方真的不

让步而退出谈判的思想准备，以免到时惊慌失措。

③用谈判桌外的行动来配合己方的“最后时限”。发出“最后时限”后，再以实际行动表明己方已做好了谈判破裂的准备，如酒店结账，预定回程的车、机、船票等，从而进一步向对方表明最后时限的决心。

④实施“最后时限”前必须向更上级领导通气。你要让他明白为何实施最后通牒，究竟是处于不得已，还是作为一种谈判策略，否则，上级很可能由于不明真实情况，而对实施最后通牒横加干涉，破坏己方的谈判策略和步骤。

总之，销售人员利用“最后时限”这一心理策略需要一定的条件和谈判技巧，既要让对方相信己方的“最后时限”是真实可信的，又要让对方无法还手，接受最后通牒的条件。

利用正反面提醒的方法对客户施压

在我们的生活中，我们会发现，不少商家会开展“限期促销活动”，这一促销方法除了可以创造一种热烈的销售气氛之外，所谓的“限期”其实都是要客户注意，超过期限就不能享受如此优惠！而消费者也对商家有意无意传递的这种意义心知肚明，所以很多消费者都会选择在节假日或企业推出的促销活动期间进行“疯狂购物”，即使需要排队等待也乐此不疲。这也是一种打动客户的有效方式。很多销售员个人也经常使用这一方法来促进客户购买。销售人员个人与客户进行沟通谈判时，可能要面临更多的客户异议，因为客户此时不是主动购买，而是需要销售人员的说服。如何说服他们下定决心呢？也许任凭销售人员说尽产品的益处，客户也无动于衷。面对这种情况，销售人员必须改变策略，至少不要让自己的说服形式过于单调，而向客户提出“假如此时不购买我们的产品，您将会受到……损失”的暗示，从而让客户处于一种紧张不安的情绪中，这时，销售员的劝说将会更容易奏效。

小王是某保健器材的销售人员，他认识了潜在客户杨总。小王对这个杨总进行了一番了解。原来，杨总是一个很孝顺的儿子，对母亲的健康很在意，而且只要认准了产品就不会在价格上斤斤计较。

在见到杨总并与之进行一番交谈后，小王向杨总介绍了这种保健器材的一些功能和特点。杨总说他目前没有这方面的需要，如果有需要的话，他一定会与小王联系的。小王听出，杨总是在下逐客令。可是小王并没有放弃，他又说："听说您的母亲就要过70大寿了，人生七十古来稀，不过以您母亲的身体状况就是再活70年也没问题呀！"

杨总听了慨叹道："哎，虽然我母亲保养得一直很好，可是毕竟年龄大了，身体一日不如一日了，最近就时常闹些小毛病。"

小王说："其实老年人身体状况不好光靠吃药是没用的，关键还是要经常做些有益的活动，这样一来可以增加身体的抵抗力，二来还可以使他们在运动的过程中保持一个良好的心情。"

杨总仍然神色严肃地说："以前我母亲也外出参加一些活动，可是最近她自己总觉得太累，再说，我也怕她到外边活动出现什么问题不好及时处理，这个问题愁坏我了。"

小王接着说："我们公司的产品正好可以帮您解决这个难题……"

在说明了使用这种保健器材的一系列好处之后，小王看到杨总已经有了点购买产品的意思，他想现在应该是趁热打铁的时机了，于是他又说："如果您不能在母亲70大寿的时候送给她一件有意义的礼物，那她一定会很失望的。而这种保健器材不仅可以让她老人家感受到您的孝心，而且每次看到它时，老人家都会想起自己这个值得纪念的生日的。这种保健器材我们销售部只剩下3台了，如果您现在不买下的话，等到您想买的时候恐怕就要卖完了，到时候只能等公司总部发货过来。如果那样的话，那您一定会感到遗憾的。"

"好吧，我现在就要货，你先把它送到我的办公室，我想等母亲生日那一天给她一个惊喜。"显而易见，杨总已经迫不及待了。

案例中，销售员小王就是运用提醒的方法直接让对方注意：如果你不购买产品会怎样。他的聪明之处还在于他做了准备工作，在推销前先对客户进行了一番了解，这样劝服的时候，成功的概率就大了很多。

销售心理支招：

那么，我们在提醒对方注意的时候，可以采用哪些方法呢?

1. 正面“提醒”

让对方接受我们的想法或者达到某种目的，并不一定要反复提醒他“如若不……会怎样”，你可以直接告诉他，“如果你怎样……你会有什么益处”。但前提是，你必须对对方有很深刻的了解，知其所好，这样，才能把“提醒”说到对方的心坎上，同时，要让对方理解我们的出发点是善意，不然只会适得其反，引起对方的怀疑。

2. 反面“提醒”

也就是说，我们可以对对方说“如果你不购买会怎样……”，因为客户都有害怕失去的心理，左右思量后，对方势必会中我们的“圈套”。

总之，只要我们把握好这种心理暗示的方法，进行合理而巧妙的暗示，就可以声东击西、混淆客户的试听，从而顺利达到我们的成交目的！

第15章

攻克心理壁垒，决定销售成败的“临门一脚”

销售中，当客户被说服后，他们会产生够买欲望，但是客户不一定成交，此时，不仅就需要我们从客户的语言、动作、表情等来把握和抓住这一成交信号，还需要我们迟疑不定的客户一颗“定心丸”、不给客户找借口的机会、帮助客户做决定等，只有做到这些，我们才能以少胜多，以弱敌强，扭转乾坤，以不变应万变，给客户一个台阶，最终顺利让客户完成购买。

第一时间内就识别客户发出的成交信号

生活中，每个人的性格不一，对于是否购买的问题，也并不是所有人都用语言来表达。此时，作为销售员就应该具备敏锐的观察力，从客户的表情中识别客户的真实想法。然而，很多经验不足的销售新人，当客户已经“暗示”过他——发出成交信号后，他仍然不明就里，甚至会错意，导致了销售的失败。可见，对销售人员而言，如何第一时间识别顾客发出的成交信号，并在此类信号的基础上继续努力，把销售进程向成交的方向引导，是需要一定的技巧的。

李雅是一名网页推广员，在一次与客户进行销售谈判的过程中，刚开始她发现那位客户一直紧锁着眉头，而且还时不时地针对产品的质量和服务提出一些反对意见。但对客户提出的问题她都一一给予了耐心、细致的回答，同时她还针对市场上同类产品的一些不足强调了她所在公司竞价排名的竞争优势，尤其是针对客户比较关心的售后服务方面，强调了自己所在公司的客服上一季度还获得了所在区域代理商前三名的优异成绩。在她向客户一一说明这些情况的时候，她发现客户对她的推荐不再是一副漠不关心的模样，他的眼睛似乎在闪闪发亮，这时，李雅知道她的介绍说到了客户的心坎儿上，于是她便乘机递上了合同，走到旁边，心里对这个单也就十有七八了，果然，客户拿起笔签了字。

情景中，销售员李雅之所以能顺利销售并成交，主要还是因为她善于观察客户，从客户的表情中识别出了成交信号。

销售心理支招：

那么，销售人员如何成功识别顾客的成交信号呢？

1. 成交的语言信号

（1）对产品挑三拣四，总是认为产品有不如意的地方。事实上，这类

客户才不是真的认为产品不好，而是希望可以通过提出意见来尽量为自己争取最大的利益，也就是人们常说的“挑剔是买家”。如果客户对你的产品丝毫无意见，那么，说明他们对产品根本就没兴趣。

（2）称赞其他售货方的产品。作为销售员，你要明白，客户并不是真正欣赏别人的产品，因为果真如此的话，销售员就没必要与你费口舌而直接购买其他销售员的产品，客户“违心”地称赞其他售货方的产品，也是为了能在购买中得到更多的“便宜”。

（3）询问价格上的优惠，如产品有没有促销或者打折活动。因为人们总是希望能购买到物美价廉的产品。另外，还有些客户，希望通过加大订货量或者是团购的方式来获得价格上的优惠。所以，当客户在询问这点时，一般情况下，客户都已经决定购买。

（4）询问产品的售后、包养、维修、送货时间等问题。客户在询问这类问题前，其实，已经决定购买，只有问清楚这些，才会有安全感。

（5）问付款方式。如定金还是全款，分期还是全额等。

（6）客户直接向销售员表达自己对产品的满意。

2. 成交的表情信号

（1）客户始终把视线放在产品上，这是因为客户对产品有兴趣，想对产品的外观有更多的了解；

（2）客户的嘴部轮廓开始放松下来，一般来说，嘴唇紧闭是紧张的表现，放松则表示令其紧张的问题已经解决。

（3）表情中透视着热情、自然的意味，这表明客户对产品不再冷漠、怀疑、拒绝了。

3. 成交的动作信号

（1）客户开始变得“躁动”起来。如果客户由刚开始的面无表情或者是抱胸等动作逐渐转变为四处看看，或者开始打量产品的质量等，这说明，客户已经开始对产品产生了购买意向。

（2）客户开始放松下来。一般在决定购买前，客户会在买与不买这一抉择上产生一种纠结的情绪，情绪紧张，但一旦顾客确定下来，心理一般就如释重负，自然在行为动作上会表现出放松的状态。

(3) 客户的双脚显示出他的真实心理。很多时候，人们在撒谎的时候，其身体的某个部分会出卖他们，如双脚。客户如果拿“离开”作为威胁条件使得销售员降价，但实际上，他的双脚根本没有离开的一点举动，那么，客户很明显是在撒谎，说明顾客还是在测商家的价格底线，这时候，谁能坚持到最后，谁就是赢家。

4. 成交的进程信号

（1）转至更为严肃的交谈场所。这样做，体现了客户对你们交谈内容的重视。比如，客户邀请原本在公共区域的你至会议室，这就表明开始有购买意向了。

（2）销售人员在订单上书写内容做成交付款动作时，顾客没有明显的拒绝和异议。

（3）向销售人员介绍真正的决策人，如主动向销售人员介绍“这是我们主管”“我们家的所有购买行为都是我太太作主”等。

当然，不同的客户，销售员的推销能力，销售阶段的不同，客户所发出的成交信息也是不同的，但聪明的销售员会根据具体情况，仔细观察，不断揣摩与分析，能成功地识别出客户的成交信号，然后拿下订单。

了解成交前不同客户的不同心理状况

在销售中，只要尚未签单，就还存在着很多不确定的因素。客户往往考虑到其他很多原因，而迟迟不肯签单，这直接影响到了交易的顺利进行。而此时，很多销售人员就手忙脚乱，不知如何是好，其实，在此之前，销售员只要提前了解客户拒绝成交的心理因素，就能保证不在销售中自乱阵脚。

勤勤是上海某房产中介的业务员，因为她聪明伶俐、沟通能力好，业

绩一直很好。但是最近，她遇到了一位客户，对楼盘比较满意，但是，却迟迟没有决定购买。一个月后，勤勤再次邀约这位客户。

勤勤：张先生，我看您对那套三居室挺满意的，不知道，您今天能和我们签约吗？

客户：是挺好的，但是两个卫生间并不是都可以洗澡，这和我想象的不一样。

勤勤：真是对不起，可能是我们在介绍的时候让你产生误会了，其实，小的那个卫生间也能洗澡，只要再安装一个淋浴头或是澡盆就行了。开发商想让客户自主决定，所以并没有安装。

客户：我想再考虑考虑，城北那边有几个楼盘也很好。

勤勤：好的楼盘很多，但是像我们公司这样的楼盘并不多，你也是知道的，我们公司一向以诚信为主，给客户承诺的绿地面积和中心花园，绝对不会被占用。对此，恐怕没有哪家房地产公司有我们这么诚信，您说呢？

客户：对，但是，现在楼市低迷，行业不景气啊！等过一阵子好一点再买。

勤勤：过一阵子行业景气了，价格就没这么便宜了。再说投资领域里有一条投资原则，“当别人卖出时买进，当别人买进时卖出”，今天大部分有财富的人都是在不景气的时代奠定了成功的基石，对于他们来说长期的利益远胜于短期的挑战，所以他们愿意作出决定。相信张先生您也会作出决定，对吧？

我们不难看出，勤勤的客户张先生迟迟不肯签约的原因是，他还在观望，希望可以买到更好的房子，而聪明的勤勤就看出来了。排除了客户的这些想法，很明显，客户已经被她说服了。

销售心理支招：

那么，影响客户成交的心理因素都有哪些呢？销售员又该如何应对和预防呢？

1. 客户希望购买到完美无瑕的产品

每个人在购买产品的时候，都希望能买到心中称心如意的产品，但是，这种期望往往会超出产品本身的真实价值。因为，本身就不存在完美无缺的产品。而且一分钱一分货，一定的价钱只能购买到一定的产品。比如，人们买手机时，都希望所选购的手机能具备市场上所有手机的优势，像拍照、音乐、导航、3G等。但是，即使功能再多，也难以完全符合心意。所以这种期望和产品本身之间是很矛盾的。

在谈判中如果客户较高的期望不能被满足，就会感到很失望，认为自己没有得到应得的利益，从而开始重新考虑购买及决策。

要避免这种情况发生，销售员在介绍产品时就要秉持实事求是的态度，保证让客户对产品本身有一个清晰、正确的认识，打消客户过高的期望。例如，让客户亲自试用产品等。

2. 客户认为其他家的更好

在销售过程中出现“撬单”的事情也很常见。即使销售员已经和客户洽谈到签约的事宜，一旦出现有威胁的竞争对手，这笔生意也很有可能告吹。

针对这一点，销售员需要时刻注意竞争对手的情况，包括他们同合作客户之间的往来动向，进展程度等。这样才能预防被撬单的情况发生，从而保证销售工作顺利进行。

3. 客户有观望心理

范例中的客户就是这样的心态，总认为还有更好的产品，更优惠的价格。客户存在观望心理，原因也有很多，如他们在等价格下跌，迫使销售员作出让步，或是等待竞争对手送来更优惠的价目表。无论什么情况，对销售员来说，都是十分不利的，此时销售员要主动出击，因为很多时候，观望中的客户已经掌握了该产品的行业价格情况，在与其他销售公司交涉的时候，他们就拥有了更大的主动权。如果销售员坐以待毙，被动接受客户的拖延策略，那么就很可能失败。销售员可以在准许的范围内尽可能地满足客户，先得到客户的信任，留住客户的心，一步步地挡住客户观望的视线，如告诉客户价格优惠将要截至，向客户出示产品的质量认证和权威认证等，坚定客户的成交决心。

当然，影响客户成交的心理因素还有许多，但是无论是什么因素，只要我们按照这三个大方面进行应对，那么当阻碍产生的时候，我们就能在第一时间解决它，从而保证交易的顺利进行。

化解成交前来自客户的各种销售困难

在销售过程中，一般在提议成交之后，一定会有客户作出拖延购买的决定，因为所有的客户都知道这些技巧。他们肯定会常常说出“我会考虑一下”、“我们要搁置一下”“让我想一想”诸如此类的话语，这就让我们的销售在成交时遇到困难，困难不能顺利解决，则意味着前期的销售工作前功尽弃。其实，客户之所以迟迟不肯成交，总是有一些心理原因的，只要我们善加观察和理解，找到顾客不同的拒绝理由，我们就能逐步解决。

下面是一位销售人员的一点销售经验。

“我是一位金银首饰店的销售人员，一次，我接待了一位客户，她说她要购买耳环，我给她介绍了一款，她倒是十分喜欢，但是她想买又不买，还想再到别处去逛逛，说要考虑一下。此时我店里正好有促销活动，买到一定数额就有精美礼品赠送，于是我就给她介绍，让她先看看我的赠品，果然她看了之后，非常喜欢一款毛衣挂件，但是还是抑制住了自己的喜悦，说先看看再说。于是我劝她，这是我店里的一个促销活动，礼品有限，送完为止，如有喜欢的，最好还是尽快买下来吧，不然‘过了这个村可就没这个店’了。在几分钟的沉寂之后，她还是决定买下来了……”

这位销售人员在成交过程中遇到的问题，可以说，几乎每位销售者都会遇到。但无论客户提出什么反对意见，我们都要保持耐心，然后找出客户不肯成交的理由，逐一化解之后，是能劝服成功购买的。

销售心理支招：

化解销售中遇到的困难，需要销售员在即将成交时对症下药，为此，我们要做到以下几点。

1. 客户耐性太好，始终不肯成交

面对这种情况，销售员就更要和客户比耐性，谁能坚持，谁的心理素质好，谁就能取得最后的胜利。销售员要明白的是，没有一个客户能不明情况她就购买某件产品，为了保证自己能买到放心的产品，他们一般都会拒绝，然后任由销售员来劝服自己，从而证明产品物有所值。如果顾客一拒绝，销售员就撤退，顾客对销售员也不会留下什么印象。而在成交的过程中，更是要坚持到底，因为成交是决定销售成败与否的最终标准。

2. 客户对促销产品心存疑虑

很多商家为了吸引客户，会采取促销的方式，这样做不免会引起客户对产品质量的质疑：是不是产品存在问题，所以在降价呢？这种情况下，销售员一定要做好劝说和解释工作，让客户知道促销的原因。比如，你可以告诉客户："正是因为质量好，商场盈利大，才降价回馈社会，这也是薄利多销。"于是，在整个"引导"的过程中，所有的行动都是你安排的，但顾客看来，一直到交易成功之后，他们都以为是自己占了便宜。

3. 客户满意产品，却又迟迟不肯成交

有这样一些客户，他们对某件产品很感兴趣，但因为一些其他原因，如暂时不需要或者认为可买可不买，于是，他们采取观望的态度，迟迟不肯成交。对于这种情况，销售员要主动采取措施，如加压。当然，这不是强迫，而是一种心理策略，使顾客无形中感到一种压力，让他们主动提出成交决定。

当然，这也不失为一种冒险的措施，因此，销售员一定要做好准备。同时，要有良好的应变能力，否则，很容易弄巧成拙，激怒客户。但销售人员还需要注意的是：

（1）越是在成交将近时，越是不能心浮气躁，不能急于求成，否则很容易前功尽弃。

（2）如果客户在最后关头仍然刁难你的话，也要理解，毕竟这是"一场较量"后的最后关头。

（3）将服务进行到底，不要因为客户即将签约购买而放弃或者松懈对客户的服务。

销售行业本来就是靠嘴吃饭的，一个销售员拥有一副好口才，就为自己的销售事业添了砖加了瓦。因此，销售员要想卖出去产品，口才的重要性可想而知！

必要时可以帮客户拿主意

在销售过程中的成交阶段，不少销售人员发现，我们越是以正面的、积极的方式去劝服一个人接受一件事时，你越是劝服，恐怕越会招致其反感，而如果我们能主动、大胆地为客户做决定时，客户反倒会被我们的信心折服、减少不安感，最终爽快签约。

约翰是一个教育书籍推销员，他的销售记录一直是该行业销售员中的第一，他有自己独特的一套成交秘笈。

当有位女士表示对他的商品没有兴趣后，约翰一言不发地站在原地，一脸不敢置信的表情。接着他说：“乔治太太，你的意思是，不帮孩子买这些书籍！你知不知道自己在做些什么？你准备袖手旁观，任由孩子去独自面对未来的竞争！你这样做，等于让孩子丧失竞争的能力。你只不过一天投资几块钱，就可以为孩子提供更好的教育机会，而你竟然不愿意，宁可让他们自求多福！”

“我不相信你会这么做，乔治太太。只不过在一个月中，一天只花几块钱，你的孩子就可以大大扩展知识面。我相信你愿意投资这些钱，让自己的孩子有个好的开始。”

经过他的这种强硬说服，乔治太太最后接受了他的建议。

约翰无疑是在为客户作出了决定，面对犹豫的客户，约翰冒了一次险，虽然他的语气比较强硬甚至略微带有责备的意思，但却句句在理，但客户绝不会为此而动怒，反而会感激约翰的提醒。所以，在销售中，当客户犹豫不决的时候，销售员一定要及时采取措施，甚至不妨冒险一下。

销售心理支招：

那么，我们如何帮助客户作决定呢?

1. 不妨语气强硬些

范例中的约翰运用的就是这一方法。有时对待无限拖延的客户也可以用此招。面对这种状况，我们要学着扑克牌高手说："先生，请摊牌。"

马克也经常采用这种销售技巧。

"碰到棘手的交易，"他说，"业务员必须建立自己的权威，而不是将顾客当作权威。"有一次，马克遇到的客户是一家小型 5 人公司，正需要会计系统。

马克说："一天，我们将这 5 个人全请到公司，解释我方提供的解决方案。他们很认真，评估了市面上所有的会计系统。1.5万美元的交易，讨论了好几个小时还是无法定案。最后我将机器关掉，把钥匙放入口袋。我说再不定案，请你们都回去。这 5 个人突然像被驯服了的小猫！乖乖签下了合约。"

使用此法应谨慎，技巧必须非常娴熟，并且要根据客户的具体个性特征与接受能力，掌握好用词的度，否则只会适得其反。

2. 暗示法

通过暗示别人的看法，来坚定顾客自己的判断

"这个礼品多显档次啊，您送给客户，客户一定会很高兴的。"

还有许多的促进成交方法，在实际的促销过程中需要根据不同的顾客，采用不同的促进成交策略。

可见，只要善于观察和总结，每个人都能够成为销售高手，所有的营销理论与技巧，无非都是来源于日常生活，同时服务于日常生活的。

但使用这些技巧帮助客户作出决定的时候，我们一定还要注意：

（1）与客户交谈的语气一定要把握好度，要技巧娴熟。

（2）有些客户并不喜欢别人给自己作决定，销售人员要善于观察，对于这种客户，要循循善诱。

建议成交法：为客户描述得到产品后的美好画面

推销大师乔·吉拉德的推销经验一直为推销员们所研究和效仿，乔很擅长为客户描述产品的功效，他认为，人们都喜欢自己来尝试、接触、操作，人们都有好奇心。不论你推销的是什么，都要想方设法展示你的商品，而且要记住，让顾客亲身参与，如果你能吸引住他们的感官，那么你就能掌控住他们的感情了。

如果客户住的不远，乔还会让客户体验一把，把车子开回家，让他开着车子在妻子、孩子面前炫耀一番，然后，客户会很快被驾驭新车的感觉陶醉。对此，乔的经验告诉我们，凡是坐上驾驶座，并把新车开上一段距离的顾客，最终都会选择购买，即使当时不购买，一般也会在一段时间以后来买，因为新车的味道已经印在他的脑海中了，使他们难以忘怀。

你也许很纳闷，为什么乔这么有把握？因为已经投入太多情感，他原先打算就在这家公司把交易谈定：车都选好了！甚至在他的心里，可能已经勾勒出了拥有这部车的美好场景。而如果他“不”签字，需要有很大的勇气，而且一切得从头来过，孩子又会大哭大闹、妻子的抱怨等。

因此，在销售过程中，我们若希望客户最终购买、实现成家，一定要让客户看到在购买产品后的美好画面。

一位二手房销售员准备将手头一套老房子卖出去，其他同事都觉得不可能，因为那套房子实在很陈旧了，没有客户愿意去买一套老房子，可是，这名销售员却说：“我去看了房子，那棵樱桃树会帮我的忙。”

后来，这名销售员带着一对夫妇去看这栋老房子。一进入院子，太太便发现后院这棵美丽的樱桃树，很高兴地对丈夫说："你看，院子里这棵樱桃树真漂亮！"而当这对夫妇进入客厅时，却对陈旧的地板、掉皮的墙壁都不满意。销售员对他们说："虽然地板有些陈旧，但这栋房子最大的特点是从客厅向窗外望去，可以看到那棵美丽的樱桃树。"然后，不管这对夫妇指出这栋房子有什么缺点，销售员都一直强调："是啊，这栋房子是有一些缺点，但有一个优点是其他房子所没有的，那就是从任何一个房间的窗户向外望去，都可以看到那棵美丽的樱桃树。"最终，这对夫妇毫无怨言地花了50万美元买下了"那棵樱桃树"。

这对夫妇之所以会最终买下那套老房子，并不是房子本身的价值，而是"那棵樱桃树"，人们购买某种产品或享受某种消费，是因为产品或者服务质量好或者价格低，当然，这是普遍的情况。但不尽然，有时候，客户心中有自己的消费需求，这并非产品本身所能带来的。也就是说，其实，每个客户在购买产品的时候，心中都有"一棵樱桃树"。

可见，聪明的推销员在工作中，常使用"建议成交法"这一方法让客户看到购买产品后的美好画面，进而加快客户成交的脚步，一旦客户感受到这一购买美好，他们便会毫不犹豫地购买，并会对我们说"谢谢"。在这点上，推销大师乔·吉拉德的做法就值得我们效仿。

销售心理支招：

那么，具体地说，我们应该怎么做呢？

1. 调动客户的想象力，勾勒出产品所带来的幸福画面

比如，我们可以这样说："周末的早晨，您带着你的妻子和孩子们，骑着我们公司的山地车，来到郊外，舒展已经劳累了一周的身体，有一片草地，您可以把车放到一边……"这是一段具有强烈对比性的想象，想象之所以为想象，毕竟不是真实的，但客户听到这段话后，是不会产生异议的，因为，这只是对产品的一种自信。

2. 让客户参与，体验互动

一旦客户对产品有了一些切身体会，他们就更容易联想起拥有产品之后的感受。所以，对于销售员来说，完全没有必要不舍得让客户使用自己

的产品，客户只有亲眼看到效果，亲自感受到产品的好处，才会真的决定成交。

当客户了解这些以后，就会有一种想尝试的欲望，此时，我们的销售目的也就近乎成功了。

不建议成交法：让客户绝对信任你

我们都知道，没有人永远是在扮演同一个角色，就拿销售员来说，可能在生意场上或者商场上我们是销售员，但在生活中同样也是客户，谁不希望买到称心如意的产品，谁不知道“只选对的，不选贵的”这个道理，我们的客户，何尝不是这样想？如果我们为了短期的销售业绩，给客户推荐最贵的产品，诱导客户购买大大超出需求或用不着的产品，却不管产品是否符合客户特点，那么最终只能被客户埋怨，甚至还会影响客源和财路。

销售中，如果我们能从客户的角度考虑，使用不建议成交法，那么，是能把客户变成死党，进而愿意放心购买的。

所以每一个销售员都应该清楚：对每一个客户都应该真诚建议，让客户信任你，只有推荐最适合客户的产品，才能令他们真正满意才会成为你的死党，才会成为你最忠实的客源。

客户：“我觉得那套棕色木质家具看起来比较大方，而且我一直比较喜欢木质的东西……”

销售员：“请问您家的客厅有多少平米？”

客户：“我家客厅有30平方米，应该能放得下。”

销售员：“您看一下这套家具的宽度，是不是放在30平方米的客厅里会让剩余的空间太狭窄了，其实主要是我们这里这个展厅比较大，很多人一进来就相中了这套家具，实际上那套小巧玲珑的家具更适合年轻人的特点，而且价格也比刚才那套实惠很多。”

客户：“你说得对，我还是买这套小一点的吧！”

情景中的销售员就是个优秀的销售员，虽说给客户推荐贵的家具所获利润更多，但是从客户角度考虑，他还是为客户推荐了适合客户的较小的家具，实在难能可贵。这样的销售员不愁生意不好，因为他能为客户着想，客户感受到切身利益被人关心后，自然会把销售员当成死党，或许下次客户来购买产品的时候，就直接找这位销售员了。

销售心理支招：

那么在向客户推荐产品时，销售员具体应该如何做呢？

1. 提供真诚的建议

没有哪个销售员不乐意有高利润的生意做，于是，一遇到财大气粗的客户，很多销售员就认为财神爷来了，就会乐呵呵地宰上一把，把最贵、最好的产品都推荐给客户：“当然是这种价格高的质量好了，一分价钱一分货嘛，价格贵，自然做工精细，技术含量高。这才是整个公司的重头戏，那些价格便宜的还不是为了搭配这些质量上乘的产品卖的。”而那些真正优秀的销售员则会告诉客户如何选择适合自己的产品。要成为一名出色的销售员，先要做一个有道德的人。

对于客户对自己的需求比较模糊和不准确时，销售员要站在客户的立场上提供真诚而合适的建议。如果客户认为自己需要的某些产品或服务并不适合他们，而他们先前不看好的产品才真正可以满足其需求，这时推销员就应该根据客户实际需求在沟通中认真加以分析，然后提出最符合客户需求的建议。

2. 让客户有脸面

有时候，客户有自己一定的购买能力，希望销售员可以给自己找一个台阶，从而可以在自己能够接受的范围内选择较好的产品，但有时候由于销售员的话语往往让客户骑虎难下，最终有可能放弃购买。

虽然大部分商品的价格与质量是成正比的，价格越高，质量越好，但也不乏物美价廉的商品，况且，每个客户心中都有自己预定的价位和商

品：对于那些可以称为富翁的客户，大多数是东西都买最好的；而对普通消费者来说，只要适合自己的就是最好的。

3. 重视客户的利益

销售虽说卖的是产品，但更是说服客户，不仅需要较好的语言技巧，更重要的是，要掌握正确的原则：抓住客户的切身利益展开说服工作，即“站在别人的角度，说自己的话”。

每个人在沟通的过程中都有一个自己的立场，若别人说话的立场和自己的不同，自然就会产生抗拒心理。聪明的销售员应该学会和客户站到同一个立场上去，并从客户的角度出发去思考问题。

一家高档服装店来了两位顾客，要买一套最高档的西装。销售员马上把一套西装取下来，十分和气地把衣服递了过去。试衣服的顾客身材很高大，西装穿上有些显小，连普通人都觉得不合适。可销售员却不断地说：“不错，挺好的！”只见两位顾客交换了一下眼神，试衣服的顾客把衣服放下就走了。一心只想把衣服推销出去而不顾及顾客的需求，结果适得其反。

可见，伟大的销售员总是会在第一时间考虑客户的要求，一旦你掌握了这种方法，你的工作就能够更顺利地进行，并且你做成的不只是一笔生意，还赢得了一名忠实的客户，忠实的客户给你带来的利益是不可估量的。

适当让步，争取实现双赢

作为销售员都知道，销售中，价格问题一直是销售员头疼的问题，很多情况下，因为销售员始终不肯让步、一味地坚持自己的立场，而让价格谈判陷入僵局，甚至导致整个销售活动的失败。为此，成交时，销售员一定要懂得变通，然而，对于如何让步也成了不少销售人员头疼的问题。

事实上，在谈判中，人们经常说：喊价要狠，让步要慢。人们总是比较珍惜难以得到的东西，在商战中也同样如此。客户不会欣赏很容易得到的成功，太容易得到的东西他们就不会太珍惜。因此，销售人员要学会让客户努力争取能够得到的东西，即使要作出让步，也不要显得轻易作出。

客户："但是我还是觉得有点贵……"

销售员："其实这双鞋特别受欢迎，但是因为数量有限，所以我只是推荐给那些穿起来好看的女孩。前不久一个女孩想要330元买下，和我谈了很长时间，我也没卖。那你给出个价，看看你想多少钱买。"

客户："330元也不卖？"

销售员："对，这个是最低线了。"

客户："那335元吧，我也不和你讨价还价了。"

销售员："好吧。我帮你装起来……"

我们发现，案例中的销售员是聪明的，面对即将成交时的讨价还价，她适当让了一步，留住了客户。

销售心理支招：

如何把让步作为谈判中的一种基本技巧、手段加以运用，这是让步策略的基本意义，而了解让步的形态和选择是运用好让步策略的基础，以下是给谈判者提出几点让步的策略。

1. 使对方首先作出让步

谁先让步也是让步策略中的一个问题，很明显，谁先让步，更容易失去谈判的主动地位。因为首先让步的一方必定是在心理上已经处于劣势了，所以销售员一定尽力让客户先作出让步，即使你非让步不可，你也要在能得到一些回报的基础上作让步。

2. 给对方一个让步的理由

很明显，先作出让步的一方会在心理上有压力，而且会损失面子，销售员一定要学会找出有利于双方的一个台阶，然后顺势让客户作出让步。比如，为他人的让步尽量保守秘密等。

即使是老练的谈判专家，有时候也不得不作出让步。不过在这种极为

不利的形势下，仍得设法应付，以保住谈判的主动权。在这种情况下，最重要的就是应先向对方详细说明之所以让步的理由，让对方了解，你并非因为立场不稳，或是所提出的主张不够正当，才作让步的。

3. 做好让步计划

销售员要明白，让步是谈判中不可缺少的一部分，要想谈判成功并获取最大利益，你就要学会如何巧妙地计划出你的让步内容和步骤，因为让步并不是无规律可循的，未雨绸缪，有计划地做事，才会让事情多一份胜算。

4. 善于观察，探对方口气

在成交前，销售员如果过早地作出承诺，会很容易陷入被动局面。销售员让步，一定不要在没有预见到长期或短期后果前就作出让步。正确的做法是试探地提示你的让步，然后密切观察对方对你谨慎的提议的反应（口头的或书面的）。可参考的说法如“假如我……你会怎么说？”根据客户的反应以及表现，销售再作出是否要让步，作多大让步的决定。

5. 征求让步条件

不管什么时候，销售员不要忘了互惠互利的原则，即在提出你的让步的同时，要求对方也作出相应地让步。可能的话，在让步之前，应提出某个“交换条件”，告诉对方，“我知道了，关于这一点，我可以作出让步。不过，我希望你也能……”这就表示，让步并非单方的，而是谈判双方“各让一步”。这么做，可以防止谈判的主动权落到对方手中。

6. 让步不能过于频繁

真正高明的销售员在谈判的时候，也并不是不作出让步，而是会作出巧妙的让步，也绝不会让步过于频繁，次数过多。所以，关键的问题不在于要不要让步，而在于怎样让步。

让步无非有两种组成因素，一个是让步的幅度，一个是让步的次数。一般来说，让步幅度不能过大，让步的次数不能过于频繁，这样的让步才最容易取得成功。因为如果让步的幅度过大，或者次数过于频繁，就会轻易暴露自己的谈判底线，使自己陷于被动。

第16章

加强心理维护，悉心服务是销售长青的秘诀

作为销售员，我们都知道销售的最终目的是为了完成交易、获得利润，这一点需要我们不断开发客户，但同时，我们也要与客户保持稳定关系。事实上，不少销售高手都是通过老客户来做成生意的。与客户签单并不是销售工作的结束，而是开始。销售员若想扩大自己的忠实客户群，就要不断利用售后的机会，即使售后已经不是你的工作，你也要注意与售后部门密切配合，为客户提供一流的售后服务工作。这不仅可以减少客户投诉，提高客户忠诚度，也是扩大销售的重要方面。

二八法则：为关键客户提供贴心的VIP服务

作为销售员，我们深知，不同的客户，带给我们乃至企业的却是不同的利润与收入。顾名思义，也就是大客户给我们带来的收入更多。的确，在越来越多的企业或商家，80%的收入是由20%的大客户带来的，有些甚至90%的盈利是由不到10%的客户创造的。这就是二八法则，于是，在销售中，就有了关键客户的产生。所谓“关键”二字，是指那些对企业具有战略意义、能对企业盈利作出重大贡献的客户。关键客户也就是我们俗称的大客户，或者用英文来表达即所谓的VIP。在每个行业内，我们都能看到大客户的身影，我们可以看到，无论是股市的大客户室，中国电信大客户事业部还是航空公司的头等舱，衡量一个客户价值的标准不只是客户的身份和社会地位，而且还看其对公司利润的大小。我们经常都听到销售人员们称客户就是上帝，也就是说，对于公司的客户，无论大小，都要一视同仁，但在具体的操作中，这条规则却几乎没有运行。

所以，在客户关系的维护上，我们销售员要牢牢盯紧关键客户。防止关键客户“跳槽”，最根本的做法是提升客户的满意度，令其真正享受到VIP待遇，进而形成忠诚度。

汪平是平安保险公司的销售员，销售业绩一直名列前茅。他有个整整跟踪了三个月没有做下来的大客户，他知道能否拿下这个订单，直接关系到自己本季度的销售额。对方是某建筑公司的总经理刘某。

这天，他得知刘总的儿子考上了清华大学，他心想，这是个问候刘总的好机会。于是，他来到这家公司，汪平绕过了秘书，见到了刘总，一见面汪平就热情地说：“刘总，您好，很高兴又见到你了，听说你的儿子考上清华大学了，是吗，恭喜你啊！”

刘总本来对汪平抱有很强的抵触心理，一听到汪平谈到自己的儿子，

那可是给他增光添彩的人啊！自然心花怒放，喜上眉梢，于是和汪平谈起了自己的儿子。

这一谈不要紧，刘总防备的心思早就抛到九霄云外了。谈了一早上之后，刘总心情大悦。汪平抓住这个机会，拿出保险合同说：“刘总，你看这么高兴的事情，是应该同喜同乐，你给员工们买上保险吧，让员工们也能分享到你的快乐啊！”

刘总正在兴头上，想也没想，拿起笔在合同上签了字。就这样，汪平跟了三个月没跟下来的单子终于拿下了。

从这个故事中，我们了解到，保险销售员汪平之所以能拿下这个大客户，是因为他贴心的服务，能体会客户快乐的心情。

销售心理支招：

那么，根据二八法则，我们该如何悉心服务客户呢?

1. 提升自身素质

服务大客户的要求很高，必须要时刻留意客户的动向、客户行业动向，为客户提供相应的服务，抓住客户在不同时期的发展需求，提供相应的服务。服务大客户的综合素质要求很高，对交际能力的要求也很高，对知识面的要求同样很高，所以首先是解决人员的素质问题。

2. 保持与大客户的沟通

能保持随时有效的沟通非常重要，这就又回到销售人员的整体素质上去了，对此，我们要利用一些时机多走动一下，随时关注大客户的动向。

3. 为大客户制定个性化服务

针对不同的大客户要制定出个性化服务，让客户感受到你们不是在与他们做生意，而是在为他们服务，在帮他们的忙，这点很重要。

4. 掌握为大客户服务的三重境界

单纯的微笑永远不是“以客户为中心”的经营理念核心。我们要把自己变成由为客户的金融产品和服务的提供者到向长期支持伙伴的转变。

为此，我们需要掌握为大客户服务的三重境界。

①第一重境界：我们要将现有的服务手段高品质地推给服务，让客户

体验热忱、周到的服务，用瞬间感染客户。

②二重境界："因客户而变"，站在客户的角度，来设计服务流程，打造产品。

③第三重境界：主动引导客户，不断地推出新产品、新服务手段来牵引客户，不断创造兴奋点。

现实工作证实，不变的客户给公司带来的收益会远多于经常变换的客户。客户的每一次变换都意味着风险和费用。而关键客户是否转变，更是事关我们的业绩和企业利益。因此，作为销售员，在维护客户的关系上，我们一定要盯住关键客户，令其真正感受到VIP待遇，才能稳固和大客户的目的合作关系，我们的销售工作才能"长治久安"！

如何应对客户各种类型的抱怨

在现实的销售过程中，作为销售人员，我们都希望销售过程顺利进行。然而，事实情况是，我们总会遇到这样那样的意外状况，其中就有客户的抱怨。面对客户的抱怨，销售人员在处理时一定要有一定的灵活性，一来是不要让客户的情绪影响了你，让你也变得生气起来；二来要以平静的心情听完客户的抱怨，从中弄准事故产生的原因，然后采取针对性的解决措施。

成晨是一名手机销售员，每天她都会遇到各种各样的顾客，当然，也少不了那些投诉抱怨的客户。

这天上午，一位小姐怒气冲冲地找到她，对她说："你这手机有问题吧？我昨天买回去后，就把内存卡插进去了，可是完全没显示……"听完客户的抱怨后，她并没有生气，而是让客户拿出手机，重新为客户装了一次内存卡，这时，居然有显示了。此时，成晨对客户说："您昨天肯定是安插内存卡的时候，没安插好，接触不良导致的。"客户这才恍然大悟，

有点不好意思，说："真对不起，是我弄错了。"这时，销售员说："这不能怪您，我昨天应该先把关于手机的各项使用说明都讲清楚的。"听完这些后，客户很满意，又为自己男朋友买了一款手机。

上午的事情刚解决完，下午又来了一个"找茬"的老客户，当时成晨正准备午休，客户冲进来，对成晨说："我要退货！"成晨很纳闷，对客户说："产品有什么问题吗？"

"我是想问一下，我上次在这儿买的手机，为什么还没到一个月，价格就降这么多？你们得赔偿我差价，或者直接退货！"

"小姐，您先别急，我非常理解您现在的心情，您一定觉得价格降了这么多，您买得不划算，其实，还是有很大区别的。像您购买的这种手机，功能强大，外形靓丽，颜色多样，在您购买时我们这个柜台可是独一无二的啊！可以说您是一位时尚达人了，而现在市场上的确出现了一些和我们产品差不多的手机，价格也便宜很多，但您是这款产品的引领者，您应该觉得高兴才对啊，您说是吗？"

"嗯，你说得也对。"

案例中，我们发现，手机销售员成晨很擅长处理客户的抱怨，在面对两种完全不同的抱怨时，她始终能处变不惊，针对不同的情况，采取不同的应对措施，最终都让满腔怨愤的客户满意而归。

销售心理支招：

那么，具体来说，我们该怎么做呢？

1. 找出客户产生抱怨的原因

要做到成功化解客户的抱怨，首先就要了解清楚客户抱怨的原因是非常重要的。客户抱怨的问题有以下几种：

①品自身的原因，如商品用途狭窄，不敷应用；商品功效减退或消失等。

②后服务上的问题，如客户会产生这样的抱怨，你们的售后服务太差了吧！怎么和售前相差这么大？

③客户自身的原因，如客户没有能按照产品的说明书的要求正确使用

商品，或者机器的使用程序颠倒，从而使客户抱怨；或者客户受到外界一些因素的影响，对产品产生不同的印象，故而产生抱怨等。

当然，客户产生抱怨的原因并非只有以上三种，这都需要我们在具体地处理抱怨前就挖掘出这些原因，以方便我们对症下药，加以解决。

2. 对症下药，消除客户的抱怨

①客户对产品不满意。

针对这一点，我们一定要重新树立产品在客户心中的形象，重新诉求产品的卖点，让客户觉得买得值。比如，我们可以和案例中的手机推销员成晨一样，强调客户当初购买产品的抉择是明智的。

②户由于使用不当造成问题。

对此，我们一定不要将责任加于客户身上，而应该归咎于自己，承认自己没有把情况说明清楚，然后再向客户重新演示产品的正确使用方法。

当然，关于客户的这一抱怨，我们完全可以避免。那就是，当客户购买产品后，我们应详细告诉客户要仔细阅读产品的说明书，以及使用产品时，按照产品说明书上的要求正确使用。

③于服务上的抱怨。

关于这一抱怨，销售员总是有一定的责任的，一些销售人员在听到客户类似的抱怨时，经常会说，“客人很差劲”“客户怎么这么多要求，真是没办法”“这些消费者真是被《消费者保护法》宠坏了，要知道，有些要求根本就是无理取闹”这些理由来责怪客户。事实上，这种态度和处理方式是万万不可的。对此，我们一定要保持良好的态度，要体现出对客户的尊重和意见的重视，销售界流行这样一句话：“客户永远是对的”，要让客户对我们的印象改观，良好的服务态度就是你最有力的证明。

因此，销售员在接待客户抱怨的时候，一定要先冷静地分析、查明真相，并且思考如何处理，确实找出客户是因为哪种不满而产生抱怨的原因，然后针对具体原因，加以解决，使客户满意而归！

销售的最高境界，是客户离不开你

作为销售员，我们都知道，让客户决定购买，与客户签售协议，是我们销售工作的最终目的，我们的业绩来源也来自于成交量的多少。因此，一些销售员认为，只要客户完成购买，就万事大吉，就意味着销售的结束，实际则不然。一次销售的结束，恰恰是另一次销售的开始。聪明的销售员即使在销售结束后，也还不断殷勤地为客户服务。客户在使用产品的过程中，无论遇到什么问题，他总是能及时出现，帮助客户解决问题，当客户习惯于他的服务后，便形成一种依赖感：无论他需要购买产品还是售后服务，他总是会想到这位销售员。于是，这位客户便成为这位销售员的最忠实客户。可以说，销售的最高境界，就是客户离不开你。

小阳是一名机械设备推销员，在从事推销工作之前，他曾是个技术员，对于一些大型设备和仪器的故障问题，他总是能轻易地排除。而这，也是他能成功成为现在这家设备销售公司的金牌推销员的主要原因，他的设备主要是提供给省内的一些大型生产类企业。

一次，小阳和往常一样，成功与一家大型企业签约，对方购买了几十套生产设备，可是，这是一套最先进的设备，对方工厂还没有技术人员会安装，没有等到对方经理提出安装问题小阳就主动开口，主动为其安装、调试，这让客户经理非常满意。

但是过了不到两个星期，小阳就接到了客户经理的电话，不是设备出了问题，而是客户经理对产品说明书上的很多问题很陌生，甚至有一些功能还不会操作。需要小阳手把手的教才会。于是小阳不辞辛劳，赶去为客户操作。

又过了一个月，小阳又接到了客户的电话，是因为对方顾客购买了设备之后，有一些简单的故障，对方不会排除，于是小阳再一次地前往为客户排忧解难。

由于对方对这类设备的采购和安装、调试一窍不通，在合作中，小阳总是提供一条龙服务，这样以来，那家购买这类设备的公司对小阳产生了深深的依赖，每次订货都要找小阳合作。因此，他成为小阳最忠实的客户。

从上面的案例中，我们可以看出，销售员小阳之所以能让客户对自己产生深深的依赖，每次订货都找小阳，成为小阳的最忠实客户，得益于小阳最体贴周到的售后服务。

通常来说，每个销售公司，不同的人有不同的工作，售后服务属于售后部门的工作。因为，有些销售员很害怕接到已经购买过产品的客户的电话，甚至这样回答客户："你还是给我们售后部门打电话吧，为你维修产品不是我的工作。"销售员这样的态度是不可取的，这不仅会让客户对销售员自身乃至对公司都会产生消极影响，一旦失去这种信任，他们是不会再向你购买产品的。

销售员要想拥有客户，那么就得成为客户依赖的人。当客户想要购买你所销售的产品的时候，第一时间想到你的时候，基本上客户已经离不开你，已经深深地依赖你了。

销售心理支招：

那么，具体来说，销售员在售后中应该如何服务客户呢？

1. 经常回访客户，让客户看到你的责任心

售后工作中，销售员一定要工作努力一点，拜访客户勤快一点，这样，客户的担心就少一点，对你的信任就更多一点。即使产品出现一些意外情况，你能第一时间出现，客户也不会怪罪于你，反而感激你的负责。这样一来，客户没有理由不和你合作，没有理由不依赖你，成为你最忠实的客户。所以，销售员在跟单的时候一定要认真和勤奋，因为这样能获得客户的依赖。

2. 经常问候你的客户，让客户随时都感觉到你的存在

有时候，销售员凭借自己的口才说服客户购买，但如果不经常和客户

联系，那么，客户可能很快忘记和你合作过。产品不存在什么售后问题，大家就相安无事；但如果产品出现问题，那么，客户就会更加质疑你的公司和产品，更不可能说介绍给你新客户。相反，如果你经常与客户联系，在重大特殊的日子里，给客户送上最温馨的祝福，即使你和客户是新交，那么，也能混个耳熟，当你和你的公司已经存在客户的意识里的时候，客户在下一次购买或者有新客户的时候，一定第一个想到你。

3. 随时让客户了解到你和你的公司的最新发展状况

销售员自身的发展也是依靠公司的，你的客户如果了解到你的公司正在做大做强，也一定会更加信任你和你的产品，所以，销售人员对公司和公司的新产品都要宣传到位。如果销售员将这方面的工作做到位，无疑是解决了客户的后顾之忧。客户对合作没有顾虑，实际上就是对销售员的依赖和信任。

总之，销售员要想让对方成为自己最忠实的客户，那么一定要让对方对自己产生深深的依赖。只要客户离不开销售员，那么自然就成为销售员最忠实的客户。所以，销售员要让客户在购买产品的时候第一时间想到你，离不开你，让客户依赖你。只有这样，销售员才能算真正的将客户征服。

挖掘客户的最新需求，不给竞争对手可乘之机

作为销售员，我们都知道一个道理，在我们的客户群体中，老客户的作用更是不言而喻的，他们不仅为我们提供源源不断的新客源，还是我们产品的忠实支持者，是长期的财富来源。但事实上，销售行业竞争日益激烈，如果我们不能随时保持与客户的联系，了解客户的最新需要，我们的老客户就很有可能叛离到竞争对手的“旗下”。因此，我们一定要把防止老客户的流失作为销售工作与自身发展的头等大事。

所以，作为一名销售员，一定是时刻都不要你忘记你的客户，也不要让顾客忘记你，一次交易的完成不代表销售的结束，而是下一次交易的开始，用心去经营客户，时刻关注客户的最新需求，你才能永续经营，否则就会让这些老客户叛离到竞争对手那里。

木木是一家原料公司的市场专员，其客户主要是当地的一些工厂，他很善于和这些工厂的负责人打好关系，所以，生意往来也一直维持了好几年。但有一次，要不是木木发现得及时，他就差点失去一个老客户了。

有个厂家原本位于市区，但因为工厂污染的关系，必须要搬到市郊。当时，木木的竞争对手知道这件事之后，就直接找到工厂的经理，表明如果购买产品，可以不加运输费。原料供应的运输问题一直是这位经理的担心所在，听到这位销售员这么说当然很高兴，并表明愿意和他谈谈。

这天中午，木木和一位朋友吃饭，这位朋友无意中提到："××工厂要搬到远郊去，你应该知道吧，他们厂子可是你的老客户……"木木一听，不觉说出："坏了，肯定有一些竞争对手会从运输费用上打主意，我得尽快和王经理谈谈。"

当木木赶到该工厂的时候，工厂的工人已经在开始搬运机器了。这时，木木灵机一动，主动走过去，帮助工人搬起了东西，当东西全部搬到运输车上的时候，他也和这些工人一起，去了新厂子。而这些，都被王经理看在眼里，随后，王经理就给上午与自己见面的销售员打电话："幸好我没和你签合同，不然我就对不起我那老朋友了。"

最终，木木保住了自己的生意，他向王经理承诺，运输费用不加一分钱。

案例中的销售员木木因为事先没有对客户的最新情况进行了解而让竞争对手钻了空子，但可喜的是，他能及时采取措施，在客户搬离的当天，以一个老朋友的身份出现，帮助客户搬运工厂，从而让客户回心转意，挽回了与客户的生意。

销售心理支招：

那么，要想防止老客户叛离，我们该如何做呢？

1. 与老客户联系，了解其产品使用状况和最新需求

维护和客户的关系，最基本的方法就是经常回访客户。销售员通过电话、上门等方式回访，更会提高其满意度和信任度。这样，信任产生后，当其他销售员再向其推销产品时，他们就有“免疫力”了。在回访老客户时，销售员应该注意以下三点。

（1）了解老客户使用产品的情况。

（2）了解老客户近期是否有新的需求，从沟通中寻找新的销售机会。

（3）向老客户宣传、推介新产品。

2. 建立一套完整的客户管理体系

我们发现，那些销售高手们都有一套自己的客户管理体系，他们除了对准客户及时备案外，还会经常对老客户的新信息进行补充。这样，就不会疏漏掉任何一个老客户。此外，建立完整客户管理体系的作用还有：

（1）随时查询客户与公司之间的业务往来。

（2）积累信息反馈。

（3）使客户管理更加轻松。

可以一边规定向老客户投入精力的比重，一边对所有客户的投入力度有个划分；还可以对老客户的一些数据进行汇总、分析，提供真实的依据。

3. 为老客户提供最优质的服务

对老客户来说，最吸引他的可能并不是产品，而是你提供的服务，你提供的服务越贴心、越优质、越具个性化，老客户对你的忠诚度才会越高，发自内心地对他们提供周到完善的个性化服务，就更能打动他们。

比如，我们可以从以下几个方面为老客户提供服务。

（1）产品进行定期检查维修。

（2）在节假日送去问候，无论是什么节日，只要是喜庆值得庆祝的日子，就给客户发去祝福，让客户知道你一直都在想着他。

（3）赠送内刊，我们可以把印有老客户的优秀事迹刊登在本公司的内刊上，寄给他们，不仅能提高客户的忠诚度，同时也宣传了企业文化和公司品牌。

总之，老客户虽然与你生意交往案密，但这只能说明你们之间的合作关系很好。然而要想和客户建立更加紧密的合作关系，让他对你更忠诚，那么就要投入自己最大的热情，常与老客户之间保持紧密的联系，进而了解老客户的最新需求。

为客户建立“发泄机制”，积极回应客户的抱怨

在销售过程中，我们都希望客户在购买后满意而归，但事实情况是，出于各种原因，客户还是会找上门来抱怨，这是让销售人员十分头疼的一个问题。被誉为“经营之神”的日本企业家松下幸之助曾说过：“对待有抱怨的顾客一定要以礼相待，耐心听取对方的意见，并尽量使他们获得满意的答案。因为，他们将会为你的产品做免费的宣传员和推销员。”作为销售员，我们应该理解客户，并建立客户“发泄机制”，认真倾听对方的抱怨，而只有这样才能为客户提供优质的服务，同客户建立长久的合作关系。

一天，某饮料公司经理办公室先生突然闯进一位先生，并直接对经理大喊大叫：“你们哪里是饮料公司，直是要命公司！只顾着自己赚钱，都掉进钱眼里了！你们眼里还有消费者吗？万一你们的产品把我们消费者喝出个好歹来，看你们怎么收拾！没有一点社会责任感！典型的奸商！”很快，秘书准备叫保安，但被经理拦下了。

这位经理不紧不慢地说道：“先生，究竟发生了什么事情，请您告诉我，好吗？”

“你自己看吧，饮料瓶里居然喝出玻璃碎片，这简直是谋杀，我要告你们！”这位把一个饮料瓶重重放在办公桌上。

经理拿起瓶子一看：“怎么会发生这种事，太骇人听闻了，人吃了这东西会要命的，先生，这都是我们的错！”他立刻拉住对方的手，“请你

快告诉我，你家人有没有误吞玻璃片，或者被玻璃片割破口腔，咱们马上送他们到医院治疗。”

这时，这位先生的火气消了些，说，没有人受伤。

听了这话，经理显得轻松了很多，然后对对方表示感谢，并愿意赔偿李先生的损失，并表态，以后杜绝这种事情的发生。最终，这位先生的火气全消了，满意地离去。

其实，有时候，客户的抱怨并不是什么大问题，而是希望获得一个满意的答复，这时，就要看我们的态度了，这才是客户最在意的。此时，如果我们能够抱着尊重他们的态度，认真倾听他们的抱怨，并适当做一些安慰和同情，他们一定会把我们当成朋友，情绪自然也会缓和下来，这样，很多问题就已经解决了。

的确，在处理客户抱怨的问题上，销售员的口语表达至关重要。销售员的说话方式可以影响甚至是控制客户，并且也是处理客户抱怨的利剑，从而使客户会更加相信销售员。

销售心理支招：

那么，销售人员该如何在言语间春风化雨，成功让客户把怨气撒出来，进而解决客户的抱怨呢?

1. 态度真诚，倾听为首

一般来说，客户产生抱怨，说明已经对我们的产品或服务态度产生质疑，此时，我们要想重新赢得客户的信任和认可，就需要以真诚的服务态度打动客户的心。比如，我们应该用关怀的眼神看着客户，耐心倾听，并以真诚、认真的态度回应客户，如 “您的意思是因为……而觉得很不满是吗？” “总起来讲，主要有如下几点令您不满意……是吗？” 而如果我们不能做到这点，在处理抱怨的时候心不在焉，敷衍塞责，那么只能火上浇油，不仅得不到客户的信任，而且还会招致客户反感，甚至影响到客户对产品的认同。

2. 平常心对待，言语平稳，不可紧张

处理客户抱怨时，销售员必须以平常心看待抱怨电话以及客户本身，不要存在紧张或害怕的心理，更不要觉得是客户在找麻烦，而是用一种对待一般客户的方式和态度来对待客户的抱怨就行了。这样的话，你就会情绪稳定而使语调平稳，从而流畅地与客户对话。

3. 声调清晰，表达清楚

处理客户投诉时，如果我们能用清晰的声调，爽朗说话方式来应对客户的话，那么，即使客户情绪再差，也会心情逐渐转好。所以，练好说话的声音和语调对于销售员应对客户沟通和投诉也是必须的。试想，作为客户，如果遇上一个负责处理抱怨的人语气生硬，且每句话的结尾都模糊不清的话，那就连一点交谈的诚意都没有了，这样会令客户越来越想挂断电话，问题也只会变得越来越麻烦。

4. 感谢客户提出的问题

客户抱怨时，我们不但不可反驳，还要谢谢客户提出的问题，因为客户愿意花时间和精力来抱怨，让自己有改进的机会，这当然应该感谢他们。对客户表示感谢，能让客户感受到你的素质，情绪也就缓和下来了。

5. 表达歉意

一旦发现是自己造成的错误，要赶快为事情真诚致歉，即使错误与自己无关，也要对客户的麻烦表示同情和歉意。例如，“很抱歉让您这么不高兴……”

6. 承诺立即处理

在客户发泄完自己的不满后，我们在道歉完，一定要积极表示处理事情的诚意，如“我一定会尽快帮您处理这个状况……”当然，这并不是一句空话，需要销售员及时为客户处理，能够马上解决就马上解决，不能当场解决的，要记下关于客户提出抱怨的日期、情况等，并给客户处理的承诺。

另外，在处理客户的抱怨过程中，我们还要保持微笑，俗话说：伸手不打笑脸人，微笑是矛盾最好的缓和剂。即使客户的抱怨再怎样咄咄逼人、不堪入耳，销售员也要时刻保持微笑和心平气和的状态，温和的态度逐渐熄灭客户心中的怒火，最终消除客户抱怨。

定期回访，向客户展现你的责任心

生活中，一些销售人员认为，只要将产品卖出去就万事大吉了，其实不然，一套完整的销售活动不仅有售前服务，还有售后服务，其中就有回访，所谓回访，是指公司客服部门相关负责人，向本公司的客户回访有关本公司的产品及服务的态度及一些问题，从而达到更好的服务，来提升公司的形象。所以，做好客户回访是提升客户满意度并为之带来新客户的重要方法。客户回访对于维护老客户来讲更重要，通过客户回访，可以令客户感受到你的责任心，还可以得到老客户的认同，创造客户价值。充分利用客户回访技巧，来加强客户回访会得到意想不到的效果。

的确，长期以来，销售行业存在这样的情况，一些销售员对新客户趋之若鹜、对老客户没有耐心的问题。其实老客户就像老朋友，维护好与老客户的关系，做好老客户的回访工作，既能为推销员赢得良好的信誉，又有可能促成老客户的二次购买行为，还有可能通过老客户的转介绍，开发出更多的新客户。

老王是某锅炉厂的推销员，任何一个接触过他的客户都赞叹他是个有责任心的人。

一次，他向某物业公司的张总推销出去一台中型锅炉。尽管合约中已经注明安装需要买方自己解决，张总也没有提出安装的要求，但老王还是带领公司的一些技术人员替张总安装了锅炉。安装完毕后，一次点火成功。

三天后，老王和一个技术人员又去检查，并询问使用工作是否满意。以后，每隔2个月，不仅公司派专员前往访问，老王也不断和张总沟通。张总看到老王对客户服务这么热诚，不招即来且服务周道，深受感动，主动要求和老王交朋友，并且，他还极力动员他们的另外几家关系户也去找老王买锅炉。朋友的劝说比老王更灵，于是老王便又增加了两个主顾。

案例中的老王之所以能和客户张总交成朋友，并在未开口的情况下，就得到客户的帮助，为其介绍新客户，主要来自于他经常对客户进行回访，让客户感受到他的责任心和良好的服务质量。可见，与客户成交之后，为客户提供一流的售后服务是非常重要的，它关乎到公司和销售员在这个行业中的口碑。

销售心理支招：

那么，关于对客户的回访工作，具体来讲，我们该怎样说？又该注意哪些问题呢？

1. 回访的方式

①定期做回访。这样能让客户看到你的责任心，另外，定期回访的时间要有合理性，最好是定期的，如以产品销售出一周、一个月、三个月、六个月……为时间段进行定期的电话回访。

②提供售后服务之后的回访。在回访过程中，你要提醒客户应该注意的问题，这样可以让客户看到你的专业素养，尤其是在回访中如果发现了什么问题，一定要及时给予解决方案。最好在当天或第二天到现场进行问题处理。

③节日回访。就是说在平时的一些节日回访客户，同时送上一些祝福的话语，以此加深与客户的联系。这样不仅可以起到亲和的作用，还可以让客户感觉到一些优越感，增加对你的依赖。

回访客户的方式多种多样，但从实际的操作效果看，电话回访结合当面回访是最有效的方式。

2. 掌握客户回访的步骤

在回访客户时，首先应该向老客户表示感谢；然后询问他们对已购产品的看法以及现在没继续购买产品的原因，如在上次的交易中有不愉快的地方，推销员一定要道歉，并主动征求老客户的建议。

3. 回访中应注意的问题

就电话回访客户而言，避免客户在当天接到两次回访的电话，因为

有的客户会产生反感，为了将我们的售后服务做到更好，对此，销售员最好将本周的回访客户统一在周五或周六。以问候的形式进行回访。另外，通过回访，要从中发现问题。客户反映的问题当时能解决的就在当时解决了，没有解决的在本周内解决。要从回访中提高客户对你的满意度。

任何一个销售员都知道，开发一个新客户花的时间要比维护一个老客户的时间多3倍。权威调查机构调查的结果显示：正常情况下客户的流失率将会在30%左右。为了减少客户的流失率，销售人员需要时常回访，与客户建立起良好的关系，从而激起客户重复购买的欲望。

学会对客户进行情感投资

我们都知道，人都是有情感的，客户也不例外。任何销售活动，如果能触及到客户的情感与内心，并产生积极的作用，那么就是成功的。同样，维护与客户的关系也是如此，真正关心客户，做好售后工作，做客户的知心朋友，他们不但会认可你的产品，还会认可你这个朋友，那么，在老客户的帮助下，你推销工作也就越来越顺，业绩也就相应地越来越好。

从情感上关心客户，做客户的知己

现实推销中，可能一些销售员会产生疑问，为什么客户总是把我当出气筒，总是向我倾诉不快，其实此时，你应该庆幸，你的客户已经开始信任你了，他的心扉已经向你敞开，希望得到你的回应和帮助。

这里，我们就需要把客户当成真正的朋友，与客户交谈时千万不能带着强烈的目的性，不要每次见到客户都谈论推销，你自己会给自己很大压力，感觉很不自然。如果把老客户当作真心朋友相处，你会很轻松，在业务上更会有意外收获。因为，如果你单纯把自己与客户的关系保持在买卖上，你就会以产品为导向的与客户交往。而把自己作为客户的知心朋友时，你在和客户的沟通中就会以客户需求为导向。这两种导向的不同，最终会决定你在事业上能走多远。

这天，化妆品推销员小林来到某准客户家，开门的是位年轻的太太，很明显，这位太太很不高兴，脸上还挂着没擦干的泪水，小林赶紧说："太太，您怎么了，遇到什么伤心的事情了吗？"

客户："没有，您是哪位，我不认识你！"

小林："我是一名化妆品推销员，在敲开您的门之前，我是准备向您推销产品的，可是当我看到您一脸的愁容，我觉得我有其他的使命了。"

客户："真是很感激你，其实，我没什么事。"

小林："家家有本难念的经，我能理解，尤其是咱们女人，要操持好一个家，努力经营好一段婚姻，真不是一件容易的事。"

客户："你说的太对了。我的丈夫就是一个永远不知足的男人，我这么努力，家里家外，他却一回来就跟我吵架，甚至连我做的饭都不吃，我都不知道该怎么办了，难道他也喜欢上了别的女人？"

小林："太太，我觉得您需要勇敢一点，要和您的丈夫谈谈，这样问

题才能解决，不然即使您伤心，他也不知道啊！”

客户：“你说的有道理。我是该找个机会和他摊牌。对了，你刚说你推销化妆品，都是什么样的产品？”

小林：“……”

当面对关系不紧密、甚至完全陌生的销售员，这位太太即使“心有千千结”，也不愿向小林倾吐，而当小林以坦诚的态度道明自己的原本来意和对自己的关心，她对小林的防备心就稍微松弛了一点点，而当后来小林谈到一个女人的难处时，更让她感同身受，于是，她的心就彻底向小林敞开了，也就把小林当成了情感倾诉的对象，主动问及产品更是水到渠成的事。

具体来说，我们需要做到以下几点。

1. 从情感上关心客户

日本著名的保险销售能人山田正皓接受一家杂志的访问时曾说：“与客户接触时，一走进门，要让客户感觉舒服，而不要让其感觉到压力，他们就会和你建立长期的业务关系，他们会逐渐喜欢上你、信任你。这个原则年复一年跟随着我，成为我开展销售业务的基石。你先别管任何其他的技巧，也不要去尝试它们。你只要想办法让客户觉得和你在一起很舒服，喜欢并且信任你，让他们觉得你是来为他们提供服务的，而不是来卖东西的就行了。”

山田正皓在销售过程中总是竭尽全力地鼓励和关心客户，使客户感到温暖，把他当成知心的朋友，这对他的销售工作发挥了积极的作用。二十几年来，他因业务关系结识的朋友超过数千人，而且大部分都保持着联系，这又为他的销售工作产生了不可估量的推动作用。

2. 体会客户的心情故事

一般来说，当客户心中不悦的时候，对于我们的推销会采取拒绝的态度。当听到客户的拒绝，你应先要求自己想到的不是责怪客户的不通人情，而是要帮客户编一则心情故事。或许他周末没休息好，所以和我说改天再说；或许他刚被老板骂，心情不太好；又或者………

所以，我们不要先想客户的不对，而是先站在客户的立场，帮他编一个理解他的心情故事，好好体会，品尝人间百态，这不也是一种销售的收获吗？这就叫作同理心，通常你以这样的心态和客户交流，客户会觉得你是个值得心事托付的人，会和你把朋友看待。当客户对你倾诉的私人故事越多，那离你的成交也就不远了。

3. 认真倾听，鼓励客户多说

如何让客户对我们掏心掏肺，很简单，那就是不断鼓励他说。这其中，更需要我们懂得如何倾听：倾听时绝不可左顾右盼、心不在焉；倾听时要懂得反馈，向对方表明你对其情感的理解；可以适当地重复客户的话，这表明你正在认真听。

当然，如果客户存在某些我们能为其解决的难题，行动比语言更有说服力，你的帮助一定会让他对你感激万分，成功推销也就不在话下！

换位思考，站在客户的角度考虑问题

现实的销售活动中，与陌生客户交谈，我们如果一味地推销，很容易使客户产生抵触情绪，而如果我们能站在客户的角度说话，善加引导，打开客户的心扉，让其对我们一吐为快，那么，不仅有利于了解其内心真实想法，还有利于拉近和客户在心理上的距离，让他更容易接受你的劝说，从而获得销售上的成功。

推销大师乔·吉拉德有这样一次推销经历：

有一天，乔·吉拉德的车行里来了一对夫妇，乔立即迎出来接待他们。在判断出了客户的心理后，乔准备试探一下。

“你们知道吗？我跟我太太也和你们两位一样。”

“一样？是吗？应该不会吧？”他们说。很明显，他们产生了兴趣。

乔·吉拉德说：“我们家每次在准备添置某些大件之前，我都要和

太太谋划半天，常常是思虑再三，生怕买了不好的产品，花了冤枉钱，怕自己对产品了解得不够而上了推销员的当。也正因为我知道消费者在购买产品时有这一担心，我在做销售时，从不让我的客户感受到任何强迫，我要给客户充分考虑的时间。说实话，如果不这样的话，我宁可不和你们做生意。当然，请别误会，我真的很想同你们合作，但对我来说，更重要的是，你们在离开时能够有一种好心情、好感觉。"

"先生，很高兴您能这么想，谁说不是呢？谁都希望买到放心的产品。不错，我们从不向那种企图强求的推销员购买任何东西。"那对夫妇说。

乔·吉拉德接着说："讲得对，我很高兴听你们这样讲，我请求两位花点时间，好好想一想。要是需要我的话，请叫我一声，我随时恭候。"然后，乔·吉拉德就回到他自己的办公室，静静地等待。

当然，乔·吉拉德知道"想一想"的含义对他们来说不会仅仅是几分钟，而可能是好几天，而自己却不能放走这么好的机会。于是10多分钟后，乔·吉拉德回来，若无其事地对他们说："我有一些好消息要告诉两位，我刚刚得知我们的服务部最迟今天下午就能把你们的车预备好。"

"我们想明天再来。"

"明天？"乔·吉拉德笑了笑，"今天能做的事最好不要拖到明天，如果你们确实拿不定主意的话，可以多方面考虑考虑，我看两位都是利索的人，很快就会下决定的，对不对？"

他们夫妇二人也的确是当即拍了板，"好吧，我们现在就买了。"

可见，推脱是人的普遍特征，在销售过程中，推销员经常会遇到客户推脱的情况，而如果缺乏沟通技巧，推销成功的机会就变得非常渺茫，而如果能和乔一样巧妙的引导，就会有所斩获。

销售心理支招：

那么，我们该如何站在客户的角度换位思考呢？

1. 从关心客户需求入手

现实销售中，一些销售人员完全站在自己的立场上考虑问题，希望一股脑儿地把有关自己所推销产品的信息迅速灌输到客户的头脑当中，却根本不考虑客户是否对这些信息感兴趣。这些销售员，几乎从刚一张嘴就为自己的失败埋下了种子。要知道，实现与客户互动的关键是要找到彼此间的共同话题，这就要求销售人员首先要从关心客户的需求入手。

对于客户的实际需求，销售人员需要在沟通之前就加以认真分析，以便准确把握客户最强烈的需要，然后从客户需求出发寻找共同话题。

2. 多询问客户的意见

销售过程中，询问可以更好地控制谈话的进程，更大程度地调动客户的兴趣和积极性。而询问往往可以使销售员得到更多的信息，这些信息都会对促成交易有利。

当销售员向客户解释一段后，就应该向客户进行询问，看他可能听进去了多少，听明白了多少，他的看法如何。这时，销售员应该问："关于这一点，你清楚了吗？"或者"您觉得怎么样？"这样就给客户提供了一个说明他的想法的机会。

3. 本着为客户考虑的本意

现实销售中，很多销售员表现出来的是为了销售而销售，这无疑会加重客户的种种疑虑，不愿购买。而客户只有在认为现在作出成交决定可以获得最大利益的前提下才会真正决定成交。所以，销售人员要更多地站在客户的立场上考虑问题，要让客户明白你是在诚心诚意地替他们着想。

多为客户做一点，关系发展进一步

作为销售员，我们都知道，一般情况下，销售员与客户之间的关系是以买卖为依托的。因此，一些销售员会误认为，只要客户付款购买，那么，就意味着与客户的关系已经终结。实际上并非如此，我们若能充分利用好与客户的关系挖掘新的客源，那么，我们的生意就会越做越广。因为

客户购买了我们的产品，说明已经认可了我们的产品和服务态度。此时，只要我们善于杀熟，说一些具有诱惑力的话语或者做一些有效的行为，让客户认为帮助我们挖掘新客户，是一件值得的事，那么，他们一般都会主动为我们提供帮助。

齐藤竹之助是日本著名的保险推销员。他最初外出推销的时候，就下决心每年都要拜访一下他的每一位客户。因此，当齐藤竹之助向他们家乡的一名地质系学生推销价值10000日元的生命保险时，齐藤竹之助便与他签订了“终身服务”合同。

这一名地质系学生毕业之后，进入了地质行业工作，齐藤竹之助又向他售出了价值10000日元的保险。后来，他又转到别的地方工作，但不管他到哪里，齐藤竹之助每年至少跟他联系一次，即使他不再从齐藤竹之助这里买保险，仍然是齐藤竹之助毕生的一位客户。只要他还可能购买保险，齐藤竹之助就必须不辞辛劳地为他提供服务。

有一次，他参加一个鸡尾酒晚会。有一位客人突然痉挛起来了，这个小伙子，由于学过一点护理常识，因而自告奋勇，救了这位客人一命。而这位客人是一位千万富翁，于是便请这位小伙子到他公司工作。

几年之后，这位千万富翁准备贷一大笔钱用于房地产投资。他问这位小伙子，“你认识一些与大保险公司有关系的人吗？我想贷点钱。”

在这个时候，那位小伙子一下子就想起了齐藤竹之助，他就马上打电话告诉他：“齐藤君，你在这个行业已经做了那么长时间了，我也知道你的业务做很大了，你能否帮我老板一回呢？”

“难道有什么麻烦吗？”齐藤竹之助这样问他。

“他想贷2000万日元用于房地产的投资，你能帮帮他吗？”

“没问题！”

“还有一点，我必须要说的，齐藤君”，他又补充道：“我老板希望这是一个秘密，也希望你能够帮我们保守，其实这也是我们特意找你的原因。”

“这个你放心，这可是我一贯的工作准则。”

挂完电话之后，齐藤竹之助跟一些保险公司打了几个电话，安排其中一位与这位商人进行一次会面。不久以后，这人便邀请齐藤竹之助去他的一艘游艇参观，那天下午，齐藤竹之助向他卖出了价值2000万日元的保险。

从齐藤竹之助这次的这次销售案例中我们可以发现老客户的力量。老客户虽然不能持续不断的在销售人员这里购买产品，但使用过我们的产品的人，能将这一心得与感想告知给其他人，如果他对产品和服务满意，并将这些心得转述给自己的家人、朋友等，那么，我们的好口碑就树立起来了。这不仅为我们的产品做了广告，另一方面他们也能帮助我们挖掘更多的潜客户。很多销售人员拼命开发新客户，拼命打广告，却忽略了最大的销售力量——老客户的口碑。

齐藤竹之助的方法值得我们每个销售员学习，我们在请求老客户帮助我们提供新客源的时候，如果也能够说些诱惑力的话语和做些实事，那么，客户也一定乐意帮助我们。

销售心理支招：

销售具体来说，我们可以从以下两个方面做到。

1. 帮客户做点实事

我们总是羡慕那些与客户关系处得很融洽的销售员，这是因为他们真正地把客户当朋友，主动关心客户。只要是经过他们手里卖出的产品，他们便经常会给客户打电话，关心客户的使用情况，如果出现问题就会及时帮助客户解决。长此以往，当客户感受到你真诚的关心，必然十分感动。这样就能大大增加客户再次购买或转介绍新客户的几率，客户也可以向销售员介绍新的客户，帮助他们获得新的销售机会。

2. 为客户提供额外服务

销售员在情况允许时，还可以向客户承诺会为其提供一些额外服务，当然前提是不对自己或公司的利益造成威胁。比如，你可以告诉客户：“最近我们公司要举行一个礼品大放送的活动，上次听说您喜欢喝茶，我就多给您准备了一盒。”这样，让他觉得你是在很用心地跟他做生意，这样他才会信任你，并主动帮助你。

别羞于开口让客户为你宣传和介绍生意

现实销售中，我们总是羡慕那些从事多年的销售前辈，他们在推销产品的过程中得心应手，有丰富的经验是一方面，另外一方面的原因就是他给自己编织了广大的客户关系网，那些忠实的客户会介绍和推销一些潜在的客户给他们。他们的推销工作也就越来越顺，业绩也就相应地越来越好。而我们想过没，这些前辈也是由销售新手逐步走过来的，这些资源都是他们从一个个客户开始慢慢培养出来的。

的确，客户是最好的“证人”。为此，如果我们想扩大客源，就不妨与老客户建立良好的关系，让其设身处地地为我们做一些事情，帮助我们建立好口碑。

王玲是一家从事电子配件销售公司的销售顾问。有一次，公司开会，准备举办一次展销宣传活动，可是怎么才能让这次活动奏效呢？大家众说纷纭。后来，销售经理建议，邀请那些老客户帮忙，可是，老客户会帮忙吗？说到这，大家都建议让王玲出马，因为她的口碑很好，公司很多客户都是冲着她来购买产品的。

一个星期以后，活动开始了，在活动现场，一个老客户道出了当初为什么购买王玲产品的经过，事情大致是这样的。

客户：你知道，我负责采购的是一批关键零件，质量相当重要。

王玲：“嗯，这个我知道，贵公司一向以高质量著称。而我们公司也很注重产品的质量，因为产品质量就是公司的名片，有质量问题的产品。一旦卖给客户，就等于毁了自己的声誉。另外，我们以前也和其他一些知名电子企业做过交易，所以对500强企业的采购模式有了一定的了解。”

客户：“哦，你说的这些话倒都是实话，估计，对电子行业的产品，也是个行家。那你们给知名电子生产商提供的都是什么配件？”

王玲回答说："您过奖了，我们给知名电子厂商提供的配件类型比较齐全。您也知道，他们对产品质量的要求几乎达到了吹毛求疵的地步。我记得有一次，我们与一家名企合作，当时，他们备选了十个公司的产品，但他们却花了一个多月的时间考察每家公司的产品。我们也没有想到，最后他们跟我们公司签订了两年的合约。"

客户对此也有了兴趣，他问道："为什么他最后选择了你们呢？"

王玲："这主要是因为三个原因，首先，我们的加工工艺和生产流程都是国际上最先进的；其次，我们在供应商中是唯一一家采用进口材料的，这就确保了我们的使用时限长；同时，他们也很满意我们的售后承诺。所以，最后我们成了赢家。" 经过近一个小时的详谈，最后客户和王玲已经就价格问题达成了一致，他们约定第二天进行具体的签约事宜。

当时，参加活动的其他新老客户听完后，纷纷都说要和王玲所在的公司继续合作。

在这个推销实例中，我们发现，王玲无疑是一个很出色的销售顾问，这些老客户都愿意主动帮忙，也就是看在她的面子上。而这次展销宣传活动的成功，也是因为出动了她的老客户关系。

销售心理支招：

当然客户愿不愿意帮我们做宣传，还得看我们与客户的交情。具体来说，我们可以这样做：

1. 密切个人间的交往，与客户交朋友

销售员千万不能将与客户的关系局限于销售工作中，在业余时间，我们也可以与客户多联系和交往，如果你们能成为朋友的话，客户自然而然愿意为你推荐新的客源；另外，你也可以尝试送给客户一份特别的礼物，但一定要在一个适合的环境下，并给出合理的理由，要知道，千万别让客户感觉你在拍马屁。例如，如果客户是一个非常热爱茶艺术，你就可以送给他一套茶具，并时常以茶艺为话题向客户请教，这样，你们之间的关系也就密切了。

2. 信守原则

一个信守原则的销售员总会让客户觉得可以信任。因为客户在为我们介绍新客户的时候，通常担心销售员是否也会为这位新客户提供同样优质的服务。而很明显，我们只有做到信守原则，他们才能放心与我们再次合作和交往。

3. 敢于开口，主动要求客户帮我们宣传

很多销售员尤其是那些销售新手，会觉得要求客户帮忙介绍是一件难以启齿的事，因为他们觉得这对自己的名声很不好。其实那是错误的，只要我们说法适当、以诚恳的态度、自然的流露方式，客户是乐于帮助我们的。

4. 对老客户要经常表示感谢

我们对老顾客要经常表示感谢，他们才会乐意持续地帮助我们挖掘新客户。比如，你可以说："真谢谢您，这笔生意对我来说，真的太重要了。"这样简单的一句话样对于老顾客的维系却是很关键，增加了老顾客的信心，也让顾客助人为乐的天性得到满足，这样老顾客才会继续转介绍，转介绍的顾客又会变成老顾客，我们的生意就会越做越广。

另外，无论我们采取什么方法让老客户为我们提供新客户，都必须要记住一点，那就是必须处理好与客户的关系，与他们交朋友，得到他们的信任，甚至欣赏，这样才有可能通过他们找到新客户。

销售不是一次性买卖，而是与客户保持长久的联系

在现实的销售中，一些销售员认为，自己与客户之间就是简单的契约关系，客户一旦签约，就与客户再无瓜葛。销售员如果抱着这样的心态与客户做生意，那么，你做的充其量是一次性买卖，是不会有回头客的。所以对销售员来说，仅仅在成交之前同客户保持良好的关系是不够的，在成

交以后也要同客户建立良好的合作关系，最好能与客户交朋友，才能建立忠实的客户群。

我们都知道，人都是有感情的，要让客户相信你的产品，不如让客户对你产生情感认同，认同你这个人。在好多时候，那些客户购买我们的产品不光是为了获得产品的物质本身，还包含物质以外的其他服务，他们更希望在产品上能够补充一些温情。

在冰天雪地的阿拉斯加，把冰块卖出去。听起来似乎不可思议，但是在现实生活中就有这样的实例。

有一位销售人员，他在阿拉斯加的冰河里收集冰块，然后以3美金/公斤的价格卖给当地的客户。他是怎么做到的呢？

这位销售员是阿拉斯加的食品商人，他并不把客户当成是他的上帝，他甚至不急着去推销他的产品。他首先努力使自己成为客户的朋友，他们的伙伴。他每天都花一定的时间和客户在一起，去观察和了解他们。他发现他的客户都喜欢喝冰镇的饮料，但是冰块在饮料中容易融化，很快会使饮料变淡，影响口味。这个问题让客户很头疼，但又束手无策。

他充分理解他们遇到的问题。他查阅了大量资料，终于找到解决问题的方法。他挖出阿拉斯加冰河底层的冰块，这些冰块因为有着成千上万年的历史，密度很大，融化的速度很慢，可以让饮料变得冰凉，却不稀释饮料。

他成功了，他因为帮助客户解决了生活中的难题而获得了他们的信任，也因此得到更多的商机。

这个案例给了我们很多启发，这位销售员居然能够在阿拉斯加把冰块卖掉，我们为什么不能把有更大的市场需求的产品也成功推销给那些客户呢？我们到底是应该像对待上帝一样去尊敬我们的客户，还是像对待伙伴一样去细致了解他们的需求呢？试想一下：如果我们的朋友和一位对我们毫不了解的销售员同时希望我们购买一件产品，我们会听谁的呢？当然是我们的朋友！所以，从现在起，我们不要再抱着客户是上帝的想法，对客户毕恭毕敬了，不妨走出去，主动和我们的客户拥抱，与他们亲近，让我

们成为他们的朋友吧！

销售心理支招：

具体说来，我们可以这样与客户拉近关系，从而让他们对我们产生情感认同。

1. 即使推销不成，也要和客户保持联系

我们在推销的过程中，遇到客户的拒绝是很正常的情况。在遇到客户拒绝之后，我们还应该保持对客户的联系。

被拒后，我们更应该保持对客户的关心，在继续向客户推销的同时，我们更要主动与客户进行一些情感上的沟通。比如，帮客户一些小忙，客户也会在必要的时候给以销售员支持和赞誉。这样，他们也不仅会记住我们所推销的产品的名字，在以后的日子里，还会因为认同我们而认可我们的产品，这些拒绝我们产品的客户就很可能成为我们的忠实客户。

2. 跟踪服务

销售员的跟踪服务是增进彼此感情的最好方法。我们要经常与客户联系，对客户的需求进行了解，这样，不仅能让客户对我们的跟踪服务感到满意，而且能加深双方的感情。

3. 用礼物表达作为桥梁

俗话说："先做朋友后做生意"，对于那些并未与我们成交的客户，如果我们能与之交朋友，那么，客户在下次购买产品之前，一定会想到你。而适时地给客户送些小礼物，则是沟通感情和维系关系的纽带，如在客户客户生日的那天，送上祝福，通过赠送一些小礼物来表达我们真诚的谢意和良好的祝愿，就能进一步增近与客户间的感情，建立更加亲密的关系。

4. 帮客户一些小忙

有的时候客户也会遇到一些产品以外的小问题，如果销售员在场就要力所能及地帮助客户，提供一些交易以外的帮忙常常会让客户感动，一般来说，这类客户都会成为我们的忠实客户。比如，客户需要一个当地的导游，那么销售员可以主动充当，也可以帮忙寻找一位导游。

希望我们把他们当成上帝。因为我们对待上帝的态度，是疏远而不是密切的，是敬畏而不是理解的，是“事不关己”而不是“唇亡齿寒”的。而如果我们和客户成为朋友，“上帝”就变成了合作伙伴，有了这种情感认同后，我们还会担心客户会叛离我们吗？

参考文献

［1］李敏. 销售心理学［M］. 北京：中国法制出版社，2016.

［2］谭慧. 每天学点销售心理学［M］. 北京：中国华侨出版社，2011.

［3］靳会永. 你其实不懂销售心理学［M］. 海口：南海出版公司，2014.

［4］墨墨. 每天学一点销售心理学［M］. 延吉：延边大学出版社，2012.

［5］刘川. 3分钟打动人心的销售心理学［M］. 天津：天津人民出版社，2016.